ip리스크주식선물옵션 해외선물

도서구매자는 무료강좌

offline 100석 예약

접수처 : gpnet@naver.com

글로벌

선물옵션 해선 실습과정 소개
쇼셜스터디학습준비순서

1. 지메일

    https://mail.google.com

    지메일 globol0000@gmail.com

    비번 : 특수문자+숫자 +문자

2. 카카오연계

    연결핸드폰번호 : 010-0000-0000

    구글 지메일 카카오

    https://www.kakaocorp.com/service/KakaoTalk

3. 유투브

    https://www.youtube.com

4. 페이스북

    https://ko-kr.facebook.com/

상기 주소 저장, 교재 원격교육

선물옵션 해선 실습과정 소개

선물옵션은 해지 시장으로 투기거래와 해지거래와 스켈퍼 등이 참여한다.
각 상품과 결합하여 합성 모델을 공부하고 옵션의 원리는 해선에서도 적용되므로 매우 유익하다

- 선물과 현물과 해지관계
- 선물과 옵션과의 해지 전략
- 옵션의 원리 델타 세타 감마 베가
- 주문 연습
- 응용 모델 학습

1. 아프리카 방송

    https://st.freecap.afreecatv.com/kjskjs00/home
2. 유튜브 주소

    https://www.youtube.com/?gl=KR&hl=ko
3. 지메일 globol5600@gmail.com
4. 비번 : 특수문자, 영문, 숫자 조합

실습문의 : gpnet@ naver.com

발간에즈음하여

선물옵션시장에 진입하면서 잘모르면 인생이 망가진다.
내가 아무리 잘해도 망가지는 경우가 허다하다.
아무것도 모르고 단순히 돈을 벌겠다 하는 어리석은 인간은 서서히 망가져간다.
배우고 또 배우고 해서 실력을 쌓아 언젠가는 회복될거라 판단하고 수렁이에 빠진다.
여러분 증권사 잘못만나면 더욱더 빨리 망가진다.
문제는 관리자가 만지는 내 계좌의 위험성이 도사리고 있다.
만약 내가 잠든사이 관리자가 내계좌를 슬쩍만진다면 내가 만지는 ip 주소랑 관리자가 만지는 ip 주소가 동일하게나타난다.

여기에 대비책이 없으면 하지말아야 한다. 매번 장의 패턴이 바뀌고 해외선물은 주포가 자주 바뀌므로 벌었더라도 패턴에 물든 거래자는 다치게 되어있다.
거래시 현재포지션 사진찍고 장을마칠 때 지금포지션을 반드시 사진찍어야 한다. 관리인이 만져도 그친구들은 ip 주소가 같기에 귀하가 만져서 일어난일이라 주장하며 매우 혼란에 빠뜨린다.
심지어 거래 날짜가지 조작하여 혼란스럽게한다.

너무 악랄하여 증권사 직원을 사람으로도 보지않는다.
독자가 원하면 증거자료를 보내드리며 설명해드겠다.
시카고에서 데이터를 전송하면 무슨에러가 많이발생하는지 공지에 수없이 뜬다.
각 증권사 동일한 물건인데 심지어 100틱차이도 발생한다. 종가원위치 필요하다면 사진 찍어놓은 자료도 공개하겠다.
이러한 제반 문제 특히 한국에서 해결되아야한다고 생각된다.
이런환경에서 수익내기란 하늘에 별따기라고 보면된다.
사진을 찍어 위험에 대비하라 말씀드리고싶다.
이도서는 선물옵션으로 망가져 자살까지간 모든이들에게 바친다.
이도서는 기초부터 차근차근 실습용으로 제작하였으니 증권사 골라 수익을 내시길 바랍니다.

저자 김정수 배상

목 차

Ⅰ. 주식 · 선물 · 주식선물

제1장 주식선물옵션해외선물 키포인트

1. 주식 ·· 13

2. 선물옵션 ·· 13

    1-1 콘탱고 코스피200선물이 코스피200현물보다크다 반대로

    코스피200선물이 코스피200현물보다적다 ································ 13

    2-2 챠트 ·· 13

    2-3 거래 ·· 13

    2-4 선물보다 레버리지가 옵션변동성으로 55배-10배정도 ·········· 14

    2-5 양합은 25 (ox이론) ·· 14

    2-6 선물옵션 옵션을 이용한 선물포지션 (c+x=p+s(f)) ················ 14

    2-7 가격결정 ·· 14

    2-8 시스템트레이딩 ·· 14

    2-9 위험 ·· 14

제2장 코스피선물옵션투자론

2-1 그림으로 풀어보는 선물옵션 도해

1. 선물매수 ·· 18
2 선물매도 ·· 19
3. 옵션매수 ·· 19
4. 옵션매도 ·· 20
5. 선물매수+옵션매수 ··· 20
6. 선물매도+옵션매도 ··· 21
7. 옵션매도+옵션매도 (양매도) ·· 21
8. 옵션매수+옵션매수 (양매수) ·· 22
9. 선물매도+미니선물매수 (비율스프레드) ······························ 23
10. 미니선물매수+미니선물옵션매도 ··· 23
11. 미니선물매도+미니선물옵션매수 ··· 24
12. 버터풀라이(미니선물옵션) ·· 24
13. 버터풀라이(선물옵션) ··· 25
14. 방향성버터풀라이 (상방) ·· 25
15. 방향성버터풀라이 (하방) ·· 24
16. 콘돌 2-18 방향성콘돌(상방) ·· 26
17. 방향성콘돌(상방) ·· 27
18. 방향성콘돌(하방) ·· 27
19. 백스프레드 ·· 28
20. 백스프레드(상방형) ··· 29
21. 백스프레드(하방형) ··· 29
22. 합성선물매수 ·· 30
23. 합성선물매도 ·· 30
24. 합성선물매수+선물매도 ··· 31

25. 합성선물매도+선물매수 ································· 31
26. 미니합성선물매수+미니선물매도 ······················ 32
27. 미니합성선물매도+미니선물매수 ······················ 32
28. 근월물합성선물+원월물합성선물 ······················ 33
29. 합성선물+위클리옵션 ································ 35
30. 동월물선물 +동월물미니선물(차익거래)··············· 35
31. 미니선물매도+원월물매수 ···························· 36
32. 합성선물매도 +위클리합성선물매수 ·················· 36
33. 미니선물매수+합성선물매도(스텐다드) ··············· 37
34. 선물매수+합성선물매도 ······························ 37
35. 11월합성선물 +9월물선물 ···························· 38
36. 행사가330행사가350 합성선물매수매도 ·············· 38
37. 330행사가 합성선물+350행사가합성선물 ············· 39
38. 양매도후 종가매수 ··································· 39
69. 양매도(세타큰 것)후 종가매수 ······················· 40
40 양매도등가 종가차월매수 ···························· 40
41. 양매도후 외가 차월매수 ····························· 41
42. 양월매수차월매도 ···································· 41
43. 콜근월매수+차월매도(세타+) ························ 42
44. 풋근월매수차월매도 ·································· 42
45. 콜풋근월매수 차월매도 세타+ ······················· 43
46. 콜풋근월매수 차월매도 세타+ ······················· 43

2-2 각상품별증거금 ·· 44

2-3 OX 투자론 ·· 47

2-4 바람직한 투자론 ······································ 49

   1. 콜풋 ··· 49

  2. 현물+선물옵션 ·· 49
  3. 타이밍매매 ·· 50
  4. 합성매매 ·· 50
  5. 소액투자자는 미니선물 옵션을 활용················ 50
2-5 쌍통화금리 ··· 51
2-6 변동옵션의 이해 ··· 53
2-7 공식으로본 C옵션 P옵션 ································· 55

제3장 주식&코스피선물옵션

3-1 기본적분석 ··· 59
3-2 기술적분석 ··· 90
3-3 선물옵션의 이해 ··· 111
3-4 합성전략 ··· 143
3-5 주식선물 ··· 144
3-6 코스피00선물옵션, 주식선물, elw 초기입문자의무교육
  및 등록절차 ·· 146
3-7 초기 증거금 비교 ··· 160

제4장 코스피선물옵션투자론

4-1 해외선물증거금 ··· 163
4-2 주요해외선물상품 틱가치 기초자산 ················ 170
  1. 금속 골드선물 ·· 170
  2. 농축산물 쌀선물 ·· 170

3. 에너지 가솔린 …………………………………………………………… 172

4. 에너지 네츄럴가스 ………………………………………………………… 172

5. 통화 마이크로유로 ………………………………………………………… 173

6. 지수 미니항생 ……………………………………………………………… 173

7. 지수 중국항생 ……………………………………………………………… 174

8. 지수 미니중국항생 ………………………………………………………… 174

9. 지수 미니항생 ……………………………………………………………… 175

10. 지수 차이나A50 …………………………………………………………… 175

11. 지수 니케이225달러 ……………………………………………………… 176

12. 지수 항생선물지수 ………………………………………………………… 176

13. 항상콜옵션 ………………………………………………………………… 177

14. 항생풋옵션 ………………………………………………………………… 177

제5장 실전연습

5-1 Risk ……………………………………………………………………… 181

5-2 실전연습 ………………………………………………………………… 182

5-3 국선 ……………………………………………………………………… 184

5-4 해선 ……………………………………………………………………… 185

5-5 시장분석 ………………………………………………………………… 192

5-6 해선 실습 ………………………………………………………………… 198

제6장 해외선물 차익거래

1. 20041과 19993 차이 42차이 $1당 840 1,176,000원 ·················· 214
2. 20041과 19993 차이 48차이 $1당 1,344,000 ·················· 215
3. 20024와 20065 차이 43차이 $1당 20달러 1,204,000원 ············ 216
4. 20105와 20080 차이 25차이 $1당 50달러   700,000원 ············ 217

Ⅰ. 주식 · 선물 · 주식선물

제1장 주식선물옵션해외선물 키포인트

1. 주식

2. 선물옵션

2-1 콘텡고 코스피200선물이 코스피200현물보다크다

　　　반대로 코스피200선물이 코스피200현물보다적다

2-2 챠트

2-3 거래

2-4 선물보다 레버리지가 옵션변동성으로 55배-10배

　　　정도 옵션은 시간가치 세타는 감소정도

2-5 양합은 25 (ox이론)

2-6 선물옵션 옵션을 이용한 선물포지션 ($c+x=p+s(f)$)

2-7 가격결정

2-8 시스템트레이딩

2-9 위험

1. 주식

주식은 동업개념이다

1990년기준시총 과 현재시총 코스피200현물지수를 코스피200현물지수라 하며 현물지수를 이자률 과 시장상황을 반영하여 3,6,9,12 선물지수로 표시한다

2. 선물옵션

선물옵션을 직업으로 하는분이 늘어나지만 제도적으로 보호받을길이 없어 지식함양과 위험을 감지하고 시작해서 위험을 방지해야한다

2-1 콘텡고 코스피200선물이 코스피200현물보다크다
반대로 코스피200선물이 코스피200현물보다적다

인더머니 내재가치가있다.
아웃오브더머니 내재가치가없다.
엣더머니 코스피200현물과 선물이 같다.

2-2 챠트

현재가가 시가보다 크면 강세 반대로 시가보다 적으면 약세인 통계가있으나 항상맞지는 않다.
챠트로 표현 장의흐름을 표시한다.
종가가 시가보다 높을 때 양봉
종가가 시가보다 낮을 때 음봉

2-3 거래
위클리옵션만기 코스피200으로 현물지수로 결제
옵션만기 코스피200현물지수로 결제
장움직임은 코스피200선물로 움직인다.

인터차익   국내거래소간
인트라차익   해외거래소간거래

2-4 은 선물보다 레버리지가 옵션변동성으로 55배-10배 정도

옵션은 시간가치 세타는 감소정도
델타는 방향
베가는 변동성
감마는 델타를 미분한값

2-5 양합은 25 (ox이론)

옵션1당 10만 선물1당 25만
옵션은 1년에 한두번 100배 터지는 경향이있다.
월초에 변동성이 확대 되는경향

2-6 선물옵션 옵션을 이용한 선물포지션
(c+x=p+s(f))

2-7 가격결정

옵션만기 잔여일수 이자율 변동성 감안 등가가 결정되고 등가를 로그정규분포로하여 행사가별 옵션가가나온다.
시간 가치가 열전도 방정식과 비슷한 형태를 나타내며 불랙숄즈이론모형으로 산출된다.

2-8 시스템트레이딩

각변수를 대입하여 매수신호시 진입 매도신호시 청산을 자동으로 만들어 수익내는 전략 과매도시 매수 과매수시 매도 하여 시장의 안정을 꽤한다.
수천가지 방법으로 트레이딩한다.

2-9 위험

ip 위험
본인 계좌가 타인에 의해 주문체결 청산되었다면 마치 본인이 하는것처럼 ip가 동일하다.

법죄의 악용 수단으로 증권사에서 행하는 사례가있다.

추가증거금 발생시 즉시 반대 매매들어가는 사례가있다.

청산해서 증거금을 낮추는 시간을 주지안는다.

이의제기하면 거래자가 마치 만진것처럼 나타나 주최자는 항상 유리한 조건에서 직면하는데 여기에 관한 선물거래법 시행이 발효되어야 피해자가 계속 발생하지 않는다.

특히 우리가 방어하는 길은 본인 포지션을 항상 카메라로 찍어두어야 이의제기하는데 도움이된다

제2장 코스피선물옵션투자론

2-1 그림으로 풀어보는 선물옵션 도해

2-1 선물매수　　　　　　2-2 선물매도

2-3 옵션매수　　　　　　2-4 옵션매도

2-5 선물매수+옵션매수

2-6 선물매도+옵션매도

2-7 옵션매도+옵션매도 (양매도)

2-8 옵션매수+옵션매수 (양매수)

2-9 미니선물매수+미니선물매도(근월물+원월물)

2-10 선물매도+미니선물매수 (비율스프레드)

2-11 미니선물매수+미니선물옵션매도

2-12 미니선물매도+미니선물옵션매수

2-13 버터풀라이(미니선물옵션)

2-14 버터풀라이(선물옵션)

2-15 방향성버터풀라이 (상방)

2-16 방향성버터풀라이 (하방)

2-17 콘돌　　　　　　　　2-18 방향성콘돌(상방)

2-19 방향성콘돌(하방)　　2-20 백스프레드

2-21 백스프레드(상방형)

2-22 백스프레드(하방형)

2-23 합성선물매수　　　　　2-24 합성선물매도

2-25 합성선물매수+선물매도

2-26 합성선물매도+선물매수

2-27 미니합성선물매수+미니선물매도

2-28 미니합성선물매도+미니선물매수

2-29 근월물합성선물+원월물합성선물

2-30 합성선물+위클리옵션

2-31 동월물선물 +동월물미니선물(차익거래)

2-32 미니선물매도+원월물매수

2-33 합성선물매도 +위클리합성선물매수

2-34 미니선물매수+합성선물매도(스텐다드)

2-35 선물매수+합성선물매도

2-36 11월합성선물 +9월물선물

2-37 행사가330행사가350 합성선물매수매도

2-38 330행사가 합성선물+350행사가합성선물

2-39 양매도후 종가매수

2-40 양매도(세타큰 것)후 종가매수

2-41 양매도등가 종가차월매수

2-42 양매도후 외가 차월매수

2-43 양월매수차월매도

2-44 콜근월매수+차월매도(세타+)

2-45 풋근월매수차월매도

2-1 그림으로 풀어보는 선물옵션 도해

1. 선물매수

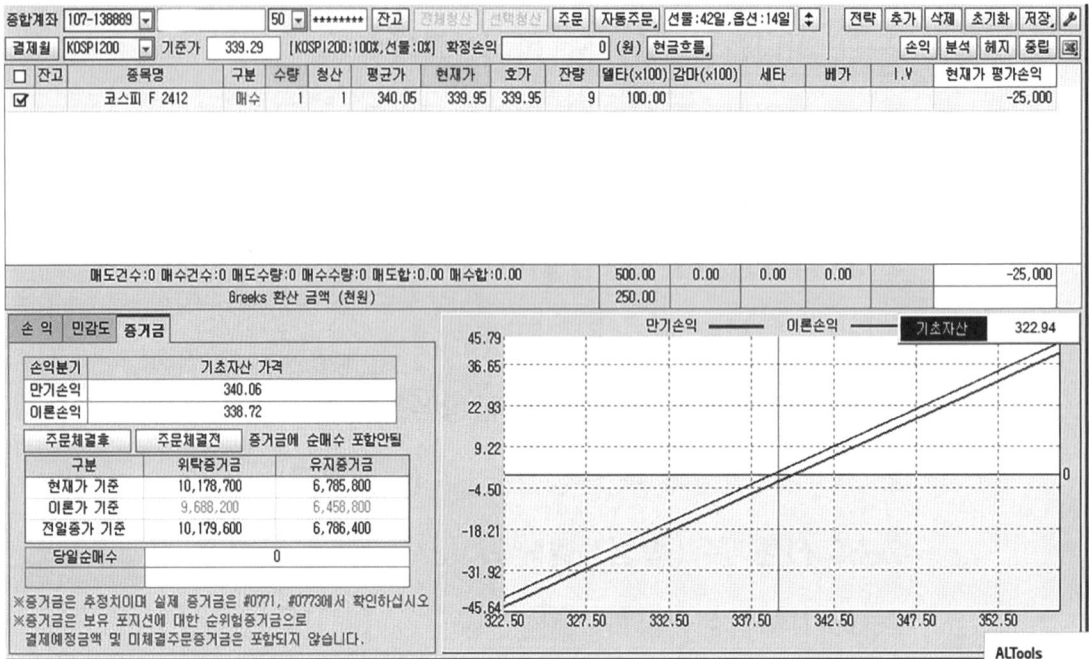

2. 선물매도

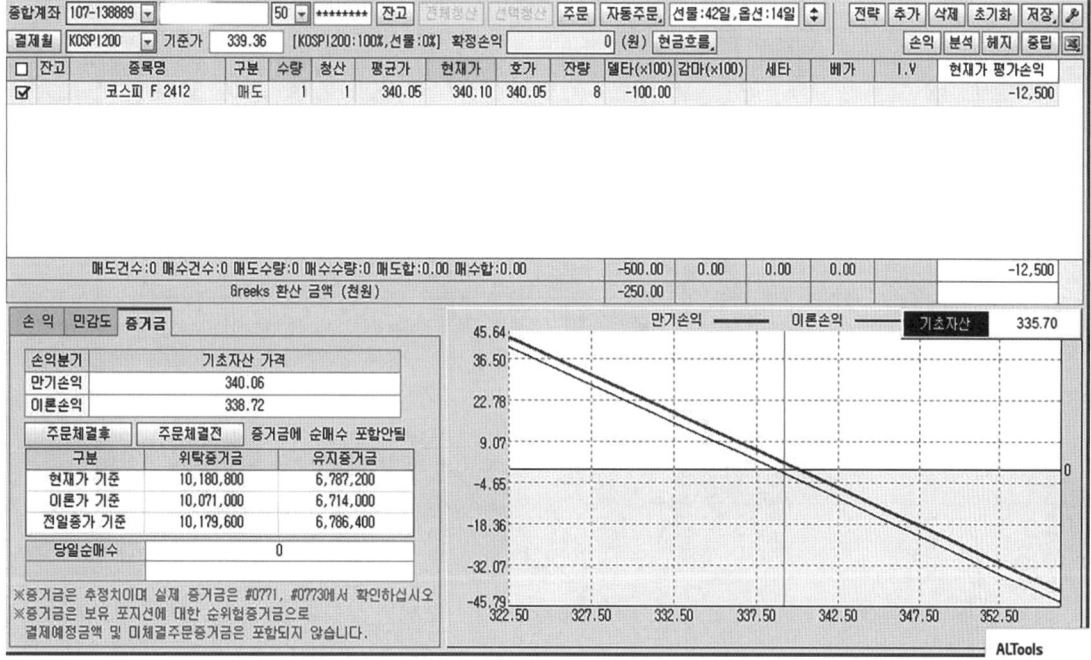

3. 옵션매수

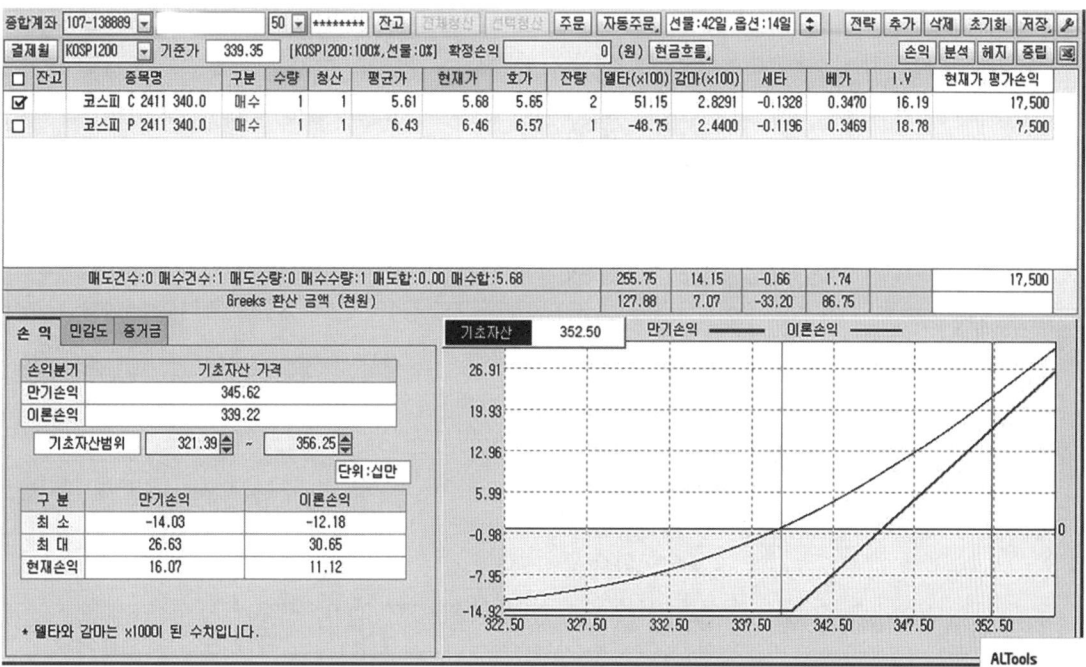

4. 옵션매도

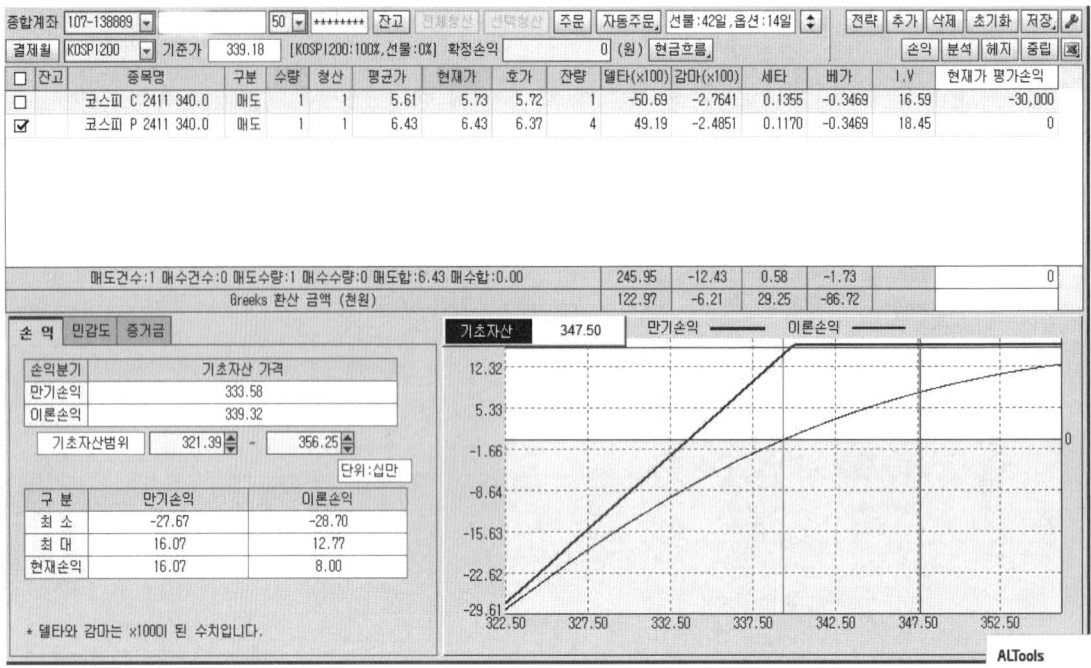

5. 선물매수+옵션매수

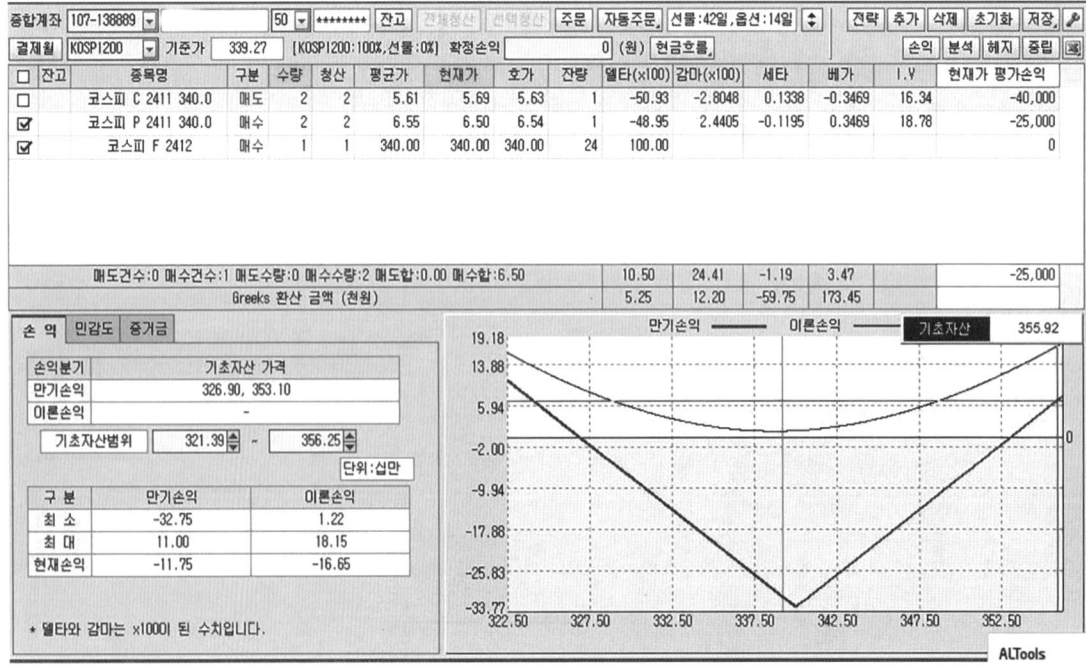

6. 선물매도+옵션매도

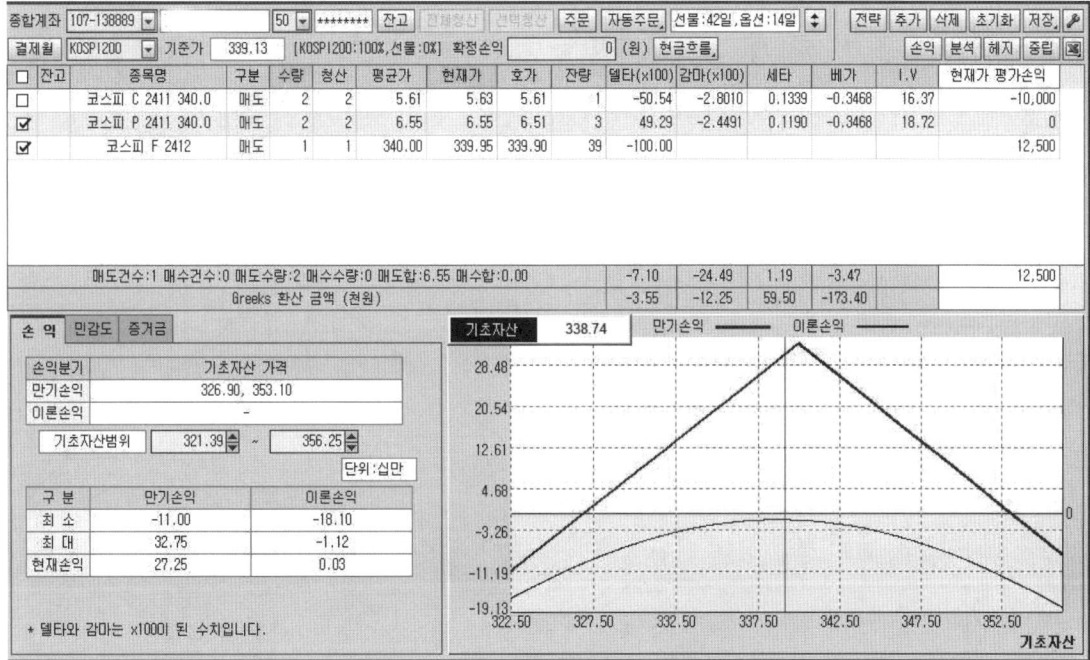

7. 옵션매도+옵션매도 (양매도)

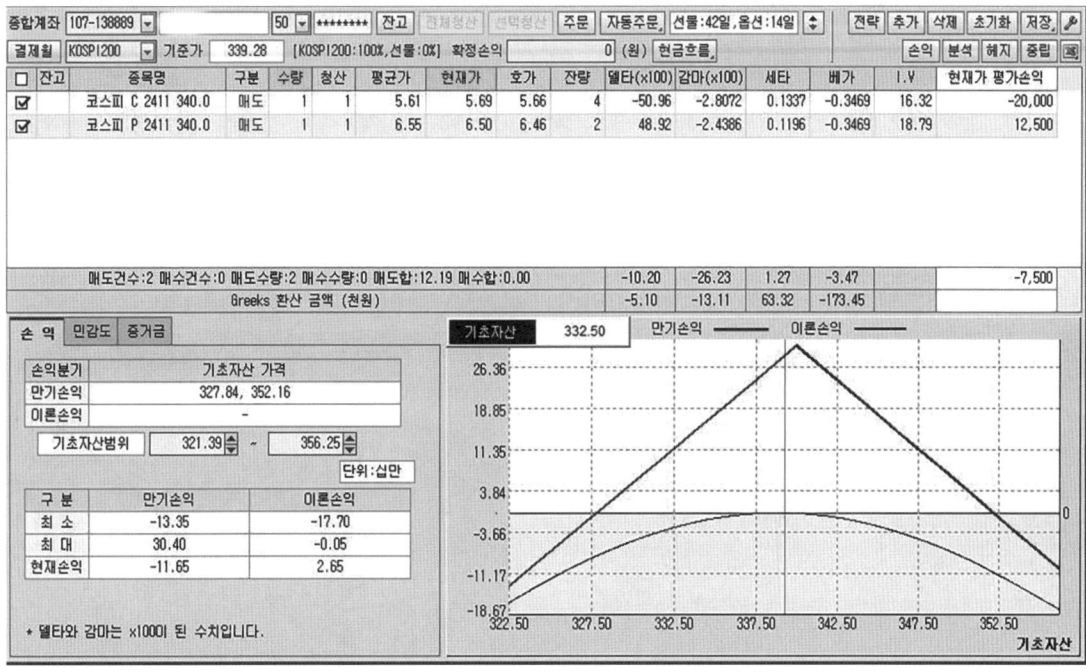

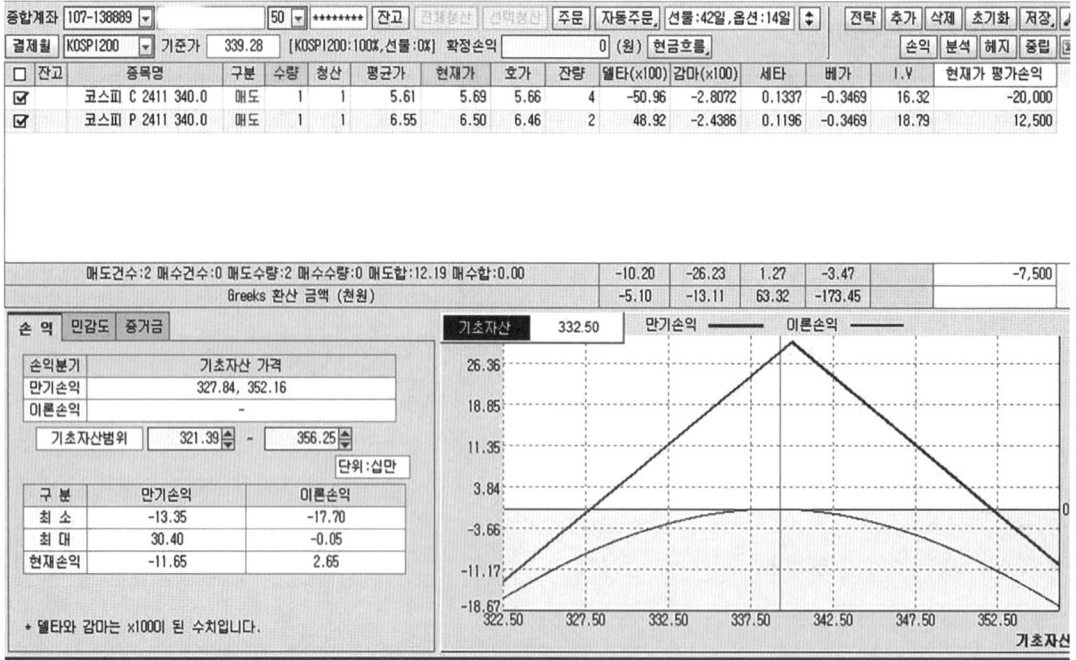

8. 옵션매수+옵션매수(양매수)

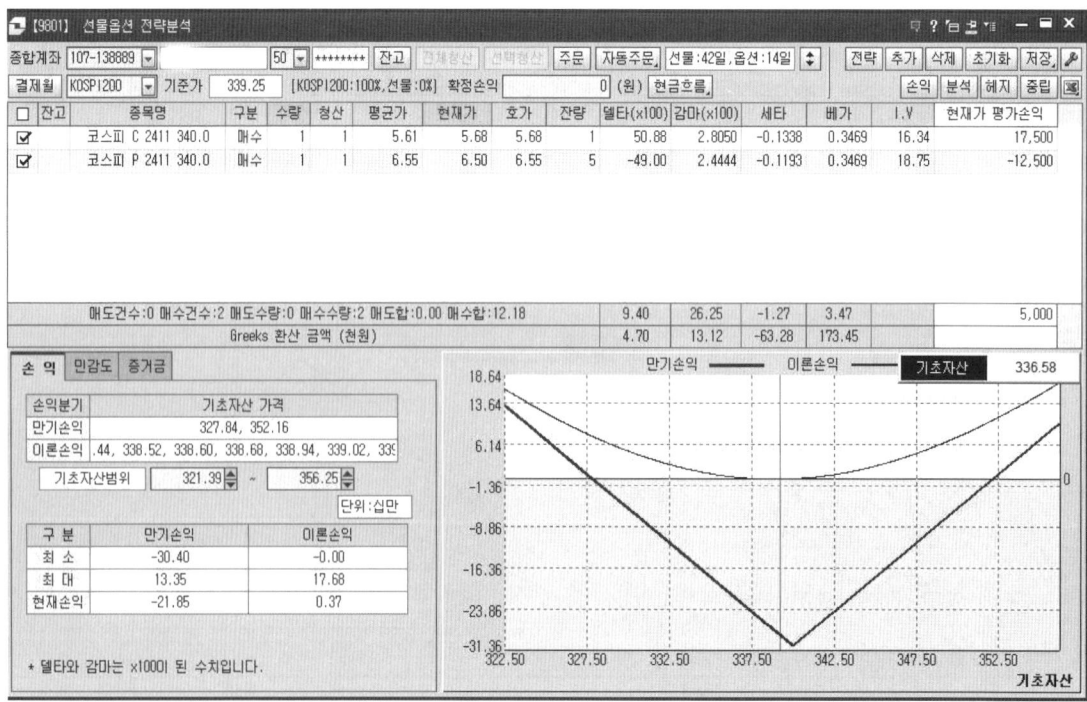

9. 미니선물매수+미니선물매도 (근월물+원월물)

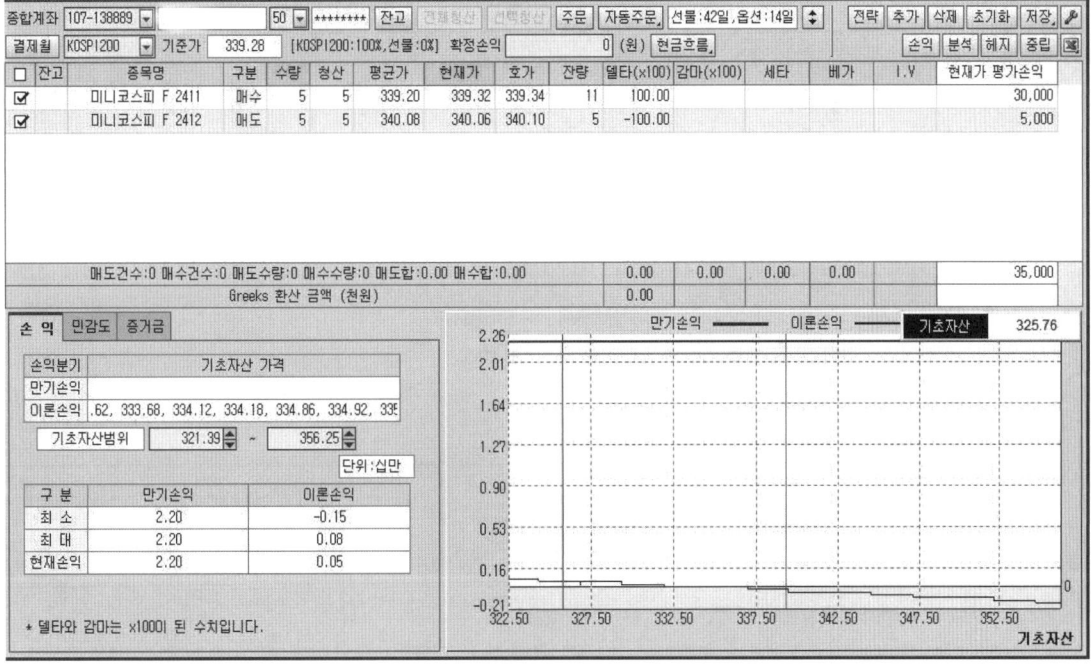

10. 미니선물매수+미니선물옵션매도(비율스프레드)

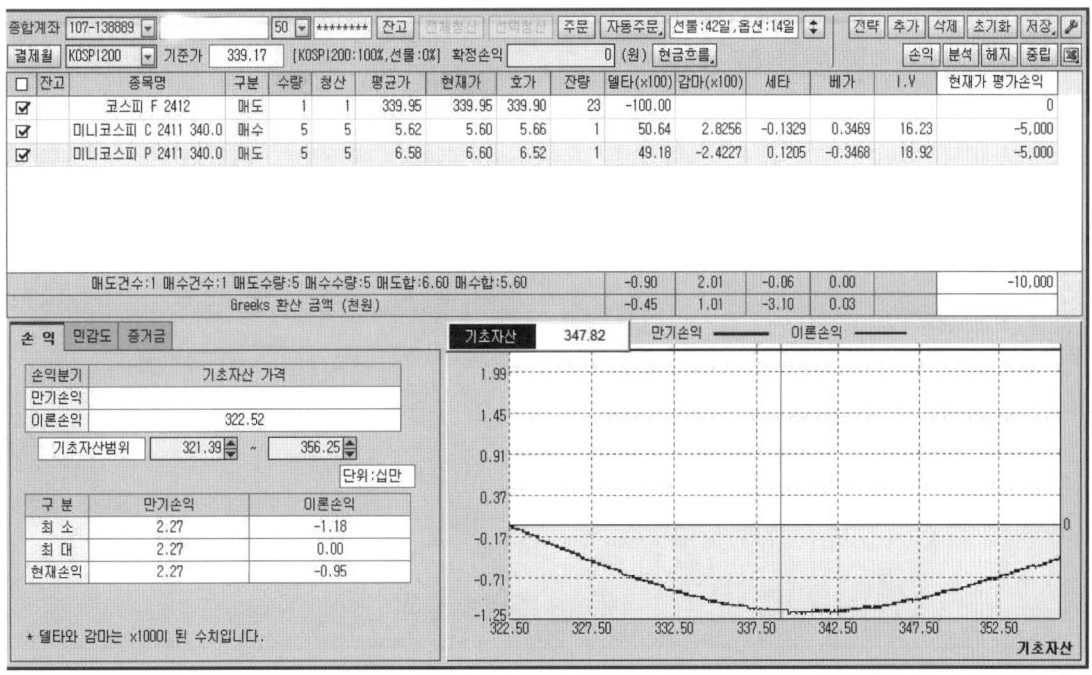

11. 미니선물매수+미니선물옵션매도

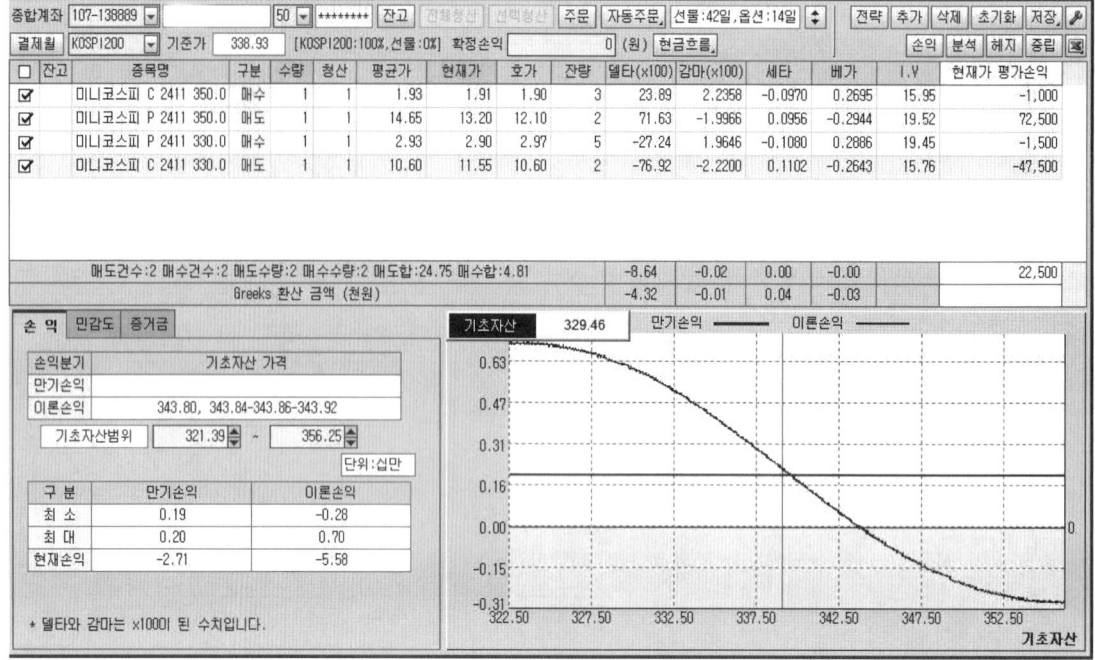

12. 미니선물매도+미니선물옵션매수

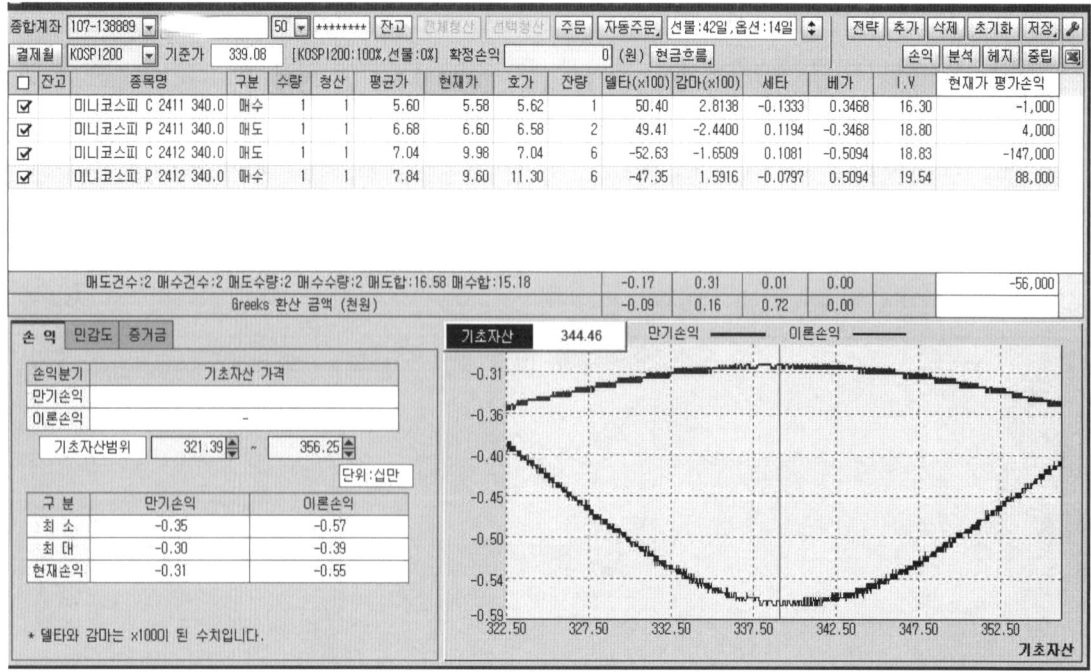

13. 버터플라이(선물옵션)

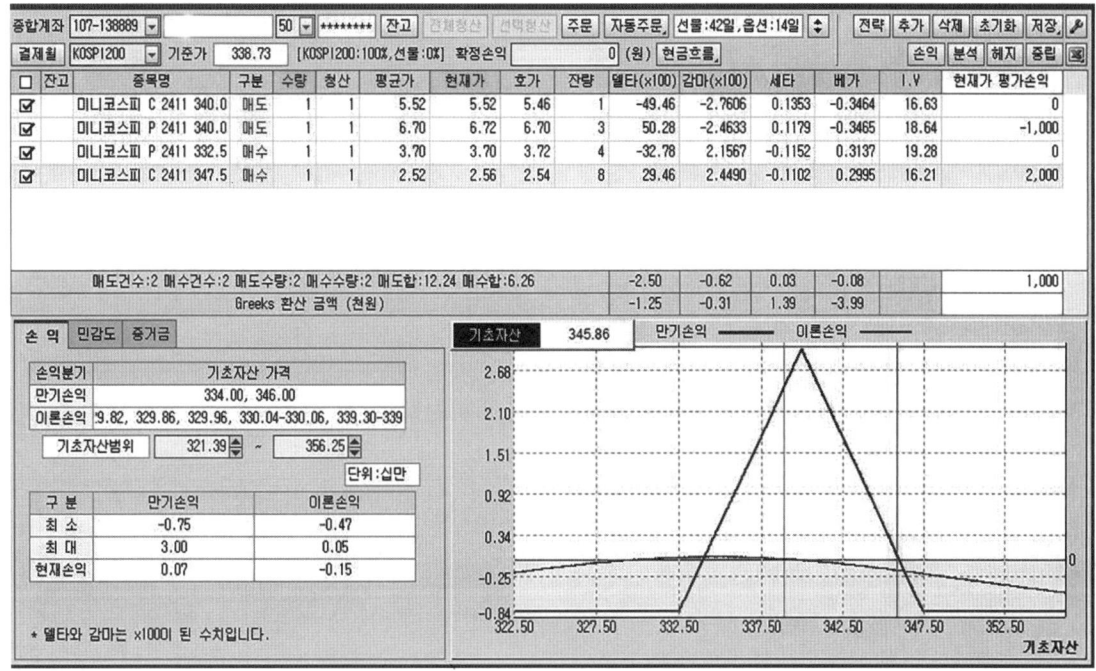

14. 버터플라이(선물옵션)

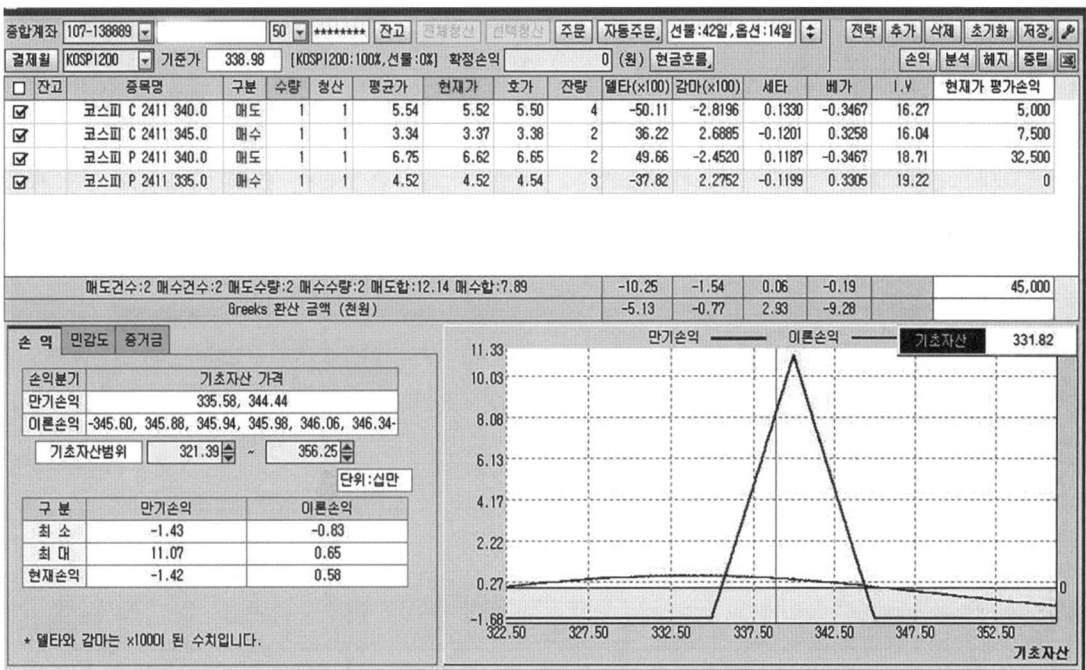

15. 방향성버터풀라이 (상방)

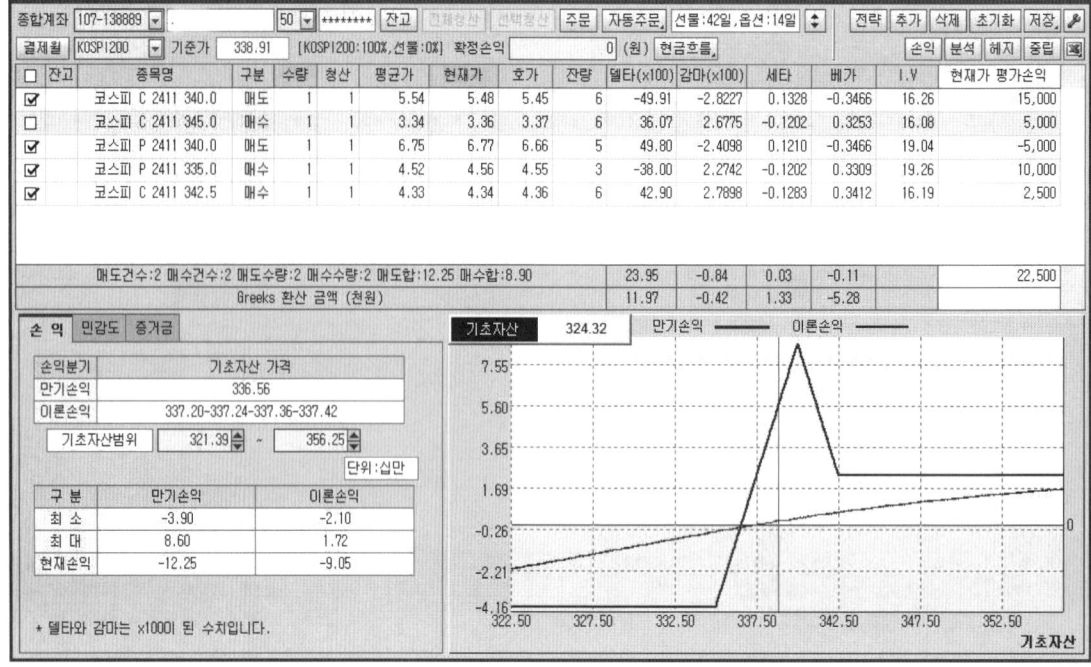

16. 방향성버터풀라이 (하방)

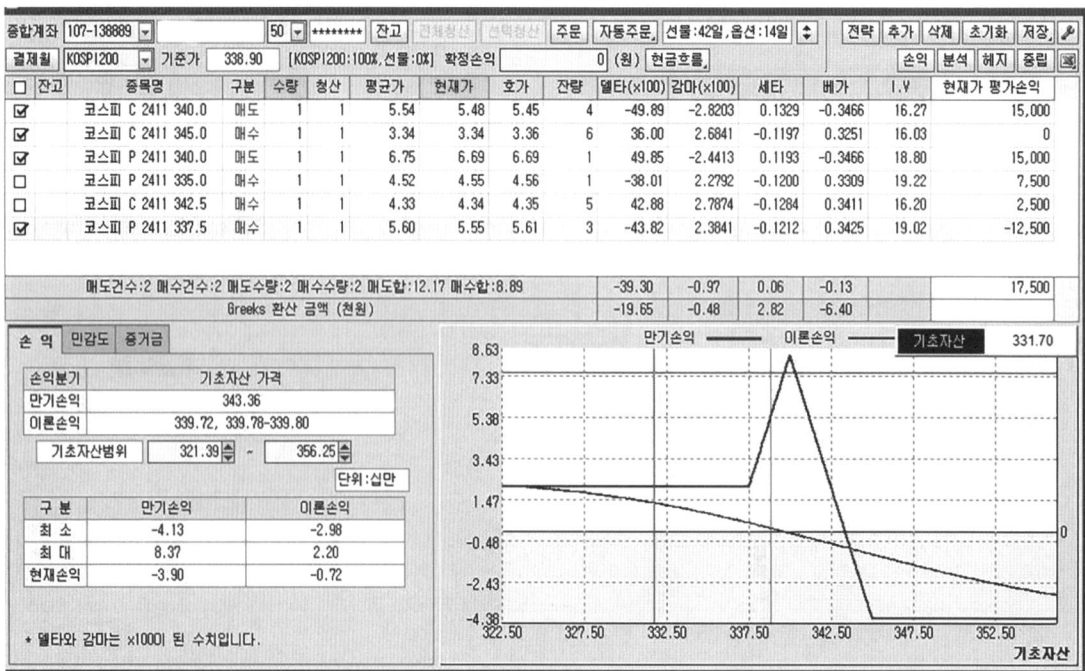

17 콘돌

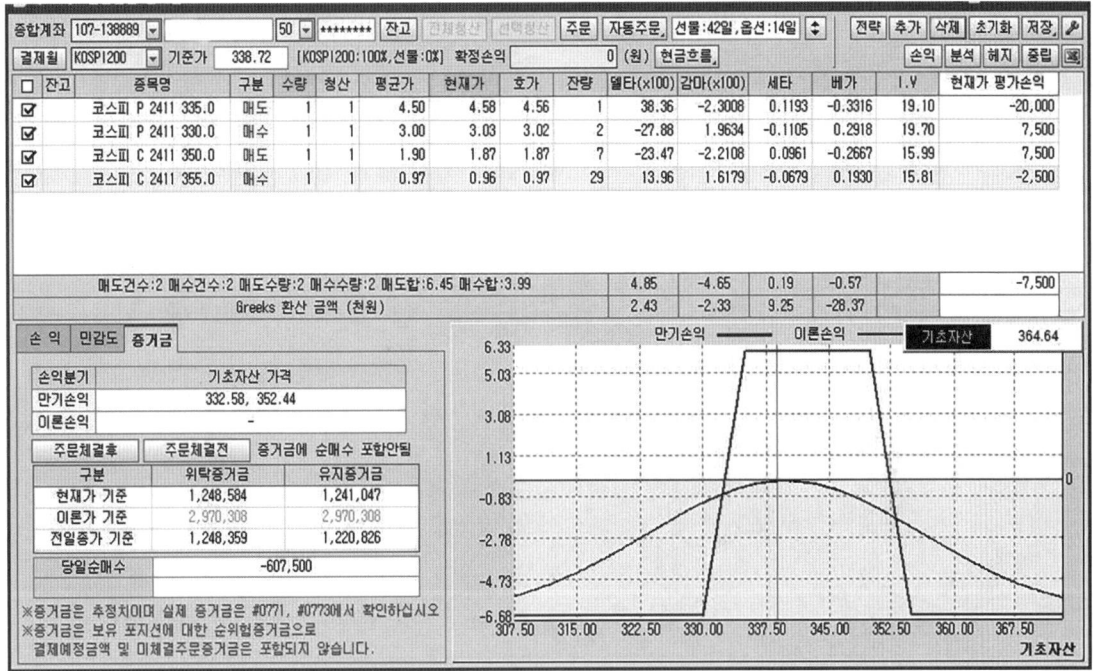

18. 방향성콘돌(상방)

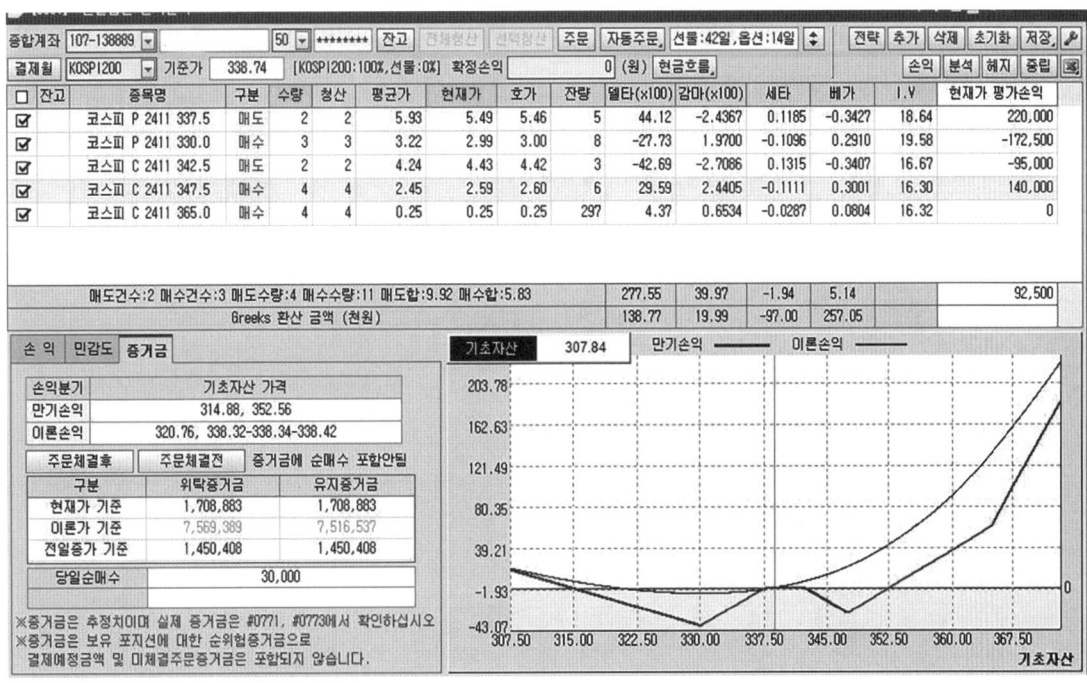

19. 방향성콘돌(하방)

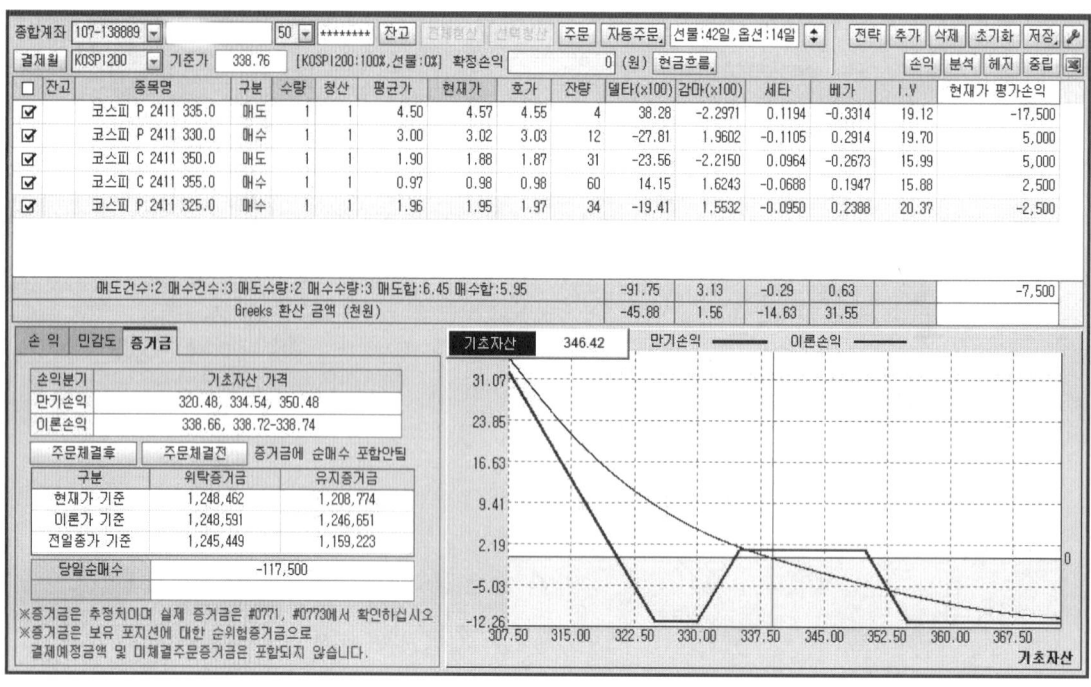

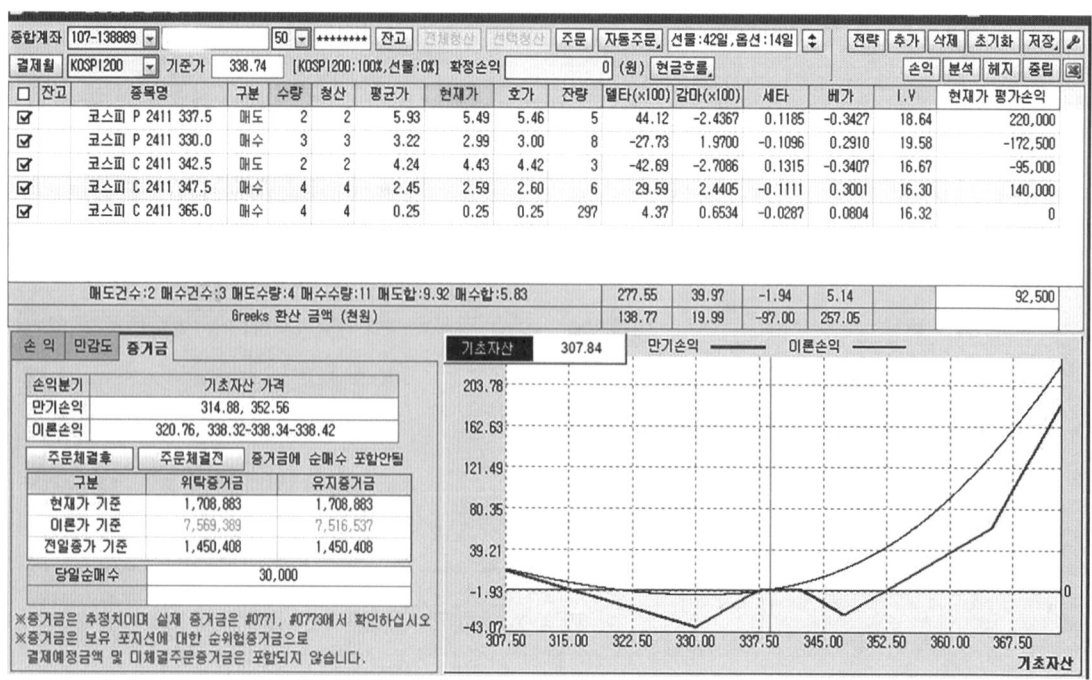

20. 백스프레드

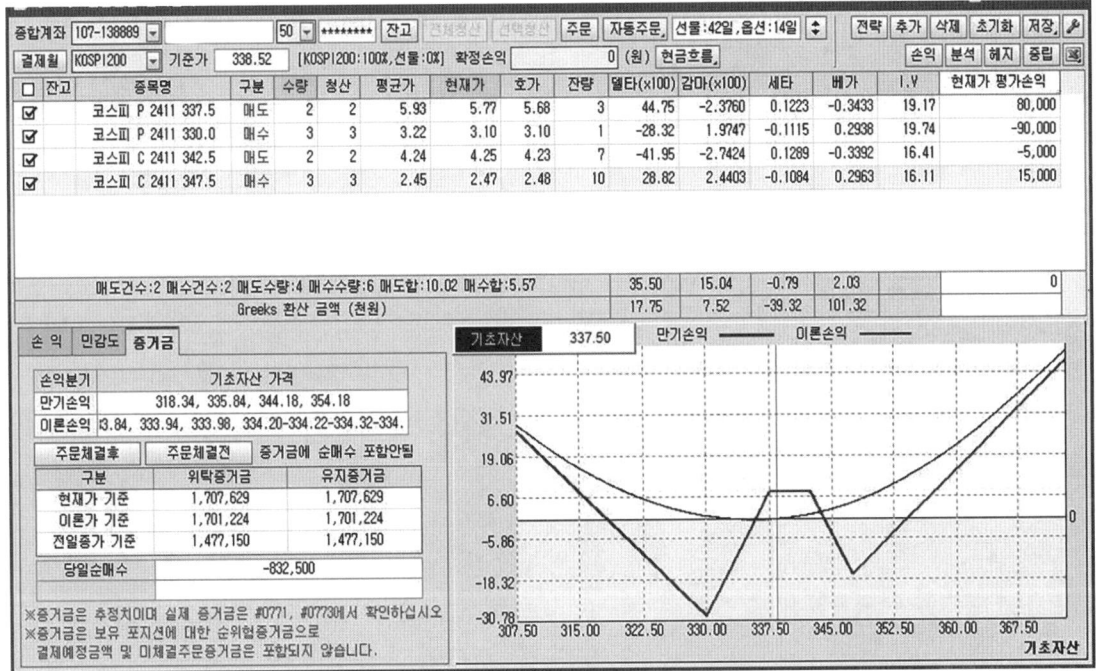

21. 백스프레드(상방형)

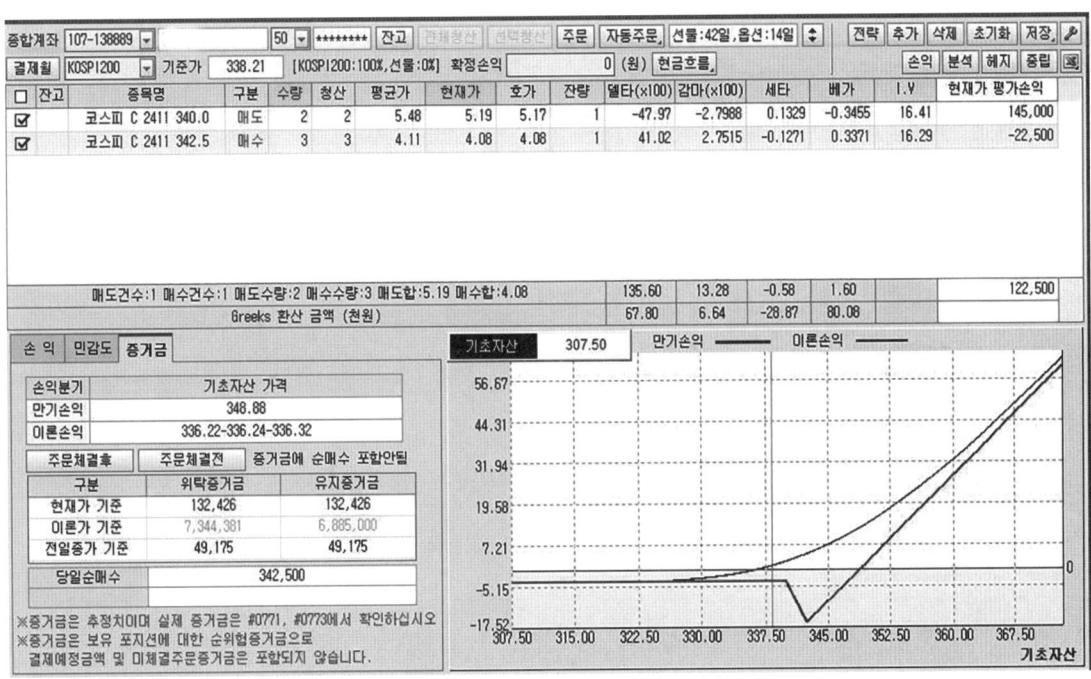

22. 백스프레드(하방형)

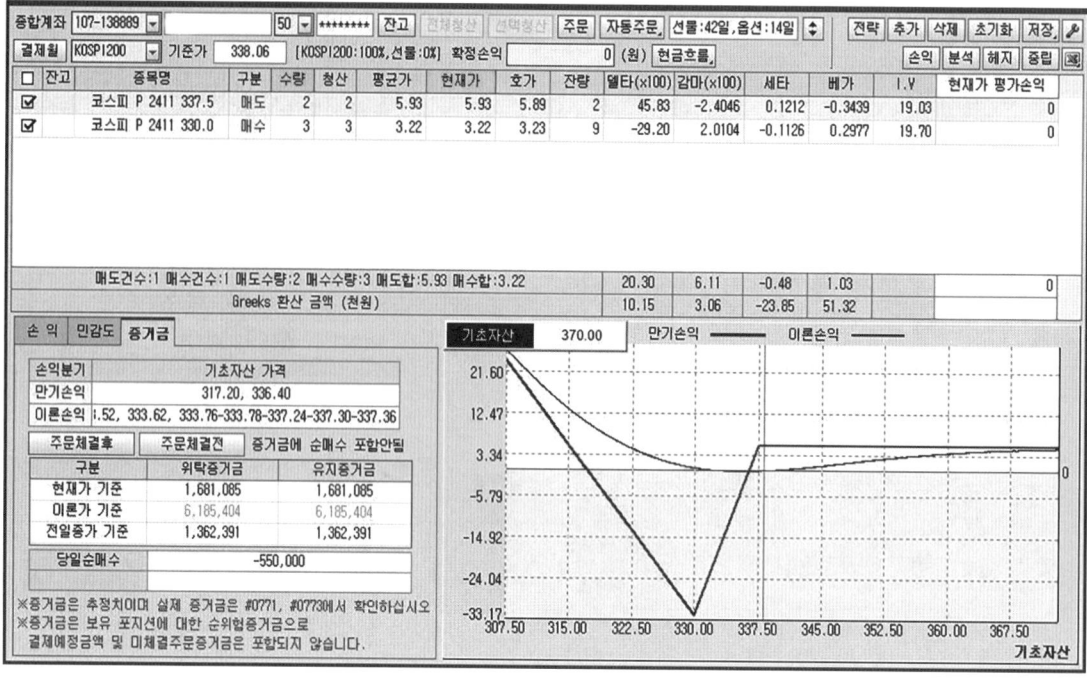

23. 합성선물매수

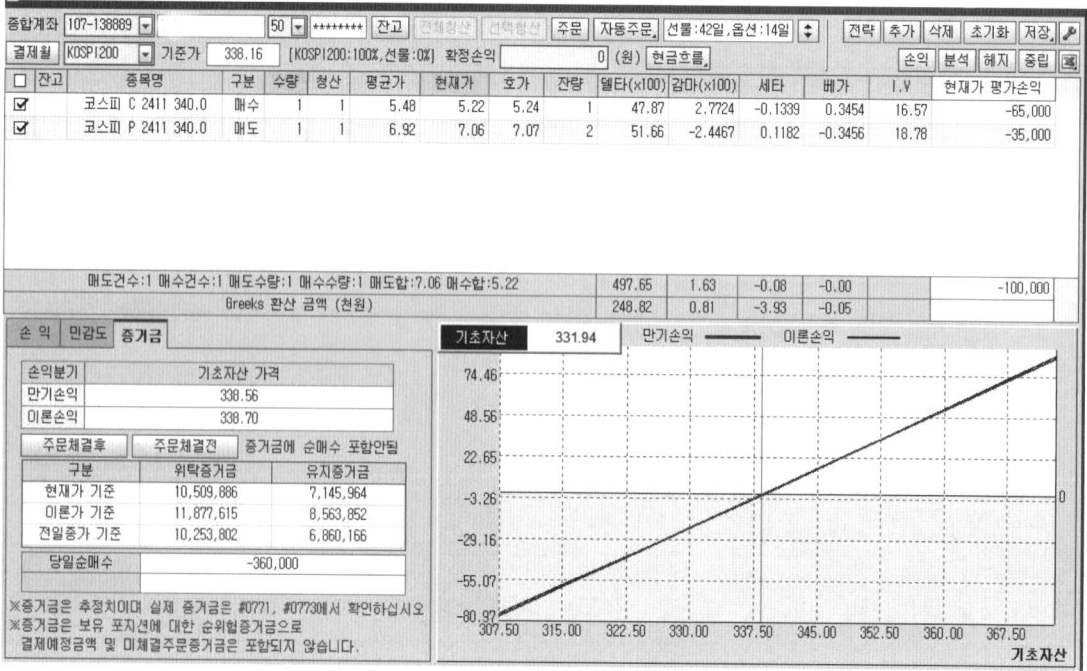

24. 합성선물매도

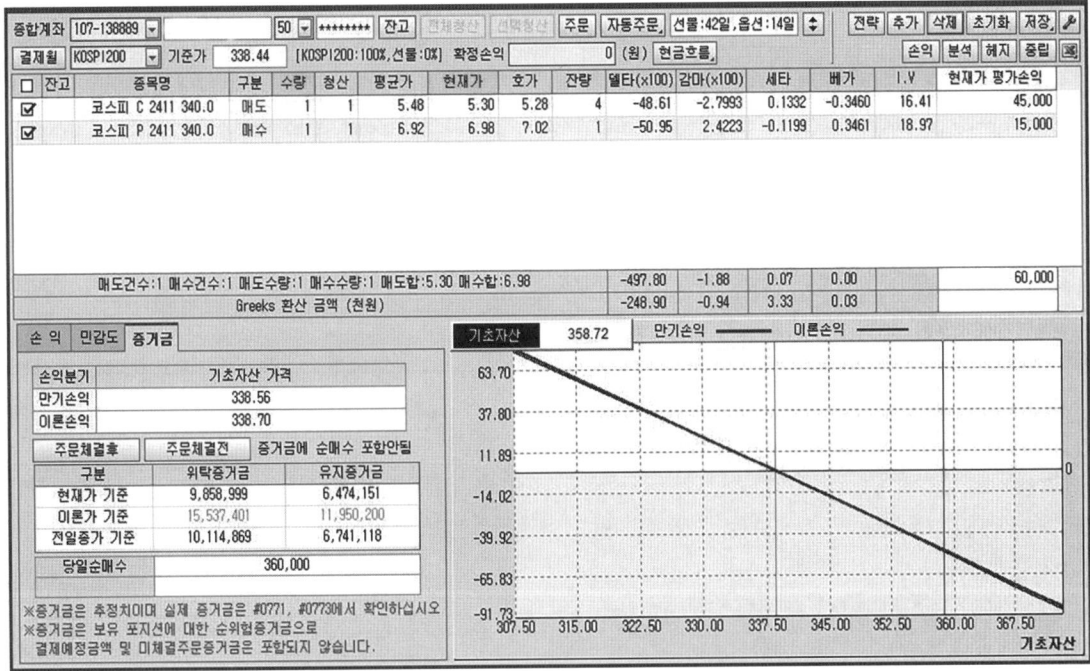

25 합성선물매수+선물매도

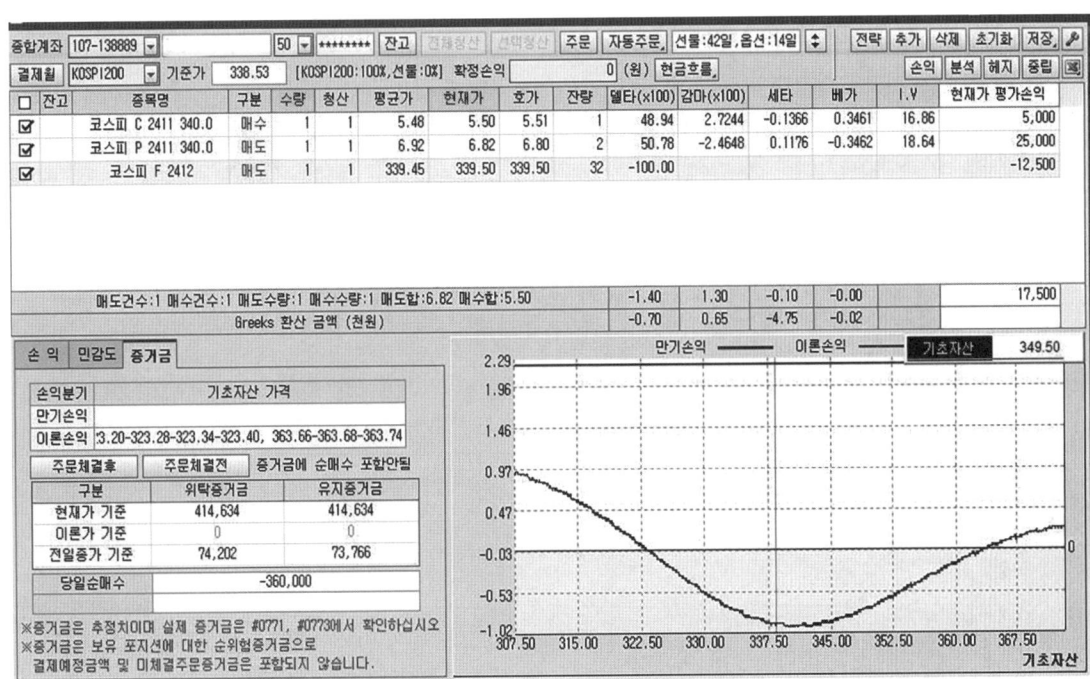

26. 합성선물매도+선물매수

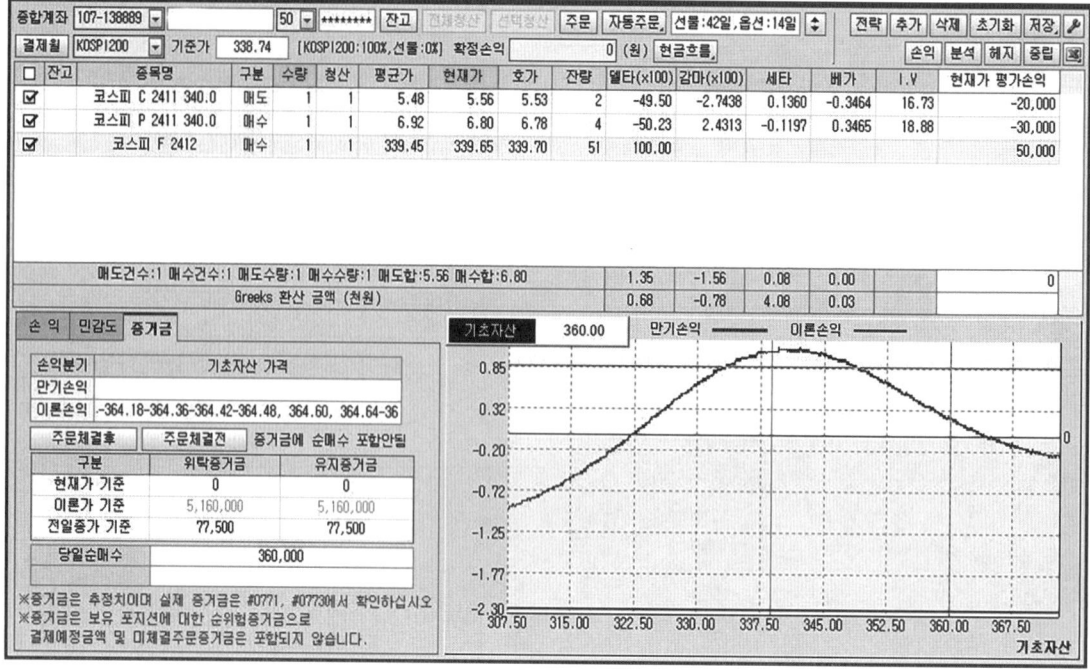

27. 미니합성선물매수+미니선물매도

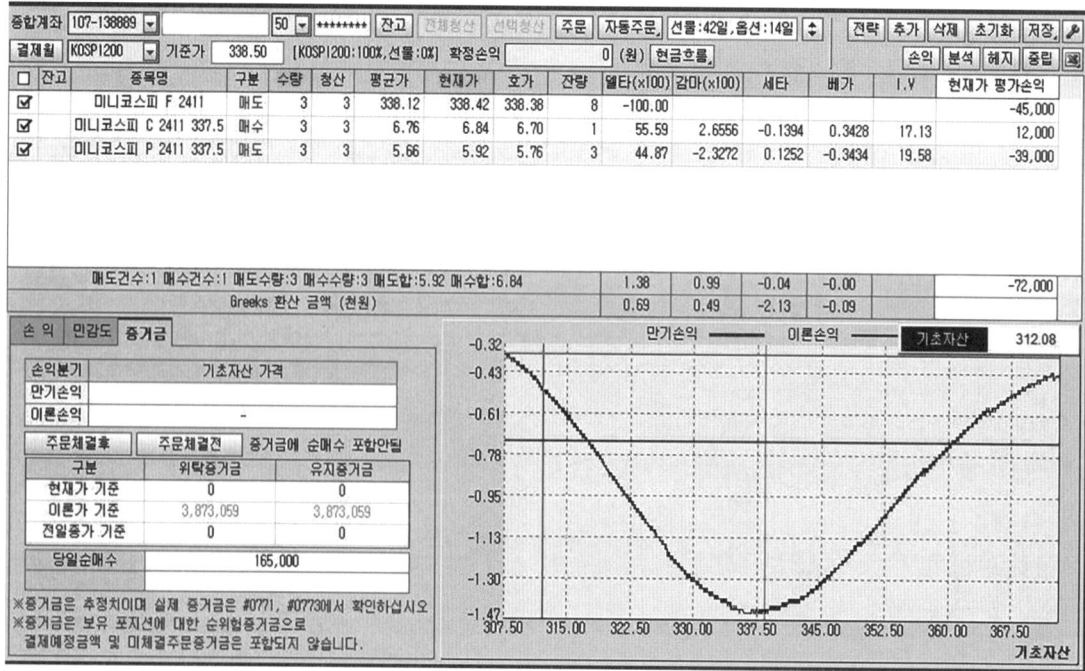

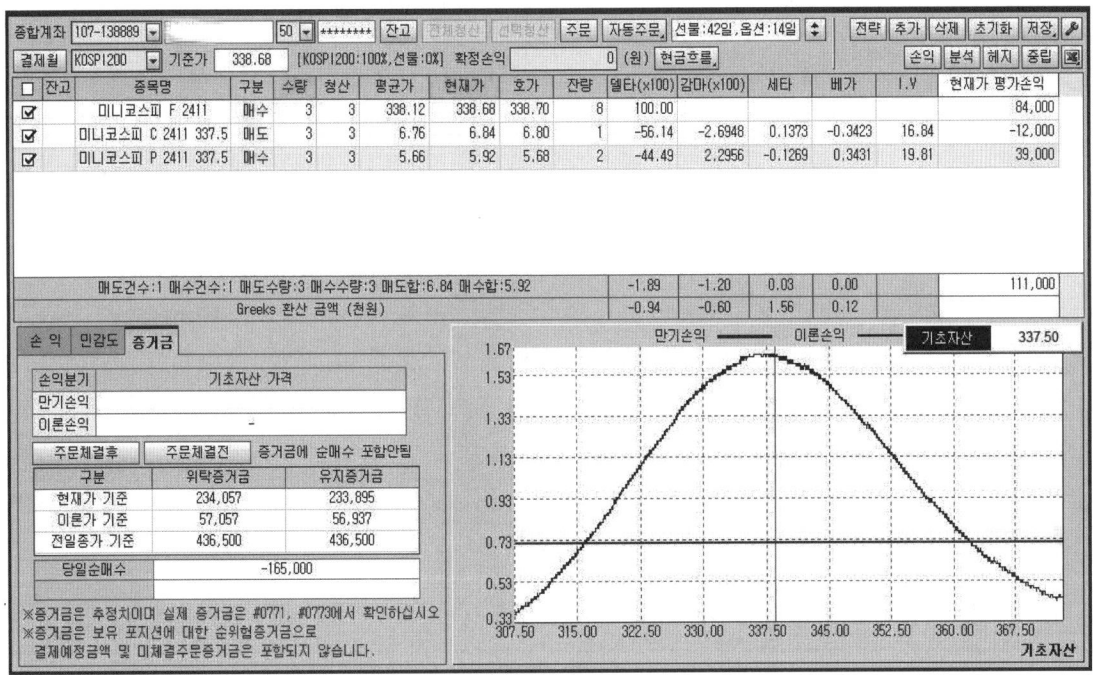

28. 미니합성선물매도+미니선물매수

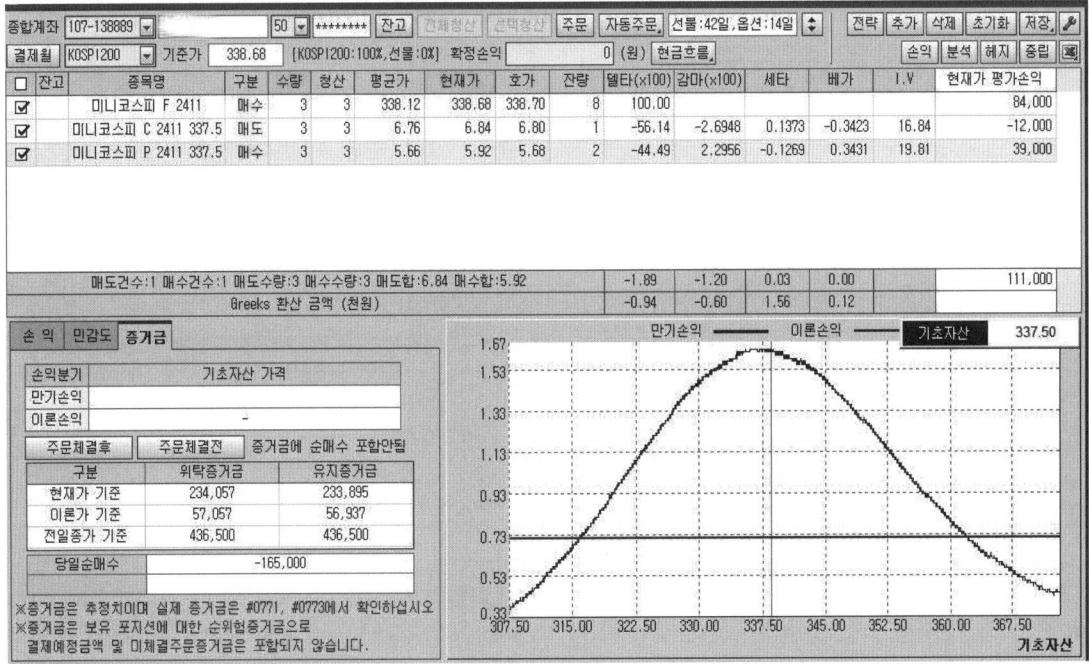

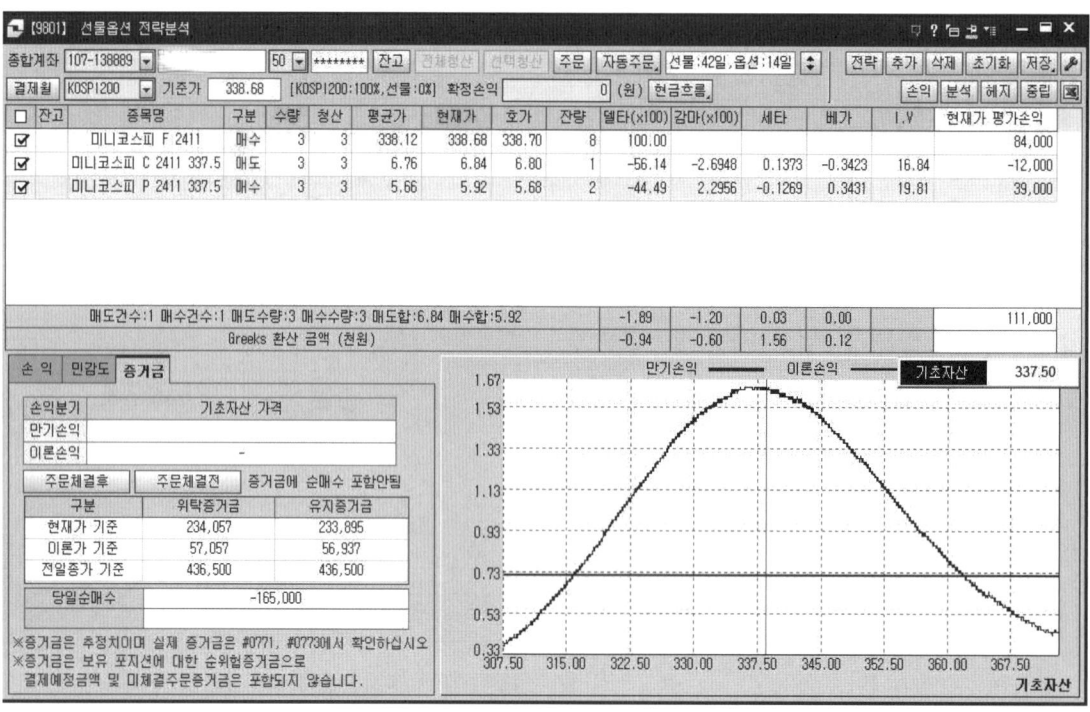

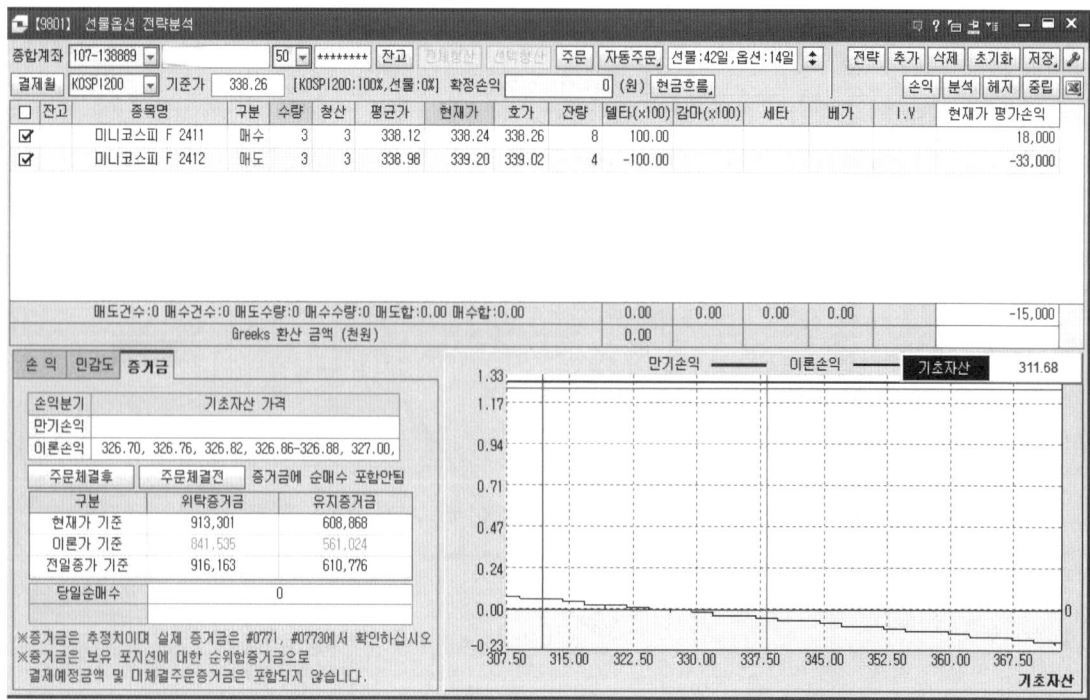

29. 근월물합성선물+원월물합성선물

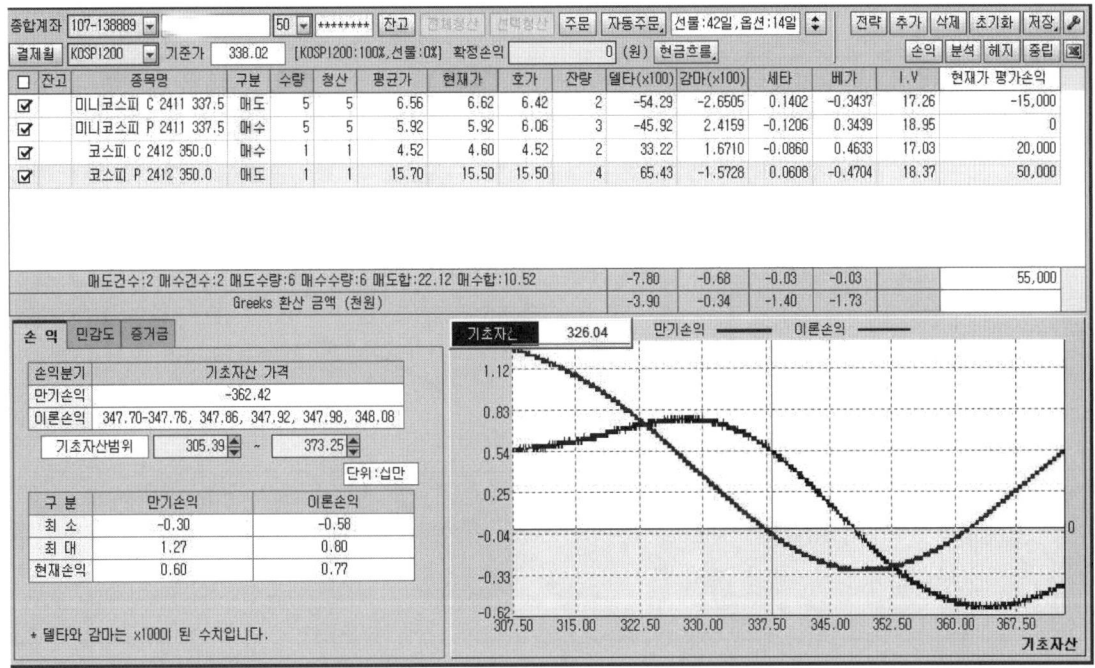

30. 합성선물+위클리옵션

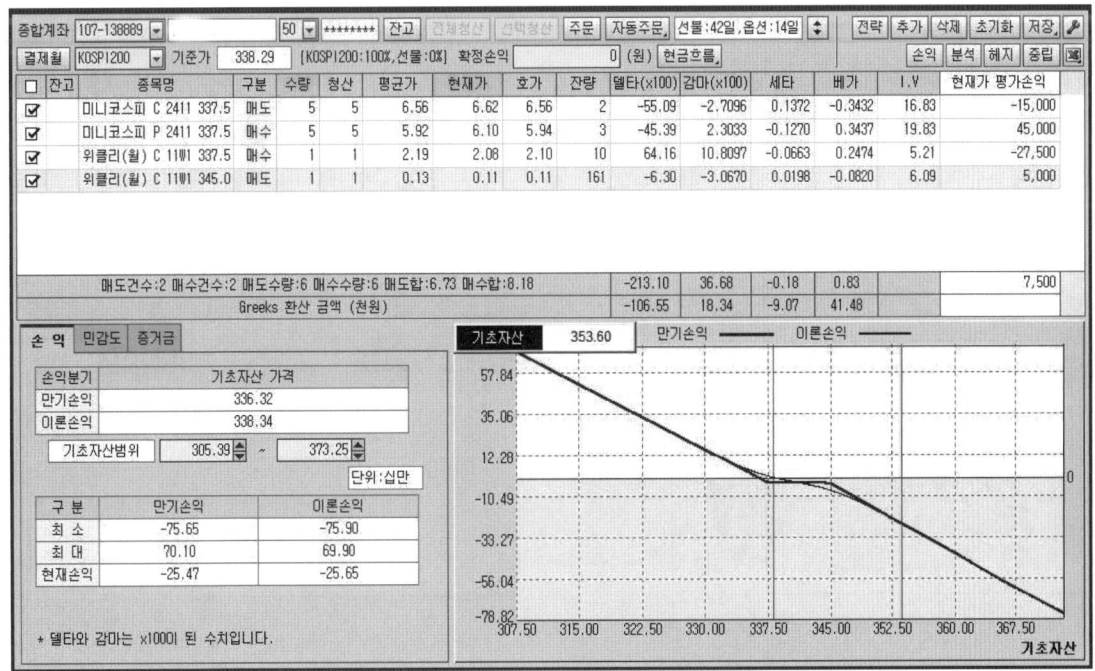

31. 동월물선물 +동월물미니선물(차익거래)

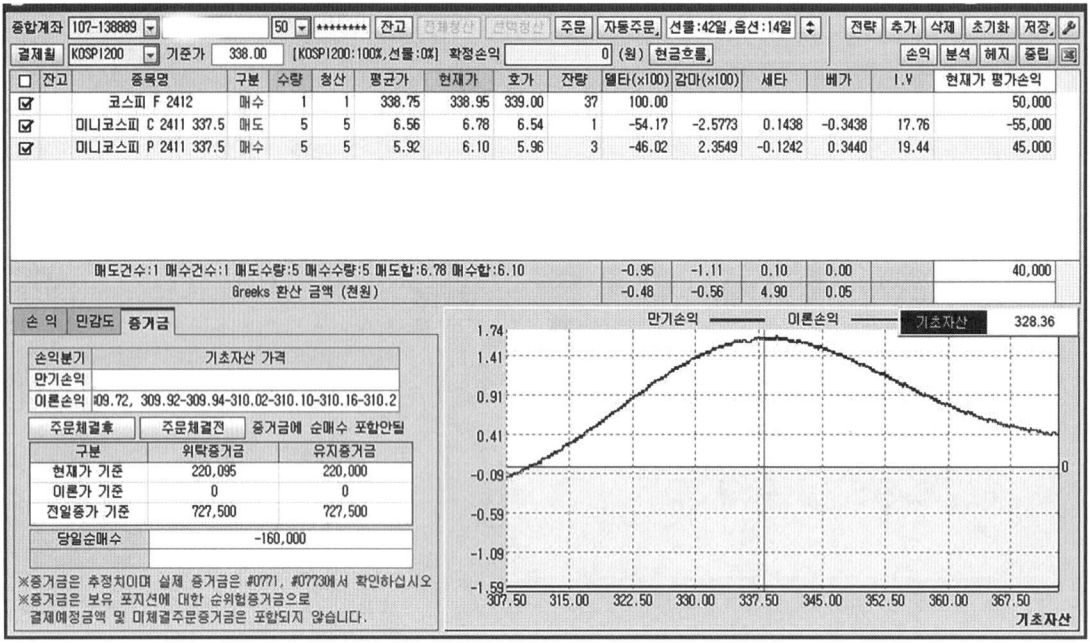

32. 미니선물매도+원월물매수

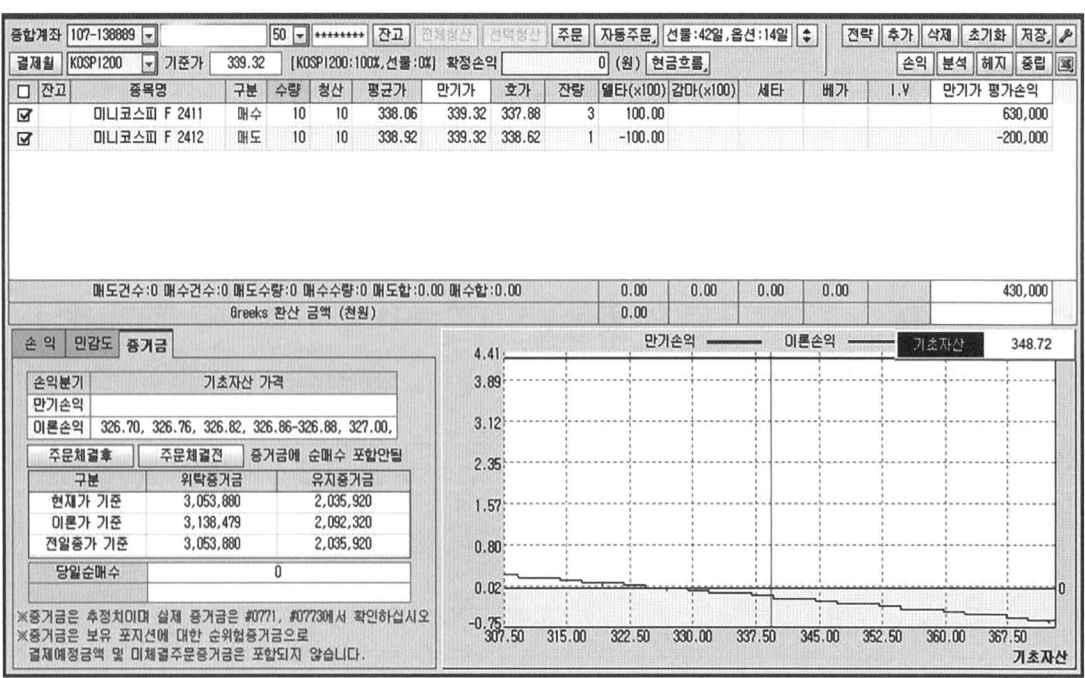

33. 합성선물매도 +위클리합성선물매수

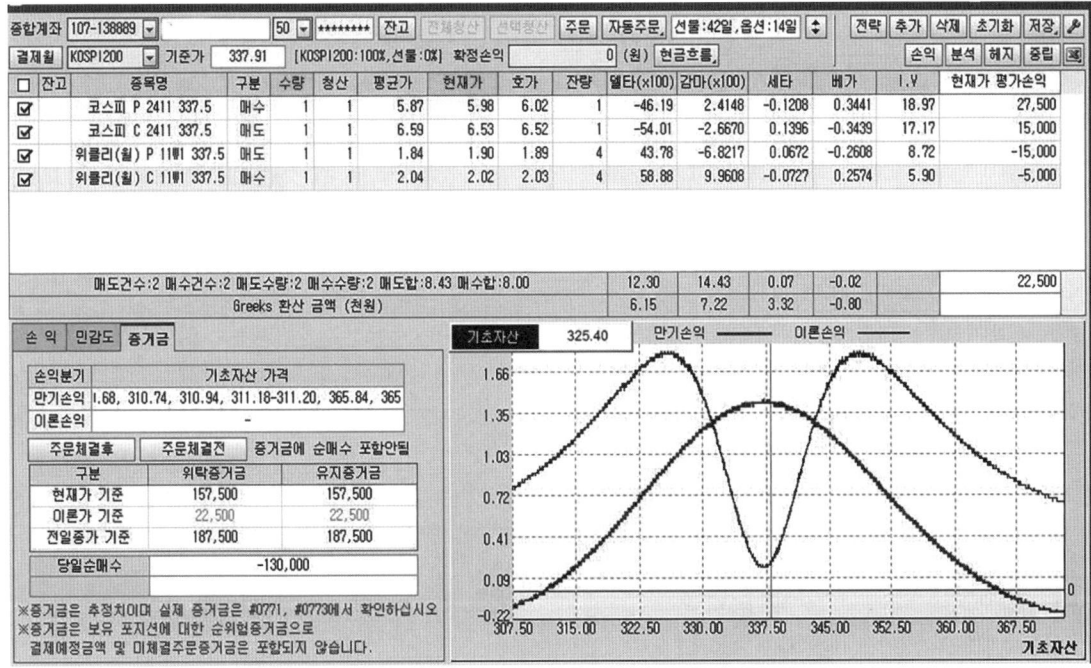

34. 미니선물매수+합성선물매도(스텐다드)

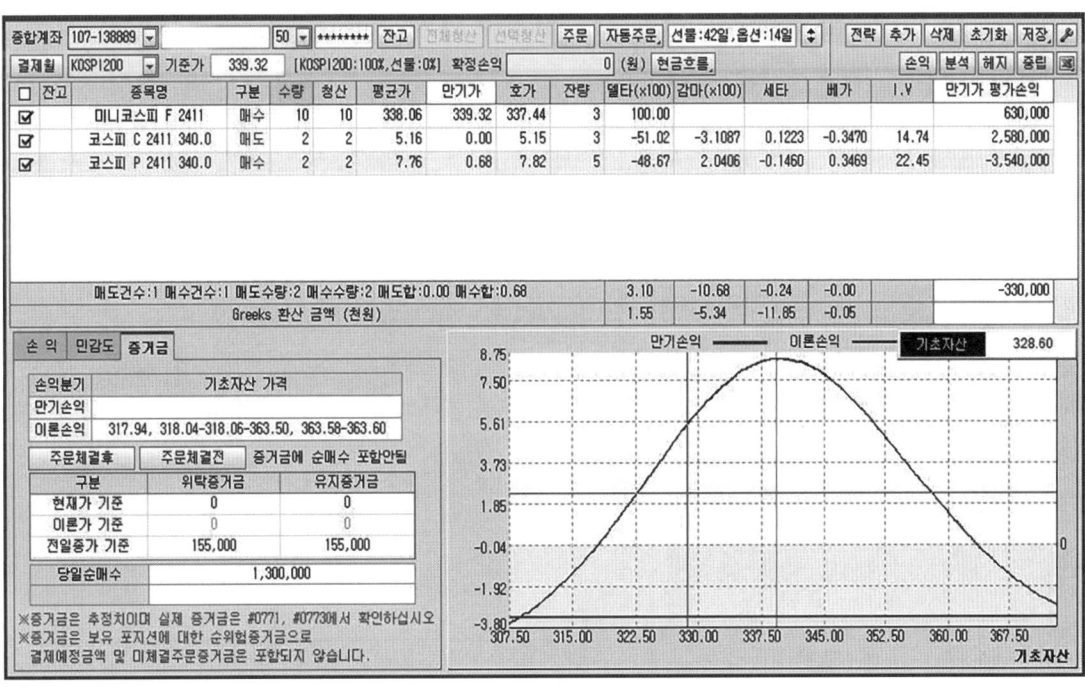

35. 선물매수+합성선물매도

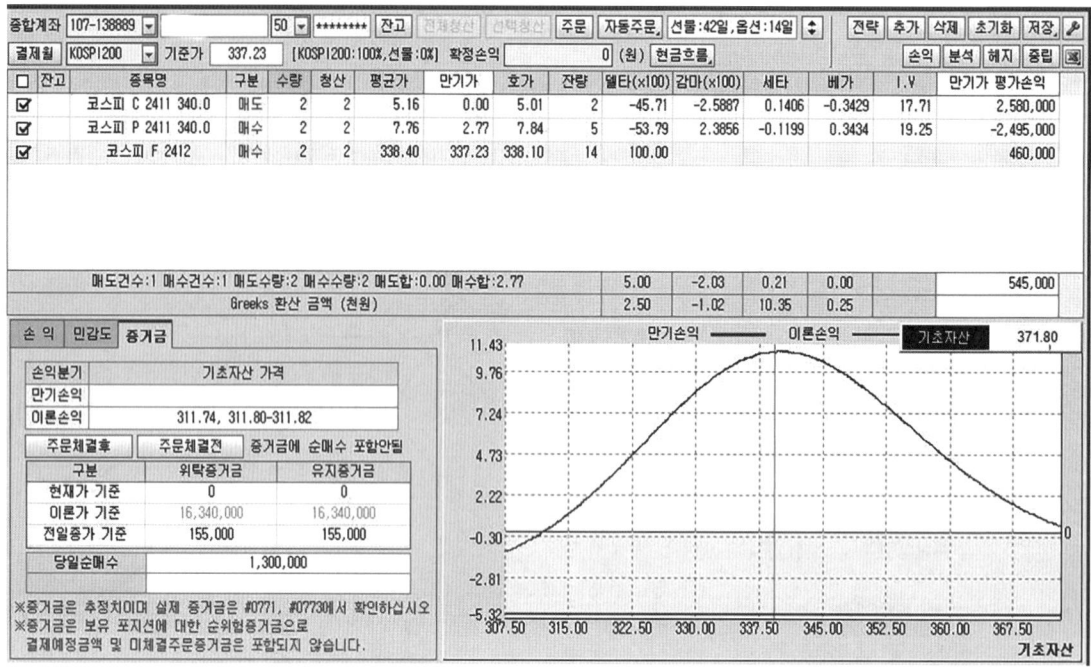

36. 11월합성선물 +9월물선물

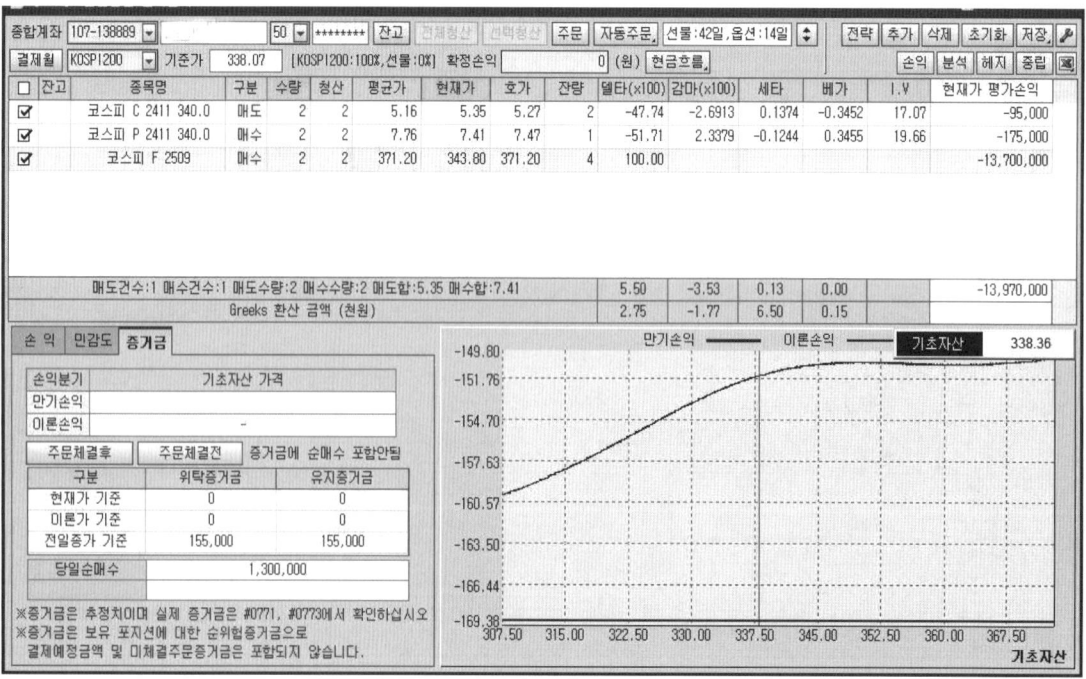

37. 행사가330행사가350 합성선물매수매도

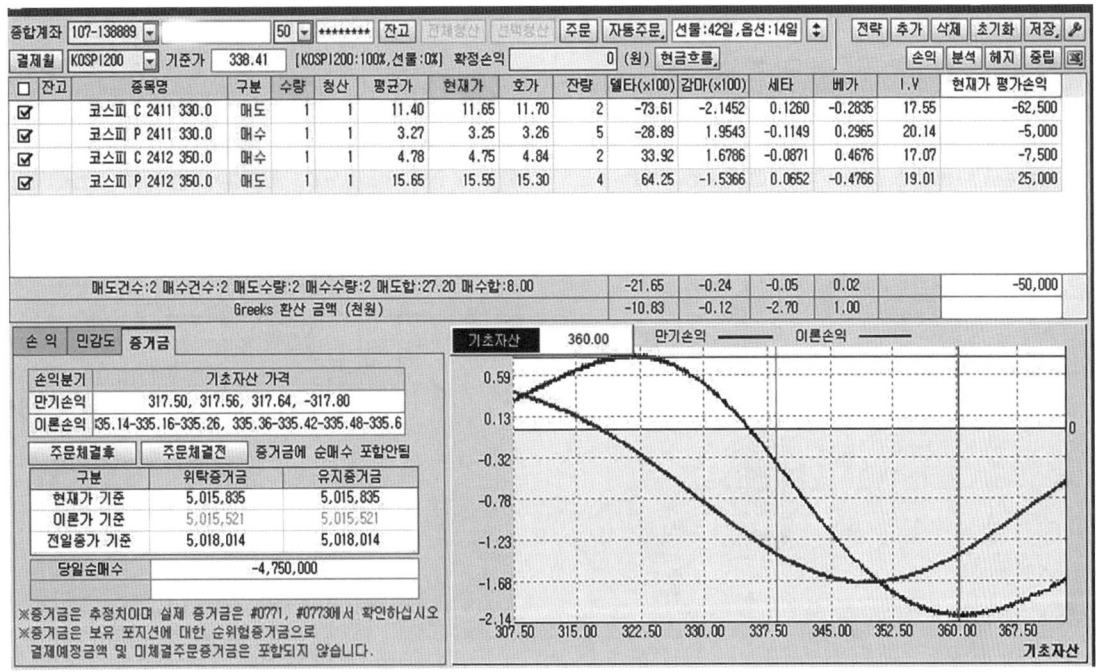

38. 330행사가 합성선물+350행사가합성선물

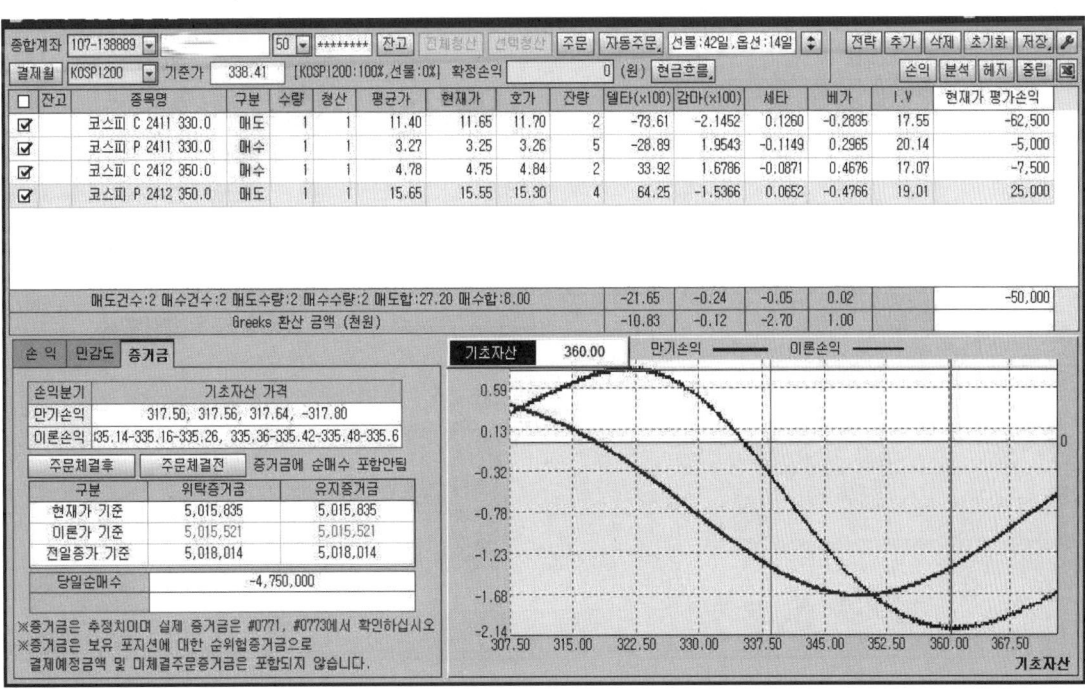

39. 양매도후 종가매수

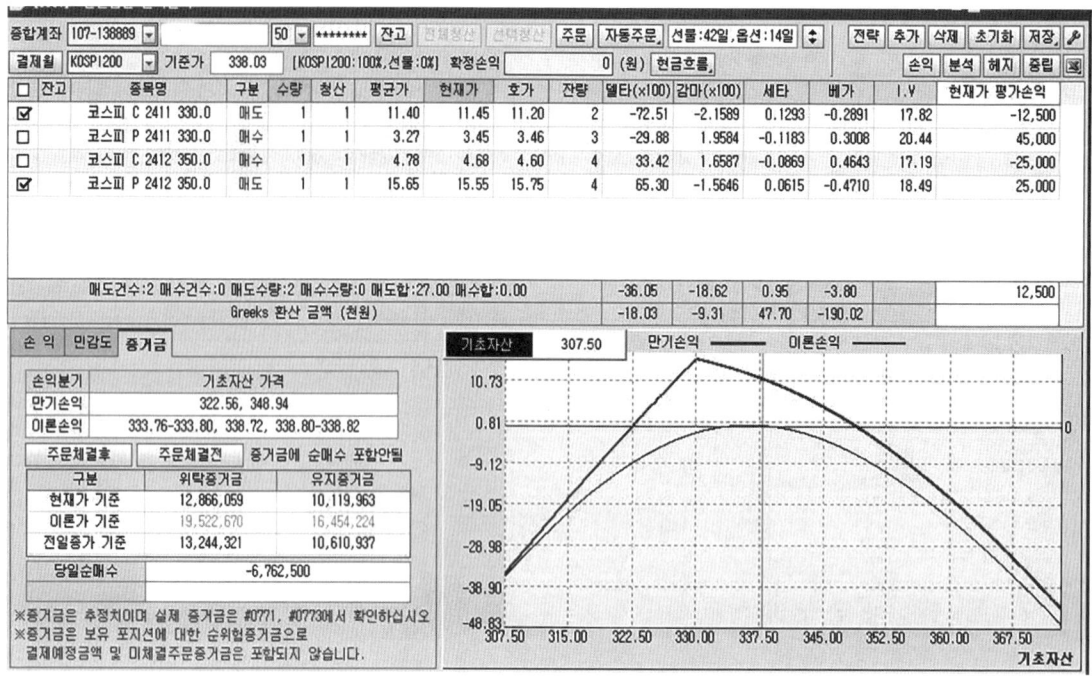

40. 양매도(세타큰 것)후 종가매수

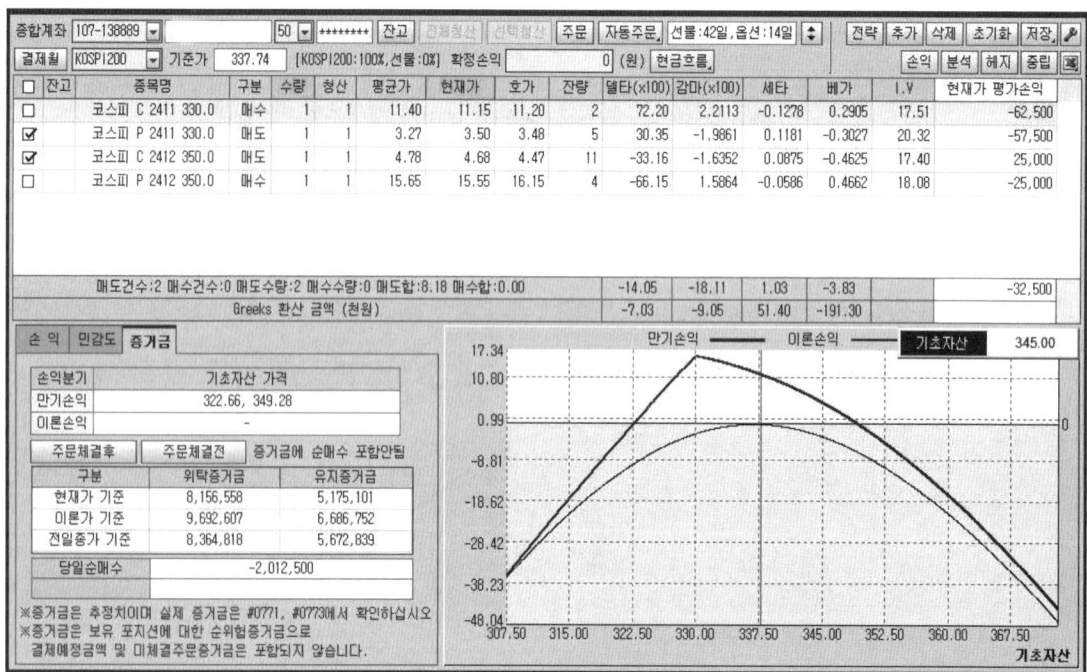

41. 양매도등가 종가차월매수

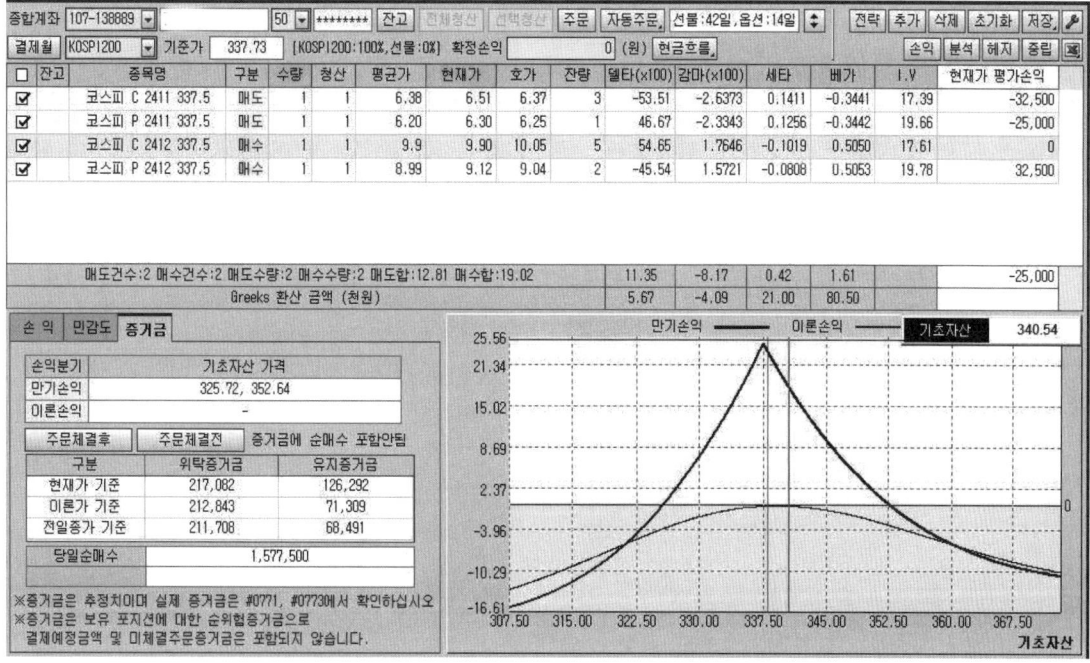

42. 양매도후 외가 차월매수

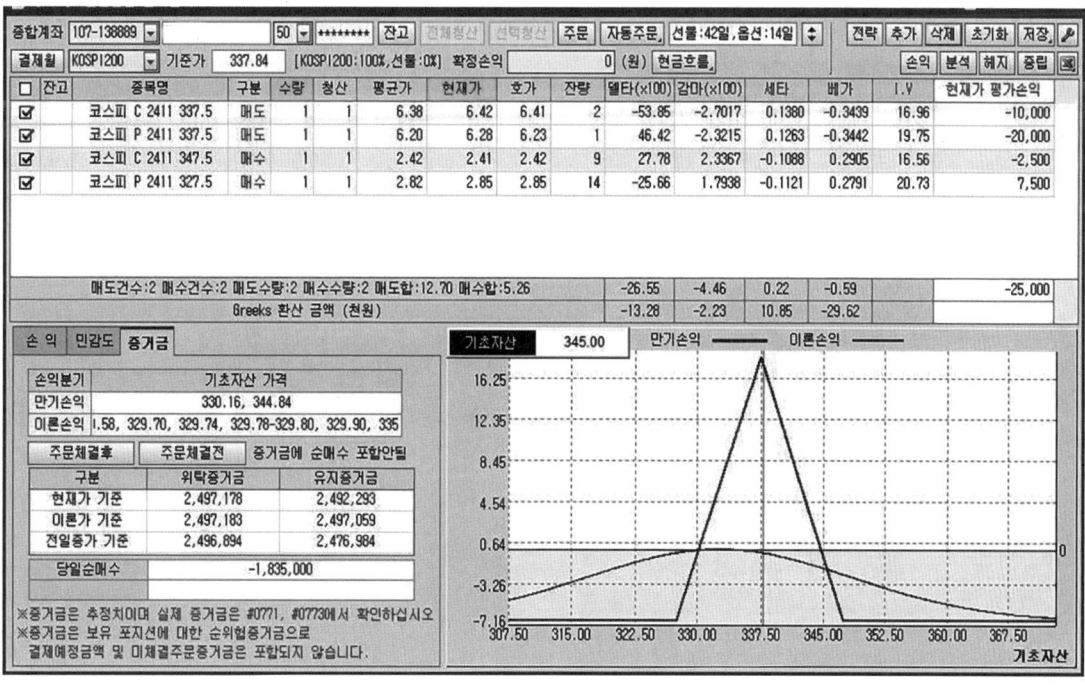

43. 양월매수차월매도

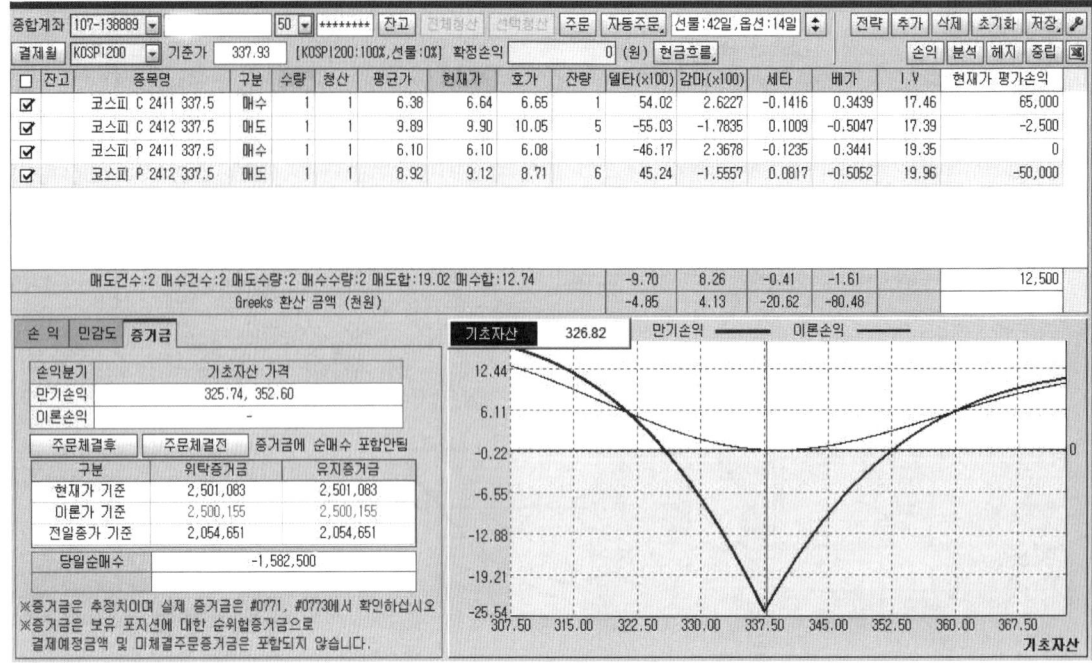

44. 콜근월매수+차월매도(세타+)

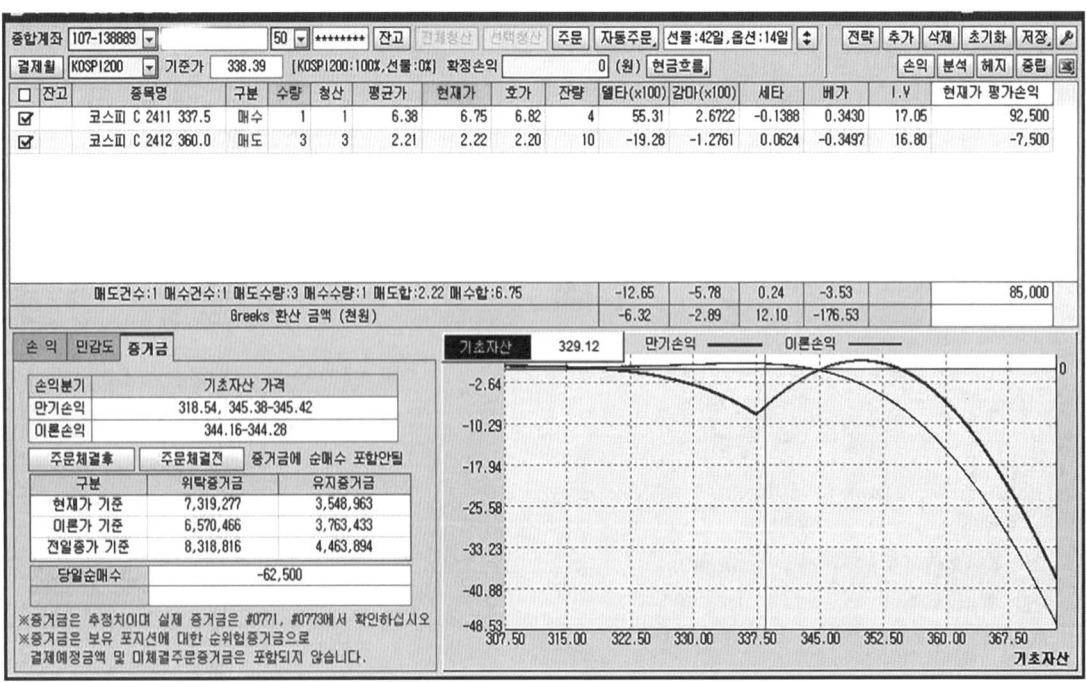

45. 풋근월매수차월매도

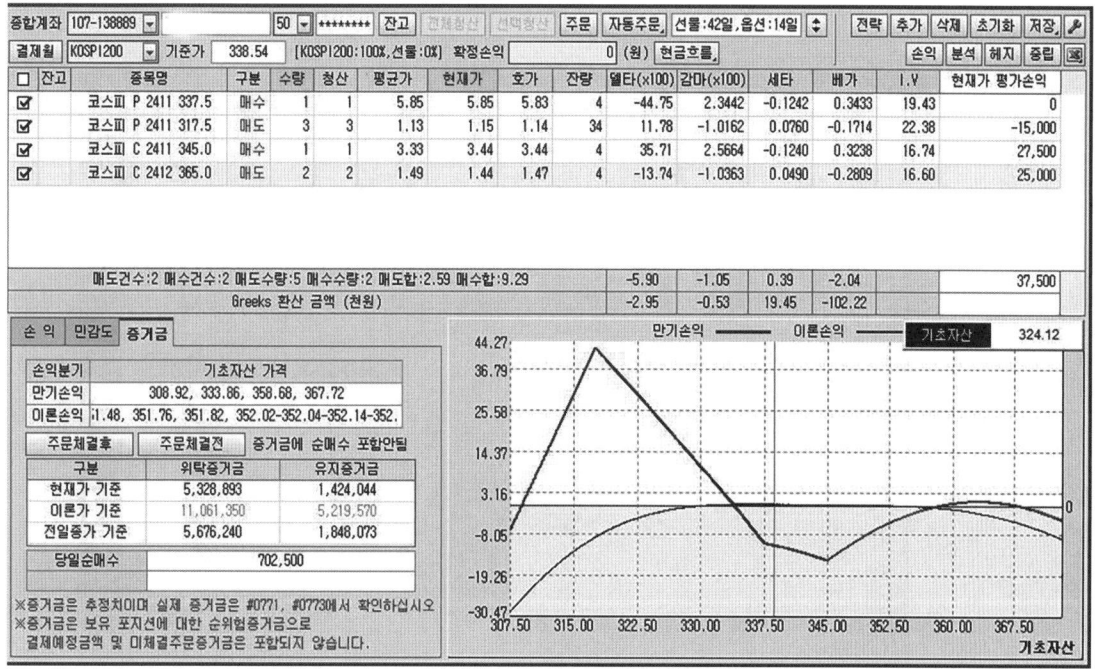

46. 콜풋근월매수 차월매도 세타+

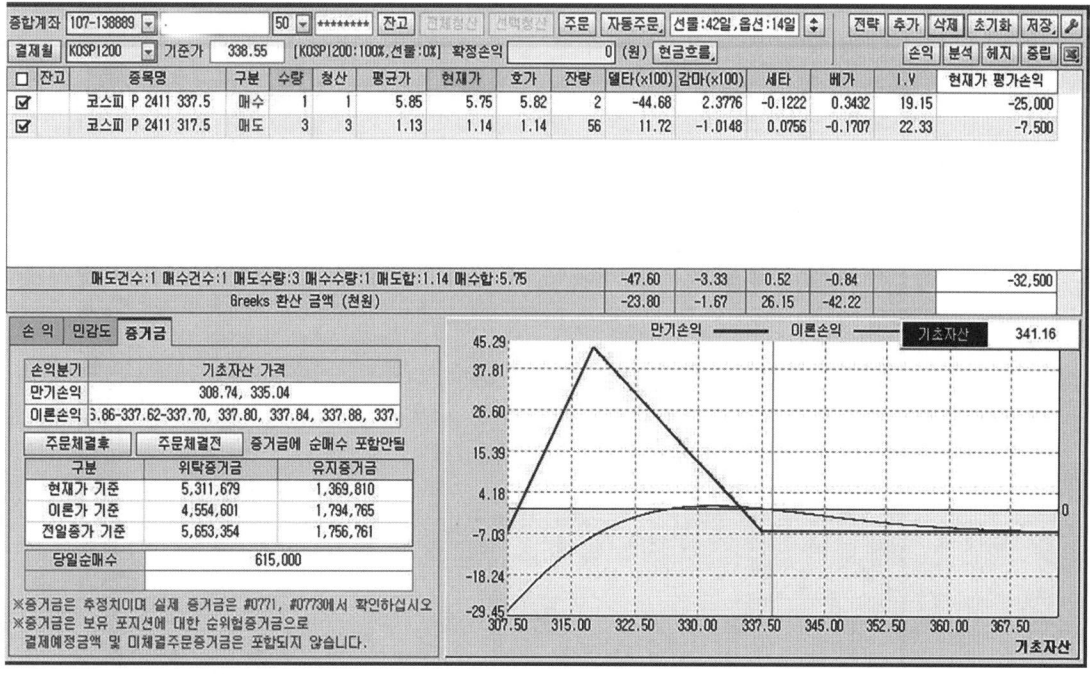

2-2 각상품별증거금

기초자산	거래구분	순위험증거금율 위탁	순위험증거금율 유지	총위험증거금율 C	총위험증거금율 D	총위험증거금율 E	스프레드증거금율 위탁	스프레드증거금율 유지	거래승수	최소증거금
코스피200 에너지화학 섹타지수	선물	14.55%	9.7%	2.5%	5%	7.5%	3%	2%	10,000	10,000
코스피200 정보기술 섹타지수	선물	17.85%	11.9%	2.5%	5%	7.5%	3%	2%	10,000	10,000
코스피200 금융 섹타지수	선물	17.4%	11.6%	2.5%	5%	7.5%	3%	2%	10,000	10,000
코스피200 경기소비재 섹타지수	선물	13.35%	8.9%	2.5%	5%	7.5%	3%	2%	10,000	10,000
코스피200 건설 섹타지수	선물	17.1%	11.4%	2.5%	5%	7.5%	3%	2%	10,000	10,000
코스피200 중공업 섹타지수	선물	20.7%	13.8%	2.5%	5%	7.5%	3%	2%	10,000	10,000
코스피200 헬스케어 섹타지수	선물	18.9%	12.6%	2.5%	5%	7.5%	3%	2%	10,000	10,000
코스피200 생활소비재 섹타지수	선물	17.4%	11.6%	2.5%	5%	7.5%	3%	2%	10,000	10,000
코스피200 산업재 섹타지수	선물	10.05%	6.7%	2.5%	5%	7.5%	1.8%	1.2%	10,000	10,000
코스피 고배당 50	선물	13.2%	8.8%	2.5%	5%	7.5%	1.8%	1.2%	10,000	10,000
서비스(IT)업종군	선물	12.6%	8.4%	2.5%	5%	7.5%	3%	2%	10,000	10,000
KRX BBIG 지수	선물	21.75%	14.5%	2.5%	5%	7.5%	3%	2%	1,000	10,000
KRX 2차전지 TOP 10 지수	선물	17.25%	11.5%	2.5%	5%	7.5%	3%	2%	1,000	10,000
KRX 바이오 TOP 10 지수	선물	4.17%	2.78%	2%	2%	2%	2%	2%	10,000	1,000,000
미국달러	선물	6.975%	4.65%	1.25%	2.5%	3.75%	0.3%	0.2%	10,000	10,000
엔	선물	4.05%	2.7%	1%	2%	3%	0.3%	0.2%	10,000	10,000
유로	선물	3.63%	2.42%	1%	2%	3%	0.3%	0.2%	10,000	10,000
위안	선물						3%	2%	100,000	10,000
30년국채	선물	5.25%	3.5%	0.91%	1.82%	2.72%	0.3%	0.2%	50,000	50,000

[9919] 증거금 파라미터 조회

장 종료 후 일일정산시점(17시30분경)까지 실제와 다르게 조회될 수 있습니다.

증거금률 / 거래승수 / 최소증거금 | **주식,ETF선물/옵션 증거금률** | 상대적규모비율 / 가중

상품구분	기초자산	유지증거금	위탁증거금	호가수량한도
ETF	KODEX Top5PlusTR(M4)	11.1%	16.65%	2,000
	KODEX 삼성그룹(M0)	8%	12%	2,000
	PLUS 고배당주(M2)	8.5%	12.75%	200
	TIGER 미국나스닥100(M5)	8.9%	13.35%	200
	TIGER 차이나CSI300(M3)	7.3%	10.95%	200
	TIGER 헬스케어(M1)	11.1%	16.65%	200
주식	BGF리테일(FR)	11.4%	17.1%	5,000
	BNK금융지주(BT)	12.1%	18.15%	10,000
	CJ(42)	19.9%	29.85%	10,000
	CJ ENM(DT)	12.7%	19.05%	10,000
	CJ대한통운(G1)	11.5%	17.25%	5,000
	CJ제일제당(D1)	12.3%	18.45%	2,000
	DB손해보험(D0)	17.6%	26.4%	10,000
	DGB금융지주(BV)	9.1%	13.65%	10,000
	DL이앤씨(ER)	14.2%	21.3%	10,000
	F&F(FG)	18.1%	27.15%	10,000
	GKL(BW)	12.1%	18.15%	10,000
	GS(35)	11.8%	17.7%	10,000
	GS건설(51)	20%	30%	10,000
	GS리테일(D4)	11%	16.5%	10,000
	HD한국조선해양(39)	18.8%	28.2%	5,000
	HD현대(FH)	11.5%	17.25%	10,000
	HD현대미포(CD)	17.5%	26.25%	10,000
	HD현대인프라코어(49)	16.4%	24.6%	10,000
	HD현대일렉트릭(GH)	29.7%	44.55%	10,000
	HD현대중공업(FD)	18%	27%	5,000
	HK이노엔(GB)	19.4%	29.1%	10,000
	HL만도(DC)	14.3%	21.45%	10,000

11/01 08:40:45 12247 조회완료되었습니다. (ord.fo.admmngm.seldpmyparam3)

[9919] 증거금 파라미터 조회

장 종료 후 일일정산시점(17시30분경)까지 실제와 다르게 조회될 수 있습니다.

| 증거금률 / 거래승수 / 최소증거금 | 주식,ETF선물/옵션 증거금률 | **상대적규모비율 / 가격상관율** |

상품ID	상품군	기초자산	증거금감면액 파라미터	
			상대적규모비율	가격상관율
B001	국채상품군	3년국채(65)	1.1	65%
		5년국채(66)	1.1	65%
		10년국채(67)	1	65%
B002		30년국채(70)	1	0%
C001	통화상품군	미국달러(75)	1.4	70%
		유로(77)	1.3	70%
		위안(78)	1	70%
C002		엔(76)	1	0%
E001	유로스톡스50	유로스톡스50(07)	1	0%
I001	주가지수상품군	코스피200(01)	1	55%
		미니코스피200(05)	1	55%
		코스닥150(06)	6.6	55%
		KRX300(08)	1.1	55%
		코스피200 위클리(09)	1	55%
		코스피 고배당 50(A4)	15.3	55%
		코스피 배당성장 50(A5)	12.5	55%
		코스피200 위클리M(AF)	1	55%
		코스닥 글로벌 지수(AG)	6.5	55%
		KODEX 삼성그룹(M0)	94	55%
		PLUS 고배당주(M2)	74.3	55%
M001	금상품군	금(88)	1	0%
R001	금리상품군	3개월무위험지표금리(69)	1	0%
S002	금융(지주)업종군	신한지주(18)	17.2	70%
		하나금융지주(40)	14.8	70%
		KB금융(46)	12	70%
		코스피200 금융 섹터지수(A2)	1	70%
		기업은행(B4)	60.4	70%
		BNK금융지주(BT)	89.9	70%

11/01 08:41:16 12247 조회완료되었습니다.(ord.fo.admmngm.seldpmyparam2)

2-3 OX 투자론

우린 주식시장과 부동산시장을 취업부터 은퇴까지 항상 접하고 살아가고 있다. 모두 리스크가 있다 적당한 안배 시장에서 충격에도 견딜 수 있는 투자전략이 제일 적합하다.

주식은 자본주의 시장에서 합법적 자금조달을 해주는 시장이다. 쉽게 말하면 동업이다 그런데 외상으로 많이 사기 때문에 리스크 문제가 발생 할 수밖에 없다 세력들은 이런 돈을 꼭 챙겨간다. 이런 세력들은 금융위기를 발생시킬 수도 있으며 주식을 폭락시켜 깡통을 만들 수도 있다. 2018년 11월도 신용 잔고가 늘어나 모두 깡통계좌를 만들어버렸다 비트코인도 마찬가지이다.

지난 30년 주식시장을 접하면서 항상 싸이클이 변한다는 것을 느꼈다. 제조, 건설, 아이티 방송, 전자상거래, 여행 바이오, 로버트 인공지능 이렇게 변해가고 있다. 우린 미래의 변화에 대비해야 할 것이다.

미래에는 수소자동차, 전기자동차, 무인자동차, 드론 단기학습 이런 사업으로 변해간다.

이런 변화를 감지하여야 경쟁시대에서 생존할 수 있다.

이처럼 주식시장도 중장기로 해지하기 위해 해지시장이 생겨나고 해지시장으로 이익을 극대화하기 위해 변동성 있는 시장으로 발전해 가고 있다.

권리증서 채권을 발행하여 유통하고 사고파는 투기거래 차익거래가 생겨나 선물시장에서 현물 금리 쌍통화시장이 만들어졌고 선물로 현물시장을 조절하는 시대가 왔다.

인간은 해지시장에서 세력들과 이길 수 없을까 하고 수많은 연구를 했는데 시장의 위험이 있어 이길 수 없다는 결론을 내리게 되었고 가격 조작도 가능하다고 판단된다.

원리를 이해하며 접근하는데 시간이 걸려 세력이 마진콜로 먹는다는 논리로 매매를 접근하니 보였고 꽤 높은 승률을 낳았다.

살수 있는 권리, 팔 수 있는 권리금으로 시장을 해지할 수 있는 콜옵션풋옵션이 만들어지고 그 안에 세타 델타 감마베가가 만들어져 움직이고 있다.

$c+x=p+s(f)$라는 풋콜페러티 공식이 만들어지고 만기에는 영승이 1이 되어 할인율이 0 이되어 차이 프리미엄 차가 없어지는 원리도 만들어졌다.

시장에 따라 투자방법이 다르다는 논리가 정립되고 약한 세력은 큰 세력의 밥이 된다고 생각된다. 그 틈에서 돈을 벌려 하니 합성전략이 만들어졌고 아무리 해도 수익이 나지 않고 경우의 케이스가 맞아야 수익이 난다는 것을 깨닫게 된다.

투기거래자가 절대로 세력을 이길수가 없는데 그나마 이길 수 있는 확률을 가진 전략을 만들어냈다. 21세기는 무한 경쟁시대이다.
이원고에 힌트가 있습니다. 때를 기다리자입니다 먼저 돈 있다고 투자하면 큰 손실로 이어지므로 젊음과 의욕은 바로 무지로 인한 패배로 연결될 수 있다.
여러분에게 중요한 내용을 경험으로 전달하려는 것입니다

현재 교보에서 시판 중인 ebook 소개
검색

코스피200선물옵션유로달러실전교과서
응용선물옵션
선물옵션유로종합실전
성공선물옵션핵심전략
백만장자선물옵션
선물옵션홀로서기
억만장자선물옵션

수수료를 최저로 증권사와 협의수수료를 알선해드립니다
앞으로 이 방향으로 전문가가 되시고 싶으신 분
문의 : gpnet@naver.com 로 문의하여 주시면 최저가로 교육해드리고 추천해드립니다

2-4 바람직한 투자론

어떤 분야도 함정이 있다 함정을 알고 시장을 대처하려면 적어도 10년의 세월이 흐른다고 볼 수 있다. 빨리 깨닫기까지 시간과 돈이 들어가는데 돈을 낭비하지 말고 시장에서 승리자가 되기 위해서는 구조와 원리를 깨닫고 전쟁에서 전략과 전술이 필요하듯이 나만의 확실한 무기를 가져야한다.

역사적으로 고찰하면 주식은 미래의 방향이다 과거를 유추해 주가가 살아움직인 것을 보면 석유, 담배, 건설, 제조, 컴퓨터, 인터넷이었고 미래는 바이오, 의료 서비스, 인공지능, 로보트, 드론, 수소자동차, 전기자동차, 무인자동차, 스마트어플 개발자가 미래에 살아남을 직업으로 로보트가 할 수 없는 일 요리 디자이너 등이다.

선물은 세력이 해지하기 위해 만든 보험시장인데 인간의 욕망을 이용해 투기자를 유인해 세력이 살기 위한 시장이다. 아무도 가르쳐 주지 않고 깨닫지 못해 실패한다.

1. 유동성 환금성 수수료 위험이다

매매손익 = 수수료 통계에 의하면 수익만큼 수수료가 들어가고 손실만큼 수수료가 들어간다.
매매손익 = 손익   − 수수료
+1000   = +2000 − 1000 (수익계좌)
−1000   = 0   − 1000 (본전 했으나 수수료 손실)
−2000   = −1000 − 1000 (매매손 수수료 손실)
가장 좋은 방법은 확률이 있을 때만 매매하고 쉬는 것이다.

2. 현물+선물옵션

현물 포트폴리오를 짜고 해지 상품 특성을 이용해 매매하는 전략

3. 타이밍매매

장을 움직이게 하는 사람 따라 매매하게 하는 사람이 존재하므로 적기에 불나방처럼 매매한다

4. 합성매매

지수가 높아 선물과 옵션 특징을 이용하여 무위험추구 합성 유동성을 고려 근월물로 가 바람직하다 수십 가지 방법이 있다

5. 소액투자자는 미니선물 옵션을 활용

선물이 270이라 하면 기초자산이 270곱하기 50만원 = 1억 3천5백만 원인데 미니는 기초자산이 1당 10만원 2700만원이다.

2-5 쌍통화금리

쌍통화 가치는 화폐가치의 표현이다.

1$금리를 올린다면 기준 통화가치를 높이는 것이고 평가대상 화폐가치를 낮추는 것이다.
$금리를 내린다면 기준 통화가치를 낮추는 것이고 평가대상 화폐가치를 높이는 것이다.

$$공식 = \frac{자산\,(1-금리)\,평가화폐}{자산\,(1-금리)\,\$} \times 100$$

 미국에서 금리를 올린다면 미국 땅값을 올리는 것 미국 임금을 올리는 것 미국에서 금리는 내린다면 미국 땅값을 내리는 것 미국 임금을 내리는 것이다.
 일본이 미국 땅과 건물을 많이 샀는데 사고 나서 미국금리를 내려 미국에 투자한 땅 건물을 폭락시켜 견디지 못하게 했다.
 미국에서 금리를 올려 신흥자본이 미국으로 들어오게 한 다음 투자가 많이 되었을 때 금리를 내려 미국의 자산을 내리게 해서 손들고 나가게 하는정책이다.

 일본 자금이 미국으로 흘러가 미국 건물을 많이 샀을 때가 미국이 금리를 올려 많이 사게 했다. 어느정도 많이 투자하니 미국에서 금리를 내려 손들고 나가게 하는 정책을 폈다.
 일본에서는 분모가 큰 수가 되어 해외투자자산이 폭락하자 자국의 저금리정책 즉 분모를 큰 수로 만들어 방어를 했다.
 $금리를 올리면 미국 통화 강달러로 미국채 하락 채권보유국인 중국은 금리를 올릴 때마다 미국채를 팔아 해지해야 한다.
 이미 중국은 미국채를 많이 보유하므로 미국이 금리를 올리면 미국채 하락 보유자산 가치가 하락하여서 손해를 봄으로 선물시장에서 국채를 매도 해지가 현명하다.
 쌍통화 즉 엔, 유로, 위안화를 매수해서 달라 강세 해지 달라가 강세라는 말은 쌍통화가 오른다는 뜻이다.
 미국은 금리를 올려 발행한 국채를 하락 빚을 탕감시키고 해외투자가 들어오므로 고용창출이

되고 강달러로 해외여행을 즐기며 살게 된다.

미국채를 많이 산나라는 금리를 올리면 같이 금리를 올리든지 해외선물시장에서 국채를 매도해서 방어가 바람직하며 같이 금리를 올리면 자국에서 경제 불안이 가중되므로 해외선물시장에서 국채숏포지션을 취해 쌍통화매수포지션으로 해지가 바람직

중국에서 국채 매도 해지하면 선물시장에서 매수해서 받아준다. 투기거래자가 총알받이 하면서 나라의 경제에 도움을 주는 꼴이 된다.

온 세계가 미국 시카고 선물거래소에서 국채 매도 즉 금리 매도한다면 다 받아주고 국채 판 것을 선물로 상쇄 빚을 선물시장으로 상쇄시키려는 의도로 볼 수 있다.

국채를 많이 팔아 우리 금리 올릴테니 선물시장에서 방어해라 하고 발행 채권만큼 팔아서 상쇄시키려는 의도가보인다.

여기서 기축통화국의 위력을 실감 나게 한다. 90년 후반 금리를 상승시켜 일본 돈이 미국 자산에 투자하게 한 다음 금리를 하락시켜 손털고 나가게 한 것이 생각난다.

미국 자산을 투자할 때 미국채를 매도했다면, 쌍통화를 매도했다면 일본은 피해를 보지 않았을 수도 있다. 미국채를 많이 매수해서 손해가 나니 물타기 매수 작전으로 손실을 키웠을 확률이 많다.

투자 교훈 미국에 투자 시 시카고 선물시장에서 국채(금리)를 매도하라.

매도 해지하니 미국애들은 매수해서 채권 판 것을 선물시장에서 소화한다.

롱포지션으로 금리를 올렸다 내렸다 하면서 막대한 이익을 챙긴다.

- 2019년 쌍통화 빨간불 국채(금리)파란불

설계 국채 매도 10년물 매도 20년물 매수

미국과 민감한 국가 일본 중국 쌍통화 매수

시카고는 게을러서 포지션을 투기거래자가 아웃 될 때까지 밀고간다.

현물과 선물을 잘 배합해서 관리하면 된다.

인간이 망각하는 것 화폐가치를 이용한다

2-6 변동옵션의 이해

1. 잔존일 옵션 값의 이해

1항 잔존일 30일과 잔존일 20일로 변하는 것
2항 잔존일 20일과 잔존일 10일로 변하는 것
공식에 의하면 옵션 값이 등가 근처가 크고 등가에서 멀어진 외가가 적은 원리
(1 − 1/(1− cd금리) 잔존일/365 승수)
(1 − 1/(1− cd금리) 잔존일/365 승수)
옵션 값을 10/30 과 10/20의 승수
제곱으로 표현하면 1/9 가 1항
      1/4 가 2항
1/9가 1/4 보다 작은 수
1항은 (1 − 1/(작은 수) = 1− 큰 수
2항은(1 − 1/(작은 수) = 1−작은 수
옵션 값은 1항보다 2항이 크다.
즉 만기가 가까울수록 옵션 값이 빨리 변한다.

2. 외가 변동성의 이해

위치의 변화율 변동성 일정한 시간에 외가가 변하는 것이 등가에서 가까운 변화보다 크다.
풋옵션 0.03 이 5분 내에 0.2 로 2.5포 하락 시
    0.7 이 5분 내에 1 로 2.5포 하락 시
변동성이 0.03 이 0.2 가 되어 7배
    0.7이 1 이 되어 1.4배
외가가 등가에서 가까운 것보다 일정한 시간에 같은 폭으로 움직인다면 더 많이 움직인다.

만기 하루 전			만기 1시간 전		
콜옵션	행사가	풋옵션	콜옵션	행사가	풋옵션
	262.5	0.05		262.5	0.01
	265	0.3		265	0.01
	267.5	0.8		267.5	0.02
1	270 등가	1	0.5	270 등가	0.5
0.7	272.5		0.02	272.5	
0.2	275		0.01	275	
0.3	277.5		0.01	277.5	

시간가치가 만기시간이 임박하여 급속하게 변한다는 것을 관찰할 수 있다.
현물지수로 결제가 되므로 신의 영역이니 복권으로 생각해야지 직업으로 생각하면 쪽박찬다.

3. 변화의차이

           1항   2항

등가에서 30포인트 차이가 20포인트 차이로   등가에서 20포인트 차이가 10포인트 차이로

0.03+ (1/3)의 제곱   0.3633   0.03+(1/2)제곱   0.53

0.03-(1/3)의 제곱   - 0.3033   0.03-(1/2)제곱   0.47

절댓값의 차   0.0600333   절댓값의차   0.06

                               1항이 2항보다 큰 수이다.

시그마를 행사가 간격의 차이로 절댓값 차이를 나타낸 것이다
아래의 식은 Black – Scholes 옵션가격결정 모형을 나타낸 공식입니다.

2-7 공식으로 본 C옵션 P옵션

식으로 본 C옵션 P옵션

C+X=P+F

C　　　　　　　　　　− P = F− X

큰수　　　　　　　　 = 큰수

(내재가치+시간가치)

F와 S의차이… 풋외가피

시간가치는 P프리미엄

P　　　　　　　　　−C=X− F

(내재가치+시간가치)

시간가치는 C의 프리미엄

1 F 가 X 보다큰 경우 C가 내재가치가 있는경우

2 X 가 F 보다큰 경우 P 가 내재가치가 있는 경우

쉽게생각 2항보다 1항이 큰수이므로 큰수를 구성하는 1항의 외가 풋프리미엄이 2항의 콜프리미엄보다 높다. 우리나라 교과서가 너무 어렵고 난해하고 논리가 부족하여 지금까지 의문이 다 풀리리라 확신한다.

1항의 C 시간가치는 P에서 산출됨

2항의 P 시간가치는 C에서 산출됨

1항 F − X 와 2항 X− F

공식에서 F 는 미래시간가치를 포함하므로 1항이 2항보다 큰수이다.

큰수라는 말은 시간가치가 다크고 구성하는 프리미엄이 크다.

1항이 구성하는 것은 풋프리미엄

2항이 구성하는 것은 콜프리미엄

그래서 풋외가프리미엄이 콜외가프리미엄보다 대체로 높다.

외가와 외가 의 비교는 대칭형의 비교여서 수평개념으로 생각하면 착오이다.

제3장 주식&코스피선물옵션

3-1 기본적분석

3-2 기술적분석

3-3 선물옵션의 이해

3-4 합성전략

3-5 주식선물

3-1 기본적 분석

▶ 대차대조표(Balance Sheet)

　대차대조표는 기업의 자산과 부채 및 자기자본에 관한 내용을 담고있는 자료로서 해당 기업의 어느 특정시점에서 관찰한 기업의 자산상태를 보여주는 것입니다.
　말하자면, "사진"처럼 어느 특정시점의 상태를 보여줄 뿐 어떻게 변해왔는지 그 과정을 보여 주지는 않습니다.
　대차대조표는 크게 차변과 대변으로 구분이 되며, 차변은 그 회사의 자산이 얼마인지를, 대변은 그 자산을 무슨 돈으로 모았는지를 보여줍니다. 즉 주주들이 직접 돈을 출연한 것인지(자본) 아니면 타인으로부터 돈을 빌려온것인지(부채)를 보여주는 것입니다.

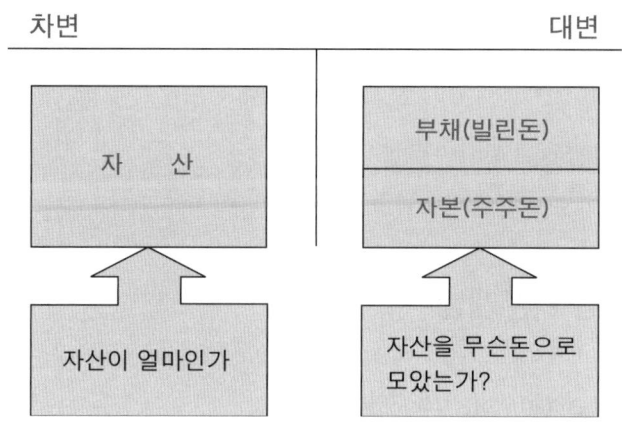

▶ 손익계산서(Income Statement)

　손익계산서는, 정해진 기간동안 기업이 얼마만큼 매출액을 실현했는가, 순익 도는 순손실이 얼마인가를 보여주는 자료로서. 일정 기간동안 발생한 이익, 손실을 보여주는 일종의 "동영상"과 같은 자료입니다.

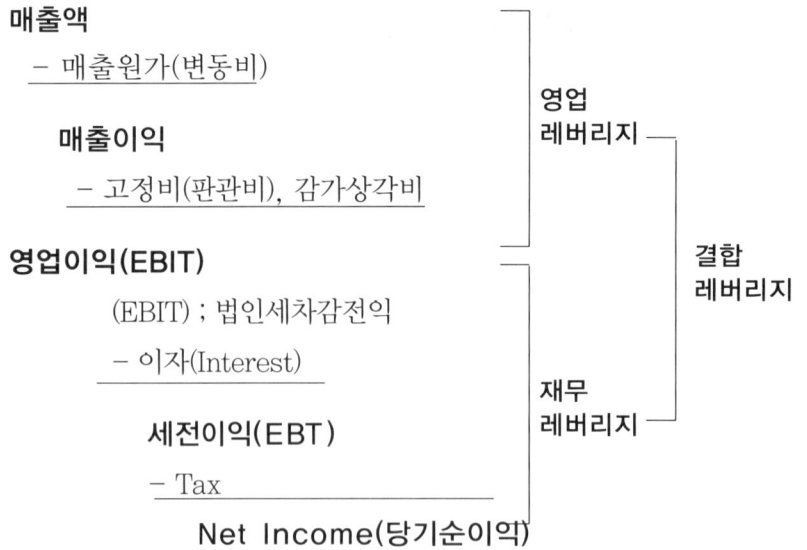

영업이익(EBIT)
- Tax(실효법인세)
= NOPLAT(세후순영업이익)
= EBIT - 실효법인세
= EBIT(1 - 세율)
= EBIT - 법인세절감효과 + 이연법인세증가액
= 당기순익 + 지급이자 - 법인세절감효과

1. 증권분석의 체계 및 기본개념

1) 증권분석(Security analysis)의 개념
① 포트폴리오 선택 : 앞으로 어떤 증권에 얼마만큼 자금을 배분할 것인가

2) 증권분석이란?
① 개별증권의 투자에 관련하여 일체의 유용한 자료와 정보를 수집하고 분석하는 것
② 자료수집시 모든 경제환경, 산업전망 및 발행기업의 제반여건을 포함
③ 위험과 수익관계에서 분석
④ 기본적 분석(fundamental analysis), 기술적 분석(technical analysis)

3) 기본적분석의 체계 : 양적분석, 질적분석

① 양적분석 : 재무제표를 중심으로 비교적 계량화가 가능한 것을 분석
② 질적분석 : 계량화가 불가능한 것들(ex.경제 및 산업동향, 개별기업의 사업내용, 경영진 등)

4) 질적분석의 접근방법 : 주로 거시방식이 많이 사용됨.
① 미시방식(Bottom Up) : 기업 → 산업 → 경제 순으로 분석
② 거시방식(Top Down) : 경제 → 산업 → 기업 순으로 분석

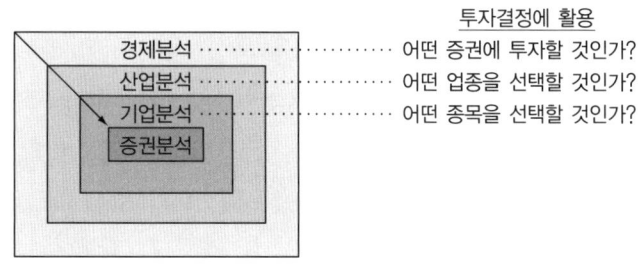

2. 가치평가와 현금흐름

1) 자산의 가치평가
① 자산의 가치= 수명이 다할때 까지 받게 되는 미래기대이익
② 실물자산의 가치 = 미래 기대현금흐름 증가+잔존가치
 (ex. 공장기계의 가치=만들어낸 제품의 가치+고물상에 팔때 받는 돈)
③ 금융자산의 가치 = 기대현금흐름+처분가격
 (ex. 주식의 가치 = 보유기간동안 받은 배당 금액+매도시 처분가격)
④ 가치(Value) 와 가격(Price)
  • 가치(Value) : 미래 기대현금흐름으로 계산.
  • 가격(Price) : 시장에서 수요와 공급에 의해 형성되어 실제 거래되는 가격(Actual Price)
  • 증권시장이 효율적이라면, 가격(Price)과 가치(Value)는 동일

2) 현금흐름추정의 기본원칙
① 현금흐름의 중요성 : 자산의 가치는 미래 기대현금흐름으로 구할 수 있기 때문에, 회계이익이 아닌, 현금흐름이 중요하다.
② 현금흐름추정 시 기본원칙

- 증분기준(incremental basis)으로 추정 되어야 한다.
- 세후기준(after-tax basis)으로 추정 되어야 한다.
- 모든 간접적 효과(indirect effects)도 고려 되어야 한다.

3) 순현금흐름
① 현금흐름(CF)

현금흐름(CF)
= 영업이익(EBIT) (1-법인세율)+비현금비용(감가상각액 등)

② 세후증분순현금흐름(increment after-tax net cash flows : NCF)
NCF = 각 기간별 현금유입과 유출의 차이
 = (△매출액-△영업비) (1-세율)+세율×△감가상각비
 = (△R-△C)(1-T)+T×△D
 = (△R-△C-△D) (1-T)+△D
 = △NPAT+△D+△I (1-T)
 = {(R_2-R_1)-(C_2-C_1)-(D_2-D_1)} (1-T)+(D_2-D_1)
 T : 법인세율   R : 매출액   C : 영업비용   D : 감가상각

③ 가치평가 : 무한대모형
- 자산의 가치는 해당자산에서 기대되는 미래 모든 현금흐름의 현재가치의 합이다.
- 따라서, 미래현금흐름의 크기와 지속성, 기업의 위험도를 감안해야 한다.
- 대차대조표와 손익계산서를 동시에 고려한 무한대모형을 통해 알 수 있다.

④ 가치평가절차(순서)
- 기업의 경제적 수명을 예측한다.
- 현금흐름의 크기를 추정한다.
- 추정한 현금흐름을 현재가치로 할인하기 위한 할인율(자본비용)을 추정한다.
- 미래 현금흐름을 할인율(자본비용 또는 요구수익률)로 할인한 후 이를 모두 합산한다.
- 이 값이 바로 현재 이 기업의 가치이다.

⑤ 현금흐름의 추정
- 현금유출(cash outflow) : 매출액이나 영업이익을 얻는데 필요한 투자에 소요되는 금액 (ex. 고정자산, 유동자산, 유동부채 (대차대조표항목) ← 투자를 위해 돈이 나감)
- 현금유입(cash inflow) : 투자사업으로 부터 창출되는 부가가치 (ex. 영업이익(손익계산서항목) ← 투자의 결과 돈이 들어옴)

⑥ 현금흐름 측정기법 : 자금운용 접근법(operating approach), 자금조달 접근법

(financing approach)
자금운용접근법이든 자금조달법이든 결과는 동일하게 나옴.

3. 화폐의 시간적 가치 ★★

(1) 이자
① 화폐의 시간가치 : 오늘의 100원은 미래시점에서의 100원보다 그 가치가 크다.
② 돈은 이자를 벌어들이는 능력이 있다.
연초100만원 → 연간이자율10% 지급 → 연말의 110만원
∴ 연초100만원과 연말의 110만원은 그 가치가 동일하다.
③ 이자 : 현재의 소비나 투자를 억제하고 그 돈을 빌려주는 데 따르는 보상
원금 : 본래 빌려준 액수
만기 : 빌려온 돈을 사용 할 수 있는 기간

1) 단순이자 (simple interest)
단순이자는 본래의 원금에 대해서만 지불되는 이자
① 단순이자 : $I = PV_0 \times i \times n$
② 미래가치 : $FV = PV_0 [1 + (i \times n)]$

예 100만원을 연리10%로 6개월간 저축할 때의 단순이자는?
원금 100만원을 PV_0에, 10%를 i에, 그리고 $\frac{6}{12}(=0.5)$를 n에 대입하면,
이자(I) = 100만원 × 0.10 × 0.5 = 5만원

2) 복리이자 (compound interest)
복리란 한 기간에 발생한 이자가 그 다음 이어지는 기간동안 그 이자자체가 이자를 벌어들이는 경우. 이자가 복리로 계산될 때 이자율이 높을수록 기하급수적으로 높아진다.
① 미래가치 : $FV = PV_0 (1+i)^n$
② 현재가치 : $PV_0 = FV \times \frac{1}{(1+i)^n}$

(2) 미래가치

$$PV_0 = FV \times \frac{1}{(1+i)^n}$$

예 갑수는 저축예금에 100만원을 예금하였다. 이자율이 연10%, 그리고 이자는 1년에 한번씩 계산한다고 가정하면, 4년 후 그의 예금잔고는 얼마가 될 것인가?

(3) 현재가치

$$PV_0 = FV \times \frac{1}{(1+i)^n}$$

예 어느 은행에서는 현재 x원을 예금하면 연리 5%로 이자를 쳐서 5년 후 2,552,000원을 돌려준다고 한다. x는 얼마인가?

$$PV_0 = FV_5 \times \frac{1}{(1+0.05)^5}$$ 즉, 2,552,000원 × 0.7835 = 200만원

(4) 연금(Annuity)

① 매기간 발생하는 현금흐름이 고정되어있고, (fixed)
② 현금흐름의 발생횟수가 일정 (finate)한 것을 연금이라 한다.

• 연금의 미래가치

앞으로 n년 동안/매년 말/일정금액 A를/연리 i로 적립한다면 n년후 얼마 모을 수 있나?

$$FVAn = A \times \frac{(1+i)^n - 1}{i}$$

• 연금의 현재가치

연금의 미래가치공식(윗줄)을 현재 가치로 $\frac{1}{(1+i)^n}$할인 하시면 됩니다.

$$PVAn = A \times \frac{(1+i)^n - 1}{i} \times \frac{1}{(1+i)^n}$$

예 김부장은 명예퇴직 후 퇴직연금으로 20년 동안 매년 한 차례씩 1,000만원을 받을 수 있는데, 그가 원하면 이 돈을 당장 일시불로 받을 수 있다고 한다. 연간 할인율을 8%라고 가정할 때, 김부장이 일시불로 받을 수 있는 돈은 얼마인가?

$$1,000만원 \times \frac{(1+0.08)^{20} - 1}{0.08} \times \frac{1}{(1+0.08)^{20}} = 98,181,500원$$

(5) 연 2회 이상 이자를 계산할 때의 미래가치 및 현재가치

① 미래가치 : $FV = PV_0 (1 + \frac{i}{m})^{mn}$

② 연속복리 : 이자지급횟수 m이 무한대에 가까워지면,

$$FV = PV_0 \times e^{in}, \quad PV = FV_n \times e^{-in}$$

(6) 성장률 G의 산출(rate of growth) : 복리이자율과 유사

연평균성장률

① 현재가치와 미래가치가 주어진 경우.

2001년 말 현재 2,000원 (7년 후) 2008년 말 현재 3,898원일 때, 이 기업의 성장률은?

미래가치=현재가치$(1+g)^n$

$3,898 = 2,000(1+g)^7$ 따라서, 연평균성장률 $g = 10\%$

② 매년 성장률이 주어진 경우.

지난 3년의 성장률이 각각 5%, 7%, 4%이다. 이 기업의 성장률은?

$(1+g)^3 = (1+0.05)(1+0.07)(1+0.04)$

그러므로 연평균성장률 $g =$ 약 5.32%

4. 유가증권의 가치평가

1) 자산의 가치평가

① 소득 자본화 가치평가 모형

$$V_0 = \frac{CF_1}{(1+k)^1} + \frac{CF_2}{(1+k)^2} + \cdots + \frac{CF_n}{(1+k)^n} = \sum_{t=1}^{n} \frac{CF_t}{(1+k)^t}$$

· V_0 : 현재시점의 자산가치
· CF_t : 기간 t에서의 기대현금흐름
· k : 요구수익률 또는 할인율
· n : 보유기간의 길이

2) 채권의 가치평가

채권자들의 요구수익률은 회사의 지급불능위험의 크기에 따라 다르게 나타난다. 다른 모든 조건이 같다면 회사채의 지급불능위험이 높을수록 높은 요구수익률을 요구한다.

① 만기가 있는 채권

$$P_0 = \frac{I_1}{(1+k_d)^1} + \frac{I_2}{(1+k_d)^2} + \cdots + \frac{I_{n-1}}{(1+k_d)^{n-1}} + \frac{I_n + F}{(1+k_d)^n}$$

단, P_0=현시점(t=0)의 채권가치, k_d=해당채권에 대한 투자자들의 요구수익률

- 일반적으로 채권의 이자지급액 I는 동일하다. 즉, $I_1 = I_2 = \cdots = I_{n-1} = I_n = I$

  따라서 모든 이자(I)의 현재가치의 합은 연금공식을 이용해서 쉽게 구할 수 도있다.

  $P_0 = \sum_{t=1}^{n} \frac{I}{(1+k_d)^t} + \frac{F}{(1+k_d)^n}$ 이므로,

  $P_0 = I \times \frac{(1+i)^n - 1}{i} \times \frac{1}{(1+i)^n} + \frac{F}{(1+i)^n}$

  $P_0 = I(PVIFA_{k_d, n}) + F(PVIF_{k_d, n})$

- 만기가 길수록 요구수익률(k)의 변화에 따른 채권가치변동이 크다.
- 이자율위험(interest rate risk) : 시장수익률(요구수익률)이 상승하여 채권가격 하락하고

이때 채권을 처분하면 요구수익률보다 낮은 수익을 벌어들이게 되고 손실도 볼 수 있다.

② 영구채권(만기가 없는 채권, perpetual bond=consol)

만기지급 없고(F=0), 이자(I)만 영구히 지급하는 채권

$$P_0 = \sum_{t=1}^{\infty} \frac{I}{(1+k_d)^t} = \frac{I}{k_d}$$

3) 채권의 만기수익률 (Yield to maturity : YTM)

① 개념
- 채권을 주어진 가격에 사서 만기까지 그대로 보유할 때 얻어지는 수익률을 말한다.
- 계산문제에서는 "만기수익률≒요구수익률≒할인률" 모두 같은 개념으로 이해하시고 문제를 푸셔도 무관합니다.
- YTM이 클수록 채권의 위험은 크다.
- 기 발행 채권의 YTM은 장래 새로 발행할 채권에 대한 투자자들의 요구수익률을 측정하는데 사용 될 수도 있다.

② YTM 산출방법
- 채권의 현재가(P0), 이자지급액(I), 액면가(F)를 알면 YTM을 구할 수 있다. 그러나, 계산이 복잡하여 값을 구하기 쉽지 않다

$$P_0 = \sum_{t=1}^{n} \frac{I}{(1+YTM)^t} + \frac{F}{(1+YTM)^n}$$

- 특별한 채권표를 이용 하는 법
- 시행착오법(trial-and-error approach)
- 채권장수공식(bond salesman's formula) : 만기수익률근사치 공식
- 단지근사치에 불과하나, 시행착오법의 중요한 출발점이 될 수있다.

$$YTM = \frac{기간별이자 + \frac{채권의\ 할인\ 또는\ 할증}{총\ 이자\ 지급회수}}{평균투자액} = \frac{I + \left(\frac{F - P_0}{n}\right)}{\frac{F + P_0}{2}}$$

③ 영구채의 만기수익률공식

$$P_0 = \frac{I}{YTM} \text{이므로,} \quad YTM = \frac{I}{P_0}$$

4) 우선주의 가치평가

① 만기가 없으며, 확정배당금을 영구지급(신형우선주)

② 우선주의 가치평가 : 영구채와 패턴이 같다.

$$P_0 = \sum_{t=1}^{\infty} \frac{D_p}{(1+k_p)^t} = \frac{D_p}{k_p}$$

5) 보통주의 가치평가를 위한 일반모형
① 보통주의 가치평가가 더 복잡한 이유
- 보통주의 수익은 현금배당금과 자본손익으로 구성됨
- 보통주배당금은 일정하지 않고 꾸준히 성장하는 경향이 있음
- 보통주배당금은 기업이익과 관련이 있고, 기업이익과 배당을 정확히 예측하는 것은 불가능 함

② 단일기간 배당평가모형

$$P_0 = \frac{D_1}{1+k_e} + \frac{P_1}{1+k_e}$$

③ 2기간 배당평가모형

$$P_0 = \frac{D_1}{(1+k_e)^1} + \frac{D_2}{(1+k_e)^2} + \frac{P_2}{(1+k_e)^2}$$

④ n기간 배당평가모형

$$P_0 = \frac{D_1}{(1+k_e)^1} + \frac{D_2}{(1+k_e)^2} + \cdots + \frac{D_n}{(1+k_e)^n} + \frac{D_n}{(1+k_e)^n}$$
$$= \sum_{t=1}^{n} \frac{D_t}{(1+k_e)^t} + \frac{P_n}{(1+k_e)^n}$$

⑤ 배당평가 일반모형
- 주식의 가치는 예상되는 모든 미래배당흐름의 총현재가치다
- 배당평가모형은 미래 영원히 지속되는 현금흐름으로 취급한다.
- 배당평가모형에 의하면 어떤 형태로든 주주들에게 현금배당을 결코하지 않을 것으로 예상되는 기업의 주식가치는 0이다.

6) 보통주의 가치평가를 위한 성장모형
① 무성장모형 (no growth model)
- 가정 : 기업의 미래배당금이 매기간 일정하고 전혀 성장하지 않는다.(성장률 g=0)
- 공식 : 영구채, 우선주의 패턴과 같습니다.

$$P_0 = \sum_{t=1}^{\infty} \frac{D}{(1+k_e)^t} = \frac{D}{k_e}$$

② 항상성장모형(constant growth model) : Gordon 모형
- 가정 : – 미래배당금이 매기간 일정한 비율 g로 언제까지나 성장한다.
  – 주주들의 요구수익률(k) > 배당성장률(g)
- 공식

$$P_0 = \sum_{t=1}^{\infty} \frac{D_0(1+g)^t}{(1+k_e)^t} = \frac{D_1}{k_e - g} = \frac{D_0(1+g)}{k_e - g}$$

③ 초기고속성장모형 : 다단계성장모형 ★★
- 많은 기업들은 매출액, 이익 및 배당의 성장률이 일정하지 않다.
- 기업의 라이프사이클 초기단계 : 정상적인 수준보다 훨씬 높은 성장률(g_1)
  기업의 라이프사이클 성숙단계 : 안정적인 성장률(g_2) 지속
- 공식
  공식을 암기하기 보다는 예제를 통해서 이해하시는 것이 좋습니다.

$$P_0 = \sum_{t=1}^{m} \frac{D_0(1+g_1)^t}{(1+k_e)^t} = \frac{P_m}{(1+k_e)^m}$$

$$P_0 = \sum_{t=1}^{m} \frac{D_0(1+g_1)^t}{(1+k_e)^t} = \frac{1}{(1+k_e)^m} \left(\frac{D_{m+1}}{k_e - g_2} \right)$$

예 (주) 가야건설은 지난해 주당 1000원을 배당하였다. 향후 2년간은 10%의 높은 성장률, 그 후에는 3%의 성장률을 매년 유지할 것으로 예상된다.
투자자 요구수익률이 8%이라면 (주)가야건설의 적정 주가는?
고든 모형에 의해 주식의 가치는 미래 현금흐름의 현재가치를 모두 합한것이다.

1) 2년간 10%의 성장률의 미래 현금흐름
$D_1 = 1,000(1+0.1) = 1,100$원
$D_2 = 1,100(1+0.1) = 1,210$원

2) 2년 이후 3%의 성장률의 미래현금
배당평가모형에 따라 2년후 주가는 (P_2)
미래현금흐름을 2년후 시점으로 할인한 합이다.

$$P_2 = \frac{D_2(1+g)}{K-g} = \frac{1,210(1+0.03)}{0.08-0.03} = 24,926$$

3) 위 1)번과 2)번의 값을 현가하여 모두 합한것이 주가이다.
$P_0 = D_1$의 현가 + D_2의 현가 + P_2의 현가

$$= \frac{1,100}{(1+0.08)} + \frac{1,210}{(1+0.08)^2} + \frac{24,926}{(1+0.08)^2}$$

$$= 1,018 + 1,037 + 21,370$$

$$= 23,425원$$

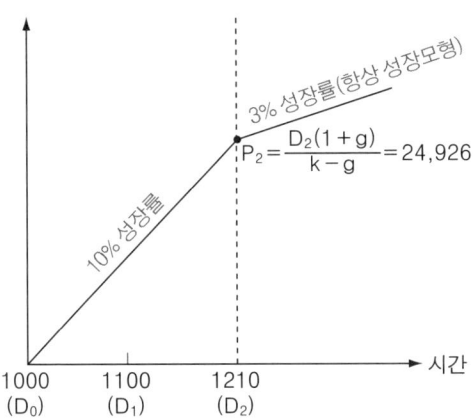

5. 기업분석(재무제표 분석)

(1) 기업분석의 개념
1) 기업분석(Company analysis)
① 기업의 재무능력을 분석하여 해당주식의 가치를 평가하는 방법을 말함
② 장부가치, 주당이익, 주가이익비율, 배당수익률 등 계량적인 요소를 사용

2) 기업분석의 방법
① 자산에 기초한 방법, 이익에 기초한 방법, 현금흐름에 기초한 방법이 있다.
② 기업분석의 일차적 원천은 기업의 재무제표(대차대조표, 손익계산서)이다.
③ 기업분석시 중요한 4가지 분야를 집중적으로 분석한다.
- 경영현황 : 기업경영진의 경영스타일, 프로정신, 경영실적
- 재무현황 : 사업유형, 속한산업, 기업이 직면한 경영환경, 경쟁기업의 재무상태와 비교할 때 현 재무상태 등.
- 이익현황 : 주주들의 몫이 될 이익의 규모
- 시장승수 : 투자자들이 기업이익을 얻는 대가로 기꺼이 지불하고자 하는 가격으로 나타내어지는 기업이익에 붙여진 가치

(2) 이익현황

1) 손익계산서 : 기업의 총 보상액을 산출할 수 있다.
2) 기업의 대차대조표와 손익계산서를 함께 이용하면 여러가지 추가적인 경영지표들을 산출할 수 있다.

① 활동성(activity) : 기업이 보유하고있는 자산과 연관해서 본 매출액의 크기
(ex. 평균회수기간, 고정자산회전율, 재고자산회전율, 매출채권회전율, 총자산회전율)
② 이익(earning) : 궁극적으로 주주들에게 분배되는 기업의 이익규모
(ex. 주당이익, 완전희석된 주당이익, 1차적주당이익)
③ 수익성(profitability) : 기업의 활동성이나 보유자산에 대비한 이익규모
(ex. 영업이익률, 순이익률, 총자산수익률, 자기자본이익률, 투자자본수익률)

(3) 활동성지표

① 고정자산회전율(Fixed Asset Turnover : FAT)

$$FAT = \frac{순매출}{고정자산}$$

② 재고자산회전율(Inventory Turnover : IVT)

$$IVT = \frac{순매출}{평균재고자산} \text{ 또는 } IVT = \frac{매출원가}{평균재고자산}$$

③ 매출채권회전율(Accounts Receivable Turnover : ART)

$$ART = \frac{순매출}{순매출채권}$$

④ 평균회수기간(Average Collection Period : ACP)

$$ACP = \frac{순매출채권 \times 365일}{순매출액}$$

⑤ 총자산회전율(Total Asset Turnover : TAT)

$$TAT = \frac{순매출}{총자산}$$

(4) 담보능력지표

담보능력지표
"유가증권을 뒷받침해주고 있는 실물자산의 가치가 얼마인가?"

① 보통주 1주당 장부가치(Book Value per share of Common stock : BVC)

$$BVC = \frac{장부상\ 자기자본총액 - 무형자산}{보통주의\ 총\ 발행\ 주식주}$$

$$BVC = \frac{장부상자기자본총액}{보통주의총발행주식주}$$

② 채권1좌당 순자산(Net Assets per Bond : NAB)

$$NAB = \frac{총 자산-무형자산-채권보다 선순위부채}{발행채권 총 좌수}$$

③ 우선주 1주당 순자산(Net Assets per Preferred share : NAP)

$$NAP = \frac{총 자산-무형자산-총 부채}{총 우선주발행주수}$$

(5) 보상비율

보상비율 : "재무적 의무를 이행하는데 얼마만큼 여유가 있는가?"

① 배당성향(Dividend Payout Ratio : DPR)

$$DPR = \frac{보통배당금총액}{보통주주들의 몫인 이익금총액}$$

② 이자보상비율(Interest Coverage Ratio : ICR)

$$ICR = \frac{이자 및 법인세전이익(또는 영업이익)}{이자비용}$$

③ 고정비용보상비율(Fixed Charge Coverage ratio : FCC)

$$FCC = \frac{고정비용 및 법인세전 이익}{고정비용} = \frac{영업이익+리스료}{고정비용}$$

④ 우선배당보상비율(Preferred Dividend Coverage ratio : PDC)

$$PDC = \frac{순이익}{우선배당금}$$

(6) 이익지표

이익지표 : "기업이 1주당 벌어들이는 이익의 크기"

① 주당이익(Earnings Per Share : EPS) ★

$$EPS = \frac{순이익-우선배당금}{보통주 총 발행주수}$$

② 완전 희석된 주당이익(Fully Diluted Earnings per share : FDE) ★★★

$$FDE = \frac{순이익+전환우선배당금+전환사채이자-이자법인세조정액}{전환을 가정한 경우의 보통주 총발행주수}$$

③ 원초적 주당이익(Primary Earning per Share : PES) ★

$$PES = \frac{순이익}{보통주 총발행주수}$$

(7) 안전성지표

"기업의 중장기적 채무이행능력, 기업이 자산과 자기자본에 비해 얼마나 부채를 쓰고있나?"

① 부채비율(Debt Rtio : DR)

$$DR = \frac{총부채}{총자산}$$

② 부채-자기자본비율(Debt Equity Ratio : DER)

(8) 유동성지표

"기업이 부담하고 있는 단기부채를 얼마나 쉽게 상환할 수 있는가?"

① 현금비율(CAsh Ratio : CAR)

$$CAR = \frac{현금+시장성유가증권}{유동부채}$$

② 유동비율(Current Ratio : CR)

$$CR = \frac{유동자산}{유동부채}$$

③ 당좌비율(Quick Ratio : QR)

$$QR = \frac{유동자산-재고자산-선급금}{유동부채}$$

(9) 수익성지표 :

① 매출액영업이익률(Operating Profit Margin : OPM)

$$OPM = \frac{영업이익}{순매출액}$$

② 총자산수익률(Return On Assets : ROA) ★

$$ROA = \frac{순이익}{총자산} \text{ 또는 } ROA = \frac{순이익}{순매출액} \times \frac{순매출액}{총자산}$$

③ 자기자본이익률(Return On Equity : ROE) ★

$$ROE = \frac{순이익}{자기자본} = \frac{ROA}{자기자본비율} = \frac{ROA}{1-\frac{총부채}{총자산}}$$

④ 투하자본수익률(Return On Invested Capital : ROIC) ★

$$ROIC = \frac{순이익+이자비용}{영업용투하자본}$$

(10) 레버리지분석

① 주주들의 수익률을 제고 시키려는 목적으로 기업이 고정비용을 발생시키는 자산 및

부채를 활용하는 행위

② 기업은 고정비용을 초과하는 이익을 벌어들이려는 목적으로 레버리지를 활용하는데, 예상이 맞으면 결국 주주들의 수익률은 증가할 것임.

③ 레버리지 : Two-edged Sword(수익률크고, 위험도 크고)
  - 영업레버리지(DOL) : 고정비용을 지불하는 자산의 사용(영업관련고정비)

  $$DOL = \frac{영업이익변화율}{매출량의 변화율} = \frac{공헌이익(=매출액-변동비)}{영업이익(EBIT)}$$

  - 재무레버리지(DFL) : 고정비용을 유발시키는 자금관련 (부채, 우선주)

  $$DFL = \frac{주당이익변화율}{영업이익변화율} = \frac{영업이익(EBIT)}{영업이익(EBIT)-이자비용(I)}$$

  - 결합레버리지도(DCL) : 매출액변화율에 대한 주당이익의 변화율
  결합레버리지도(DCL)=영업레버리지(DOL)×재무레버리지(DFL)

(11) 듀퐁분석 : 기업의 영업상태와 자본조달형태가 ROE에 미치는 영향

자기자본비율(Equity to Asset Ratio)

$$= \frac{자기자본}{총자산(총자본)}$$

자기자본비율이란 총자본(또는 총자산) 중에서 자기자본이 차지하고 있는 비율을 나타낸다. 따라서 자기자본비율이 높을수록 안전하다고 볼 수 있다.

구체비율과 함께 기업의 안전성을 파악하는데 자주 이용되는 지표이다.

  - 금융기관의 건전성지표로 많이 이용되는 BIS비율은 국제결제은행이 제시한 일종의 자기자본비율인 것이다.

[심화학습] "자~ 이제 ROE 공식의 Never Ending Story를 해보겠습니다.

$$\begin{aligned}
ROE &= \frac{순이익}{자기자본} \\
&= \frac{순이익}{매출액} \times \frac{매출액}{총자산} \times \frac{총자산}{자기자본} \\
&= 매출액이익률 \times 총자산회전율 \times 자기자본비율의역수 \\
&= \frac{순이익}{매출액} \times \frac{매출액}{총자산} \times (1+\frac{부채}{자기자본}) \\
&= (수익성지표) \times (활동성지표) \times (레버리지도) \\
&= ROA \times (1+\frac{부채}{자기자본}) \\
&= \frac{ROA}{1-\frac{총부채}{총자산}}
\end{aligned}$$

⑿ 현금흐름분석
① 현금흐름표를 이용하여 기업 현금흐름의 내용 및 변동원인을 중심으로 재무분석하는것
② 기업의 수익성은 나쁘지 않은데도, 현금흐름의 문제로 흑자도산.
③ 현금흐름표는 일정기간동안 현금조달 및 운용상황을 '영업활동' '투자활동' '재무활동' 으로 나누어 보여줌
④ 분석대상기업의 미래 현금흐름 추정에 도움
⑤ 대차대조표나 손익계산서에서 구할 수 없는 유용한 정보(유용성)
  • '당기순익'과 영업활동에서 발생한 '현금흐름'의 차이 및 원인 파악 가능
  • 현금흐름을 부문별로 구분, 파악함으로써 실상파악 및 중점관리 부문파악에 도움
  • 기업의 부채상환능력 및 배당금지급능력 파악
  • 기업의 투자활동과 재무활동을 따라 파악함으로써 자산, 부채의 증감 원인을 구체적으로 파악

6. 운용프로세스와 주식투자

(1) 상대가치평가모형(주가배수모형)
미래기업의 성장 및 이익예측에 대한 어려움을 기업들의 주가배수를 바탕으로 분석대상 기업의 주가를 측정하는 방법으로 해결하려는 방법을 상대가치분석(comparative analysis)모형이라 한다. 상대가치모형(주가배수모형)의 "삼총사와 달타냥"이라 할 수 있는 지표들로 PER (PEGR, PCR포함), PBR, PSR, EV/EBITDA가 있습니다.

1) 주가수익비율(Price Earning Ratio : PER)
  의의
  ① 투자자들이 기업의 이익규모에 두고 있는 가치를 측정하는 지표
  ② 기업의 장래 전망에 대한 투자자들의 신뢰도를 나타냄
  ③ PER가 높을 수록 투자자산의 변동성이 커지고, 투자위험도 커짐
  ④ 기업이 이익을 내지 못하거나 손실이 발생할 경우 아무 의미가 없다.

2) PER(주가수익비율)

$$PER(주가수익율) = \frac{P_0}{EPS_1} (배)$$

단, EPS_1 = 추정 단기순이익 / 총발행주식

3) PER에 의한 이론적 주가의 평가절차

① 1년 후 혹은 그 이후에 기대되는 기업의 주당순이익(EPS1)을 추정한다.
② 기업의 정상적인 주가수익비율(Normal PER)을 추정한다.
③ 주식평가액=추정주당순이익(EPS1)×정상적인 주가수익비율(Normal PER)을 선출한다.

4) 정상적인 PER를 구하는 방법
① 동류위험을 지닌 주식군의 PER을 이용하는 방법
② 동종산업 평균 PER을 이용하는 방법
③ 과거 수년간의 평균 PER을 이용한 방법
④ 배당평가모형을 이용하는 방법

$$PER(주가수익비율) = \frac{P_0}{EPS_1} \text{ (배)}$$

$$= \frac{(1-b)}{k-g} = \frac{(1-b)}{k-(b \times ROE)}$$

단, $g = b \times ROE$

공식산출과정 : $PER = \frac{d_1}{k} \div EPS_1 = \frac{(1-b)}{k-g}$

단, 1-b : 배당성향(=추정배당액/추정단기순이익)
    b : 사내유보율

그러므로, PER은

기본공식	예측된 EPS를 사용할 수 있을 때	편의상 최근 EPS를 사용할 때
PER=P/EPS	=(1-b)/(*k-g*) =(1-b)/(*k*-b×ROE)	=(1-b)(1+*g*)/*k-g* =(1-b)(1+*g*)/(*k*-b×ROE)

⊙ **Key Point**
▶ 성장률 g와 (+), 자본비용k(즉, 위험)과 (−) 상관관계
▶ 배당성향(1-b)과 PER 관계
  · ROE<k 이면 : PER은 배당성향과 (+) 관계
  · ROE>k 이면 : PER은 배당성향과 (−) 관계

★ PER이용시 주의사항 ★
(1) PER계산식의 분자의 주가자료는 분석 **현재시점의 주가가** 적절함
(2) 분모의 EPS는 편의상 일정기간 평균 EPS를 쓰지만, 이론적으로는 **예측된 EPS가 적합**
(3) EPS계산시 특별이익을 제외한 **경상이익**이 이용될 수 있으며, 전환증권 등 포함가능
(4) EPS는 기업회계기준이므로, 기업마다 처리기준이 다른 경우에는 **직접 비교하면 곤란함**

(1-1) PEGR 비율 (PER의 보완지표)
① PER가 낮다고 해서 향후 주가전망이 좋아진다고 볼 수 없음.
② 따라서, PER이용시 그 기업의 성장성에 비해서 주가가 높은지 낮은지를 구별
③ 공식
$$PEGR = \frac{PER}{\text{연평균 EPS성장률}}$$
④ PEGR이 낮으면 → 성장성대비 PER저평가 → 주가상승가능성 높음
⑤ 성장률(G)는 편의상 과거 수년간 평균사용하나. 이론상 미래의 추정 성장률을 써야 함

(1-2) PCR 주가현금흐름비율(PER의 보완지표)
① 공식
$$PCR = \frac{P}{CF} = \frac{\text{주가}}{\text{주당현금흐름}} \quad (\text{배})$$
② 주당현금흐름이란 현금흐름표상 영업활동으로 인한 현금흐름을 주식 수로 나눈 값
③ 현금흐름이 없는 수익/비용 제거, 영업활동과 무관한 수익/비용을 제거하여 주당 영업활동으로 인해 발생한 현금흐름에 비해 주가가 얼마인지 측정
④ PER의 보완지표
⑤ 저PER & 고PCR 기업 : 실제 현금흐름의 유입이 없는 외상매출이 과다하거나 자산 유가증권평가이익 등이 과다한 경우임. → 도산가능성높음
⑥ IMF위기 등 기업의 도산가능성이 주식의 가치평가에 큰 영향을 미칠 때 중요한 지표

(1-3) P/B비율(Price Book value Ratio : PBR) 주가순자산비율
① PBR의 의미
PBR은 자기자본의 총 시장가치를 총 장부가치로 나누어 준 비율로서 주식 1주를 기준으로 표시한 주가순자산비율(P/B)과 같은 개념이다. Gordon모형으로 평가 가능한 주식의 발행주식 총수가 N이라면,
$$MV = P_0 * N = \frac{E_0 * (1-b) * (1+g)}{k-g} * N$$
여기서 $ROE = \frac{N * E_0}{BV}$ 이므로
$$MV = \frac{BV * ROE * (1-b) * (1+g)}{k-g},$$
이를 BV로 나누어 주면
$$\frac{MV}{BV} = \frac{ROE * (1-b) * (1+g)}{k-g}$$

만일 예기서 예상순이익을 바탕으로 ROE를 계산하면

(즉 $ROE = \frac{N * E_1}{BV}$),

$$\frac{MV}{BV} = \frac{ROE * (1-b)}{k-g}$$

여기에 g=b*ROE를 대입하여 달리 쓰면,

$$\frac{MV}{BV} = \frac{ROE - g}{k - g} = \frac{P}{B}$$

① 그러므로, PBR은 ★★
  ⓐ ROE와 (+), 자본비용k(즉, 위험)과 (−) 상관 관계
  ⓑ ROE>자본비용(k)이면 PBR은 1보다 크고, g가 높을수록 커짐
  ⓒ ROE<자본비용(k)이면 PBR은 1보다 작고, g가 높을수록 작아짐
  ⓓ PBR에는 PER의 개념까지 포함하고 있다(자산가치 뿐 아니라 수익가치도 포함)
② 본래 대차대조표 주당순자산가치가 주가에 정확히 반영된다면, PBR은 1이되어야 하나 주가와 주당순자산이 같지 않으므로 1이 아닌데 그 이유로는,
  ⓐ 시간성의 차이
    − 분자의 주가는 〈미래지향성〉, 분모의 주당순자산은 〈과거지향적〉
  ⓑ 집합성의 차이
    − 즉, 분자의 주가는 기업을 총체적으로 반영, 분모의 BPS는 개발자산의 합에서 부채를 차감한 것에 불과하다.
  ⓒ 자산/부채의 인식기준의 차이
    − 즉, 자산이나 부채의 장부가액은 일정한 회계관습에 의하여 제약을 받을 수 있다.
③ PER와의 관계

  • $PBR = \frac{ROE - g}{k - g} = PER \times ROE$

  $PBR = \frac{순이익}{매출액} \times \frac{매출액}{총자산} \times \frac{총자산}{자기자본} \times (PER)$

  $=(마진) \times (활동성) \times (자기자본비율의역수) \times (PER)$

④ Tobin's Q비율 ★

PBR과 유사한 개념으로 토빈Q비율이 있음.

Tobin's Q = MV(market value)/RC(replacement cost)

자본의 시장가치 대 자산의 대체원가

☞ 지표해석

Q비율이 높을수록 투자수익성이 양호하고 경영이 효율적임

Q비율이 낮을수록 적대적 M&A대상이 되는 경향이 있음

(1-4) PSR (Price Selling Ratio) 주가매출액비율
1) 공식
$$PSR = \frac{P}{Sales} = \frac{주가}{주당매출액} \quad (배)$$
① 주가를 주당매출액으로 나눈 값
② 아직 이익을 많이 내지못해 수익성 평가가 어려운 신생기업, 인터넷정보통신기업의 평가에 많이 사용됨.
③ ⓐ 매출액이익률(M), 성장률(g)와 (+)관계
　　ⓑ 자본비용(k)와 (-)관계
2) PSR의 장점
① PER, PBR은 때로는 음수가 되어 의미가 없어질 수 있으나, PSR은 곤경기업에도 적용가능
② 매출액은 임의로 조정하기가 어렵다
③ PSR은 PER만큼 변동성이 심하지 않아 신뢰성이 높다
④ PSR을 이용하면 가격정책의 변화와 기타 기업전략이 미치는 영향을 쉽게 분석가능
3) PSR을 이용한 투자전략
PSR과 ROS(매출액이익률)간의 관계이용 〈과대과소평가 메트릭스〉

구 분	낮은 ROS	높은 ROS
높은 PSR	주식 과대평가	적절히 평가
낮은 PSR	적절히 평가	주식 과소평가

(1-5) EV/EBITDA 비율
순수하게 영업으로 벌어들인 이익에 대한 기업가치의 비율을 기준으로 공모기업의 전체가치를 추정하는 방식
① EV : Enterprise value (기업전체자산가치)는 주주가치와 채권자가치를 합한값
　=[주주가치+채권자가치]
　=[시가총액+(이자지급성부채-현금 및 유가증권)]
② EBITDA : (Earnings before Interest and Tax Depreciation and Amorization) 이자 및 세금, 감가상각비 차감전 이익
　=영업이익EBIT+(감가상각비, 기타 상각비)
③ 공모기업의 시장가치 추정

- 유사기업의 EV/EBITDA를 구한다.
- 공모기업의 EV를 추정
  → [유사기업의 EV/EBITDA] = [공모기업의 EV/공모기업의EBITDA]
- 예상시가총액 추정
  → 예상시가총액 = 공모기업의 EV - [부채가치(차입금-현금예금)]
- 주당가치추정 = 예상시가총액 ÷ 공모 후 발행주식수

④ 장점 및 한계
- 장점 : ⓐ 기업자본구조를 감안한 평가방식
- 추정방법이 단순함
- 분석기준이 널리 알려져있고, 회사간 비교가능성이 높아 공시정보로 유용함
- 단점 : 추정시점과 실제 상장시점의 시가변동에 대한 차이를 고려해야 함

(2) EVA(Economic Value Added)모형
1) EVA의 의의
① 기업의 성과를 단순히 회계이익으로 판단하지 않고, 자기자본비용을 감안한 경영지표

② 대리인문제 해결을 위한 지표로 80년 후반 Stern Stewart사가 개발한 지표임

$$EVA = NOPLAT - WACC \times IC = (NOPLAT/IC - WACC) \times IC$$
$$= (ROIC - WACC) \times IC = 초과수익률 \times 투하자본$$

③ NOPLAT : 기업 본연의 영업활동에서 창출한 영업이익에서 실효법인세를 차감한 이익

NOPLAT(세후순영업이익) = EBIT - 실효법인세 + 감가상각비
   = EBIT(1-세율)
   = EBIT - 법인세절감효과 + 이연법인세증가액
   = 당기순익 + 지급이자 - 법인세절감효과 + 감가상각비

④ WACC(가중평균자본비용) : 타인자본비용과 자기자본비용까지 포함한 총자본비용 개념임

= (타인자본비용비중 × 타인자본비용) + (자기자본비용비중 × 자기자본비용)

예 타인자본50억, 타인자본비용8%, 자기자본자기자본50억, 자기자본비용12%
   WACC = (0.5×8%) + (0.5×12%) = 10%

⑤ IC : Invested Capital(영업용투하자본)
⑥ ROIC : 투하자본이익률

2) EVA를 이용해 기업의 가치 구하기
① 기업의 가치 = 영업용투하자본(IC) + 시장부가가치(MVA) + 비사업자산가치
② MVA = EVA/WACC

예 기본형
세후영업이익=15억원, 자본비용=12%,
자기자본=100억원인 무부채기업의 EVA와 기업가치는?
　　　EVA=15−100(0.12)=3억원
　　　기업가치=100+3/0.12=125억원

예 비사업자산의 존재
세후영업이익=15억원, 자본비용=12%,
자기자본=100억원(사업자산 80억원)인 무부채기업의 경우는?
　　　X　EVA=15−80(0.12)=5.4억원
　　　기업가치=80+(5.4/0.12)+20=145억원(20억원증가)

예 자산재평가의 경우
세후영업이익=15억원, 자본비용=12%, 자기자본=100억원(사업자산 80억원이 120억원으로 자산재평가 됨)인 무부채기업의 경우는?
　　　X　EVA=15−120(0.12)=0.6억원
　　　기업가치=120+(0.6/0.12)+20=145억원(20억원 증가)

예 부채의 영향
세후영업이익=15억원, 자본비용=12%, 자기자본=50억원
세후타인자본비용=8%, 타인자본=50억원일 경우는?
　　　X　EVA=15−100(0.1)=5억원
　　　기업가치=100+(5/0.1)=150억원
　　　주주가치=150−50=100억원

③ EVA가 가지는 의미
- EVA는 세후순영업이익에서 투하자본에 대한 자본비용을 공제한 잔여이익
- EVA는 순가치의 증분만을 측정, 금액으로 표시, 가치창조경영의 기준
- EVA가 양(+)이면 경제적으로 새로운 가치 창조의미
- 대리문제의 해소가능성 : 경영자 자기자본비용 인식
- 투자판단기준으로의 적합성 : 회계적수익보다는 주주의 투자판단 기준으로 적합

④ EVA와 당기순익 비교

당기순익	EVA
• 경영자 관심	• 주주의 기회비용 관심
• 타인자본비용만 고려	• 타인자본비용+자기자본비용 고려
• 주주가치는 무시	• 주주 부의 극대화
• 발생주의 회계원칙	• 경제적이익도 반영한 대체적 회계처리

⑤ EVA와 MVA와의 관계
- MVA는 모든 미래 EVA의 현재가치의 합계
- MVA는 주식시장의 영향을 받는 반면, EVA는 매기 초과이익을 나타내므로 경영관리 분야에서 EVA가 더 유용함

⑥ 각종 경영성과지표의 비교

경영지표	정의	장점	단점
시장부가가치 (MVA)	미래의 경제적 이익을 자본비용으로 할인한 가치의 합	• 회계지표의 한계극복 • 전략 및 투자결정에 유용 • 장기적 경영가능	측정이 복잡함
경제적 부가가치 (EVA)	세후영업이익 - 투하자본×자본비용	자본비용을 고려한 정기적 가치창출 계산	단기적 성과에 치중
투하자본이익률 (ROIC)	세후영업이익÷투하자본	• 투하자본의 수익성 측정 • I/S와 B/S 모두 고려	자본의 기회비용 무시
자기자본이익률	순이익÷자기자본	주주입장에서의 수익성 측정	영업외활동의 영향 포함
매출액영업이익률	영업이익÷매출액	이해하기 용이	보유자산 활용도 무시

(3) 잉여현금흐름(FCF)모형

1) 잉여현금흐름
① 미래 현금유입액 중 추가적인 부가가치 창출에 기여할 투하자본의 증가액을 차감
② 본업활동이 창출해 낸 현금유입액에서 당해년도 중 새로운 사업에 투자하고 남은 것
③ 투하자본에 기여한 자본조달자들이 당해년도 말에 분배 받을 수 있는 총자금
④ 기업가치 = $\sum_{t=1}^{n} PV(FCFt)$ + 잔여가치의 현가

2) 잔여가치(terminal value)
① 사업의 예측기간이 끝난 후 동 사업으로부터 지속해서 얻을 수 있는 경제적 부가가치액의 크기
② 예측가능하지 못한 현금흐름 부분
③ 사업종료 연도를 기준으로 최근 3년 또는 5년간의 잉여현금흐름액의 평균으로 추정

3) 현금흐름법과 잉여현금흐름법의 차이점
① 현금흐름법(DCF method):

매년 유입되는 현금흐름액(CFt) 전액의 현재가치 합계

기업가치 = ΣPV(CFt)

② 잉여현금흐름법(FCF method) :

일정기간 유입되는 잉여현금흐름액의 현재가치 + 잔여가치

기업가치 = ΣPV(FCFt) + 잔여가치

여기서, 잔여가치(Terminal Value) = 최근 3~5년간 평균 FCFt/WACC

4) 잉여현금흐름법의 측정방법

1) 총현금흐름유입액 = NOPLAT + 감가상각비
2) 투자자본 순증가액 = 운전자본증가액 + 시설자금 증가액 + 감가상각비
3) 잉여현금흐름 = 총현금흐름유입액 — 투자자산순증가액

(4) 옵션모형

1) 옵션의 기본개념

① 종류

콜옵션(call option), 풋옵션(put option)

유로피언옵션(European option), 아메리칸 옵션(American option)

② 발행조건

기초자산(underlying asset)

행사가격(exercise price)

만기일(expiration date)

■NPV와 옵션 가치의 관계

1) 투자결정을 더이상 미룰 수 없는 상황에서 NPV는 옵션가치와 같다.

 투자안의 NPV(기업가치 증분) = Max[(투자안의 현가−투하자본), 0]

 콜옵션의 만기가치 = Max[(기초자산의 가치−행사가격), 0]

2) 반면 미래 상황에 따라 의사결정 변경이 가능한 경우 NPV법은 투자안의 실제가치를 과소평가할 수 있다.

■옵션가격 결정 모형 : 블랙-숄즈(Black & Scholes)

1) 가정

① 옵션의 만기일까지 주식으로부터 배당지급은 없다.
② 무위험이자율과 주식수익률의 분산은 일정하고 안정적이다.
③ 주가변동은 연속적(continuous)이며 급격한 이탈은 없다.

④ 주식수익률은 로그정규분포(lognormal distribution)를 따른다.

$$C = S_0 N(d1) - Xe^{-rT} N(d2)$$

단, C : 콜옵션의 현재가치   S0 : 기초주식의 현재가격
r : 연간 무위험이자율   T : 만기까지의 잔여기간(1년을 1로 표시)
N(d) : 누적표준정규분포에서 d값보다 작을 확률

2) N(d) = 1이면 $C = S_0 - Xe^{-rT}$, N(d2) = 0이면 C = 0.

3) N(d)은 만기에 콜옵션이 내가격(in-the-money)일 가능성을 의미함. 따라서 콜옵션의 가치는 만기에 옵션행사로 얻게 될 이득의 현재가치를 옵션이 행사될 확률로 조정한 셈이 된다.

2) 실물옵션의 가치평가
①실물옵션의 유형
당장은 투자가치가 없지만 미래에는 NPV가 陽(+)이 될 가능성이 있어서 그때까지 투자를 연기할 수 있는 상황은 콜옵션을 보유하고 있는 경우에 해당한다고 간주할 수 있다.

예) 수급조절 목적의 일시적으로 조업중단
    영화산업에서 속편 제작권리의 매매로 제작자금 조달
    자동차 조립라인의 축소나 변경
    신약개발을 위한 3단계(1차 물질개발, 2차 임상실험, 3차 상용화투자)

3) 금융옵션의 가치평가
① 신주인수권의 가치평가

기존의 발행주식을 m, 신주인수권을 한꺼번에 행사할 경우 새로 발행되는 주식수를 n이라고 하고 신주인수권의 행사가격을 X라고 하자. 전체 신주인수권 소유주가 기업에 n, X만큼의 현금을 지불하고 신주인수권을 행사하면 그들은 기업에 해당 α만큼의 지분율($\alpha = \frac{n}{m+n}$)을 확보하게 된다. 부채가 없다고 가정하고 기업 가치를 V라고 하면 전체 신주인수권자는 $n \cdot X \cdot (1+\alpha)$만큼의 대가를 치르고 $\alpha \cdot V$를 얻는 셈이다. 따라서 블랙-숄즈의 OPM에서 기초자산의 현재가치가 $\alpha \cdot V$, 행사가격이 $n \cdot X \cdot (1+\alpha)$이며, T는 신주인수권의 만기일인 경우에 해당한다. $\sigma 2$은 엄밀하게 주식과 신주인수권을 포함한 가치, 즉 자기자본가치의 분산이지만 개략적으로 주식 수익률의 분산을 사용한다.

예) 비상장회사인 한국기업은 90만주의 보통주와 10만주의 신주인수권을 발행한 상태이다. 신주인수권의 만기일은 3년이고 각 신주인수권은 만기일에 행사가격 10,000원에 보통주 1주와 교환될 수 있다. 만기일까지 배당은 지급하지 않을 예정이며

매년 유입되는 현금흐름액(CFt) 전액의 현재가치 합계

기업가치 = $\Sigma PV(CFt)$

② 잉여현금흐름법(FCF method) :

일정기간 유입되는 잉여현금흐름액의 현재가치 + 잔여가치

기업가치 = $\Sigma PV(FCFt)$ + 잔여가치

여기서, 잔여가치(Terminal Value) = 최근 3~5년간 평균 FCFt/WACC

4) 잉여현금흐름법의 측정방법

1) 총현금흐름유입액 = NOPLAT + 감가상각비
2) 투자자본 순증가액 = 운전자본증가액 + 시설자금 증가액 + 감가상각비
3) 잉여현금흐름 = 총현금흐름유입액 — 투자자산순증가액

(4) 옵션모형

1) 옵션의 기본개념

① 종류

콜옵션(call option), 풋옵션(put option)

유로피언옵션(European option), 아메리칸 옵션(American option)

② 발행조건

기초자산(underlying asset)

행사가격(exercise price)

만기일(expiration date)

■NPV와 옵션 가치의 관계

1) 투자결정을 더이상 미룰 수 없는 상황에서 NPV는 옵션가치와 같다.

  투자안의 NPV(기업가치 증분) = Max[(투자안의 현가 − 투하자본), 0]

  콜옵션의 만기가치 = Max[(기초자산의 가치 − 행사가격), 0]

2) 반면 미래 상황에 따라 의사결정 변경이 가능한 경우 NPV법은 투자안의 실제가치를 과소평가할 수 있다.

■옵션가격 결정 모형 : 블랙-숄즈(Black & Scholes)

1) 가정

① 옵션의 만기일까지 주식으로부터 배당지급은 없다.
② 무위험이자율과 주식수익률의 분산은 일정하고 안정적이다.
③ 주가변동은 연속적(continuous)이며 급격한 이탈은 없다.

④ 주식수익률은 로그정규분포(lognormal distribution)를 따른다.

$$C = S_0 N(d1) - Xe^{-rT} N(d2)$$

단, C : 콜옵션의 현재가치 S0 : 기초주식의 현재가격
 r : 연간 무위험이자율 T : 만기까지의 잔여기간(1년을 1로 표시)
 N(d) : 누적표준정규분포에서 d값보다 작을 확률

2) N(d) = 1이면 $C = S_0 - Xe^{-rT}$, N(d2) = 0이면 C = 0.
3) N(d)은 만기에 콜옵션이 내가격(in-the-money)일 가능성을 의미함. 따라서 콜옵션의 가치는 만기에 옵션행사로 얻게 될 이득의 현재가치를 옵션이 행사될 확률로 조정한 셈이 된다.

2) 실물옵션의 가치평가

①실물옵션의 유형

당장은 투자가치가 없지만 미래에는 NPV가 陽(+)이 될 가능성이 있어서 그때까지 투자를 연기할 수 있는 상황은 콜옵션을 보유하고 있는 경우에 해당한다고 간주할 수 있다.

> 예 수급조절 목적의 일시적으로 조업중단
> 영화산업에서 속편 제작권리의 매매로 제작자금 조달
> 자동차 조립라인의 축소나 변경
> 신약개발을 위한 3단계(1차 물질개발, 2차 임상실험, 3차 상용화투자)

3) 금융옵션의 가치평가

① 신주인수권의 가치평가

기존의 발행주식을 m, 신주인수권을 한꺼번에 행사할 경우 새로 발행되는 주식수를 n이라고 하고 신주인수권의 행사가격을 X라고 하자. 전체 신주인수권 소유주가 기업에 n, X만큼의 현금을 지불하고 신주인수권을 행사하면 그들은 기업에 해당 a만큼의 지분률($a = \frac{n}{m+n}$)을 확보하게 된다. 부채가 없다고 가정하고 기업 가치를 V라고 하면 전체 신주인수권자는 n·X·(1+a)만큼의 대가를 치르고 a·V를 얻는 셈이다. 따라서 블랙-숄즈의 OPM에서 기초자산의 현재가치가 a·V, 행사가격이 n·X·(1+a)이며, T는 신주인수권의 만기일인 경우에 해당한다. σ^2은 엄밀하게 주식과 신주인수권을 포함한 가치, 즉 자기자본가치의 분산이지만 개략적으로 주식 수익률의 분산을 사용한다.

> 예 비상장회사인 한국기업은 90만주의 보통주와 10만주의 신주인수권을 발행한 상태이다. 신주인수권의 만기일은 3년이고 각 신주인수권은 만기일에 행사가격 10,000원에 보통주 1주와 교환될 수 있다. 만기일까지 배당은 지급하지 않을 예정이며

연간 무위험이자율은 10%이고 자산가치의 변동성($\sigma2$)은 15%이다. 블랙-숄즈 OPM을 이용한 신주인수권의 평가치는?

블랙-숄즈 OPM을 실증분석한 결과에 의하면 대체로 옵션만기가 길고 외가격(out of the money)일수록 실제가격보다 과대평가하는 경향이 있다. 신주인수권은 대개 일반옵션보다 만기가 길고 발행당시의 주가보다 행사가격이 높게 정해지기 때문에 OPM으로 평가한 가치가 과대평가될 가능성이 있다.

OPM에 의한 신주인수권의 가치계산

옵션변수	변수 값	계산내역
S	16억원	$\alpha \times$ 자기자본가치=0.1(200-40)
X	9억원	$(1-\alpha) \times$ 총 행사가격=0.9×10,000×10만
r	10%	연이율
T	3년	만기일
σ^2	15%	자산가치의 변동성
d1	1,640	$\{\ln(16/9)+(0.1+0.5\times0.15)\times3\}\div\sqrt{0.15\times3}$
d2	0.970	$d1-\sigma\sqrt{T}$
N(d1)	0.950	
N(d2)	0.834	
총신주인수권가치	9.64억원	$16(0.950)-9e^{-0.1\times3(0.834)}$
총 주식가치	150.36억원	160-9.64
단위 신주인수권 가치	9,640	9.64억 / 10만
보통주 주당가치	16,700	150.36억원 / 90만

⇨ 주) 1. α는 신주인수권 행사가 취득 지분률로, 10만/(90만+10만) 임.
　　2. α 2는 자기자본가치의 변동성이 원칙이지만 자산가치의 변동성으로 대신함

② 스톡옵션의 가치평가
- 현행 기업회계기준 : 매기말 비용처리⇒회계상 수익악화

　스톡옵션 비용=(옵션행사가격-주가)×스톡옵션주식 수

※ 미국의 경우 스톡옵션 비용을 매기말 회계처리하지 않고 재무제표의 각주사항으로 표기하므로 숨겨진 비용이 크다.

- 스톡옵션 비용의 공정한 평가방법은?

스톡옵션제도의 도입이 오래된 기업일수록 평가시점에는 행사가격과 만기가 다른 여러 종류의 스톡옵션이 발행되어 있는 상태일 가능성이 많다. 또한 스톡옵션이 행사될 경우 주식 수 증가로 인한 희석효과가 발생한다. 따라서 평가대상 옵션을 일단 유로피언 콜옵션으로 간주하여 블랙숄즈모형으로 평가한 후 일반옵션과 차이를 조정한다.

7. 시장효율성과 주가

어느 기업에 대해 새로운 정보가 생성된 경우, 새로운 정보에 증권가격이 신속하게 반응하는 경우를 시장이 효율적이라고 한다.

(1) 효율적시장가설(Efficient Market Hypothesis:EMH)의 유형
◆측정방법 : 어떤 종류의 정보가 얼마나 빠르게 증권가격에 반영되는지 측정

종 류	의 의	투 자 전 략
약형EMH	**과거**정보가 주가에 완벽히 반영되는 시장	기술적분석은 무용지물
준강형EMH	**과거+현재공개**된 모든정보가 주가에 완벽히 반영되는 시장	기술적분석은 물론, 기업의 회계자료도 무용지물
강형 EMH	**과거+현재공개+비공개정보**가 주가에 완벽히 반영되는 시장	내부정보도 무용지물

(2) 효율적 시장가설의 중요성
1) 시장이 효율적이 되기 위한 조건
① 가격에 영향을 미치는 정보가 시장에 도착하면 가격은 즉각적으로 그리고 정확하게 반응하여야 한다.
② 주가변화는 무작위행보(Random walk)이어야 한다.
③ t시점에 확보한 정보를 t+1이 되는 시점에 가장 투자수익률이 큰 종목들을 예측하는 트레이딩룰(trading rule)을 구축하는 일이 불가능해야 한다.
④ 정보를 많이 가진 투자자든 그렇지 않은 투자자든 어떠한 투자성과의 차이도 우연에 의한 것이어야 한다.

2) 시장이 효율적이라면,
① 증권분석 필요없음
② 어떤 전문투자자들도 한계초과수익률이 0보다 클수없음
③ 시장에서 주식의 저평가 있을 수 없음
④ 자기자본비용은 시장의 활황이든 침체든 적절하게 결정됨
⑤ 수의상환과 같은 규정 필요없음
⑥ 기업광고 필요없음

(3) 효율적 시장의 특성 ★
1) 정보에 대한 신속.정확한 반응

효율적 시장 그리고 비효율적 시장에서 새로운 정보의 도착에 대한 주가의 반응

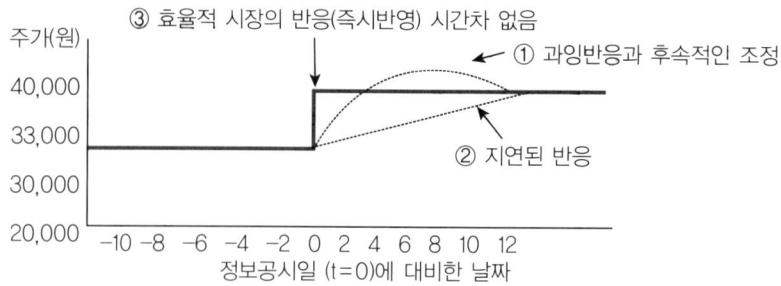

2) 시장이 효율적이라면, Random Walk(무작위행보변화)를 따른다.
① 시계열상관
- '0' 이어야 한다.(수수료를 감안하면 0에 가깝다)
- 기술적분석은 무의미 하다

② 요일효과
- 주말효과 : 주초에는 낮은수익률, 주말에는 높은 수익률을 보인다. 그러나, 효율적 시장이라면 수수료를 빼고나면 수익이 없어야 한다.

③ 1월효과(January Effect) : 1월의 수익률이 높다(특히, 중소기업들)
- 1월효과를 설명하는 근거들 : Tax effect, 성과급제도, 포트폴리오 드레싱 등

3) 거래전략의 무의미
① PER효과(저PER주 매수하라)
↔ 준강형효율적시장에 상충된다.
↔ 규모효과(Size effect)의 발견에 불과하다

② 과잉반응가설(과거 낮은 수익률을 기록한 종목이 다음에 수익률이 높다)
↔ 해당종목의 상대적 위험 크기에서 나오는 당연한 결과일 뿐, 이 전략이 유효하다 볼 수 없다.

4) 전문가와 비전문가의 무차별
- 원숭이와 펀드매니저의 수익률에 차이가 없다.

(4) 시장의 효율성과 반대되는 현상(이례현상)
① 규모효과(Size effect), 소기업효과(Small firm effect) : 위험 감안후 소기업들은 장기간 비정상적인 높은 수익률을 기록한다.

② 1월효과(January Effect) : 주식가격은 매년 12월부터 다음 해 1월 사이에 비정상적인 상승을 한다.

③ 요일효과(Day of week effect) : 주초에는 낮은 수익률, 주말에는 높은 수익률을 보

이는 경향이 있다. 즉 월요일에는 주식을 사서 금요일 무렵에 팔면 큰 돈을 벌수있다.
④ PER효과 : PER가 낮은 기업의 주식이 비정상적인 초과수익을 보여준다.
⑤ 시장의 과민반응 : 주식가격은 뉴스에 과잉반응한다. 그러나 오차는 완만하게 교정, 악재 발표 후 매수한다면 비정상적인 수익이 가능하다.
⑥ 과도한 변동성 : 주식가격의 변동성이 주식의 내재가치에 의해 정당화되는 것보다 훨씬 클 수 있다.

3-2 기술적 분석

1. 기술적 분석

(1) 기술적 분석의 이해
1) 정의
- 기술적 분석은 과거 시세 흐름과 패턴을 정형화하여 향후 주가를 예측하는 방법이다.

2) 종류

종류	내용	세부종류
추세분석	① 상승, 하락, 수평의 추세선을 나타냄 ② 지지와 저항의 수준을 파악하며 방향성 예측 ③ 추세선 및 지지선과 저항선, 이동평균선을 관찰하여 주식의 매매시점 포착	반전형 - (헤드앤숄더/이중천정형/선형/원형/확대형/V자형 등.) 지속형 - (삼각형/깃발형/쐐기형/직사각형/다이아몬드형 등.)
패턴분석	① 꺽이는 점 찾기(주가의 전환시점찾기) ② 주가변동모형을 미리 정형화 해 놓고 실제로 나타나는 주가 움직임을 주가 변동모형에 맞추어 앞으로의 주가를 미리 예측하는 기법	서양식 = 패턴분석 일본식 = 캔들차트분석
지표분석	① 숫자, % ② 현재의 시장 수급이 과열/침체 여부 파악	추세추종형지표(MACD) 추세반전형지표(Stocahastic, RSI) 거래량관련지표(OBV, VR) 변동성관련지표(볼린저밴드) 시간개념없는표(삼선전환도, P&F) 시장Breadth지표(ADL, ADR)
시장구조이론	① 오랜기간시장의움직임을분석, 연구 ② 시장의변동논리를해석하는방법	엘리어트파동이론, 일목균형포, 캔이론, 태양흑점이론, 엘리뇨현상, 주초효과, 주말효과, 휴일효과 , 연초효과, 연말효과 등

3) 기본가정
① 증권의 시장가치는 수요 공급에 의해서만 결정된다.
② 주가는 지속되는 추세에 따라 상당기간 동안 움직이는 경향이 있다.
③ 추세의 변화는 수요와 공급의 변동에 의해 일어난다.
④ 수요와 공급의 변동은 그 발생이유에 상관없이 시장의 움직임을 나타내는 도표에 의하여 추적될 수 있으며, 도표에 나타나는 주가모형은 스스로 반복하는 경향이 있다.

4) 장·단점
① 장점 : 심리적 요인까지도 영향을 미치므로, 계량화가 어려운 기본적분석의 한계점 보완가능 매매시점 포착가능, 변화의 방향 예측가능
② 단점 : 주가 추세나 패턴이 반복한다는 비현실적 가정, 같은 상황에서 해석이 각기 다를 수 있으며 투자가치를 무시하고 시장의 변동에만 집착하기 때문에 시장변화의 원인은 분석불가능

(2) 기술적 분석의 이론

다우 이론
기술적 분석의 창시자 찰스다우(Charles H Dow)는 주식시장은 장기추세선의 진행과정을 강·약세장의 각각 3국면을 아래와 같이 구분했다.

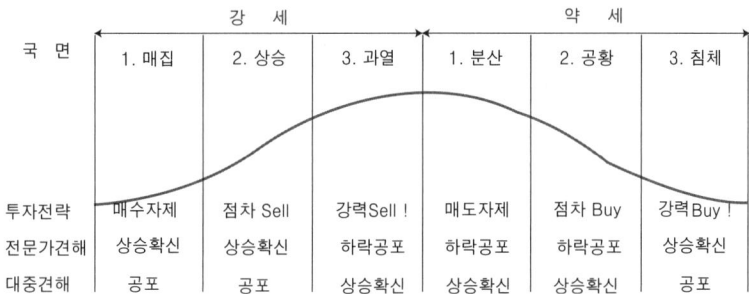

1) 매집국면(강세1국면)
① 경제, 산업, 기업환경, 주식시장 모든 여건이 회복되지 못하고 장래에 대한 어두운 전망
② 불안감을 느낀 대다수 일반투자자들은 장기간 지속된 약세시장에 지쳐서 매도
③ 경기호전을 예측한 전문가들은 매수세가 쌓이기 시작하여 축적단계 또는 매집국면이라 함

2) 상승국면(강세2국면, 마크업국면)
① 전반적 경제 여건이 호전되어 일반투자자의 관심이 고조됨. → 주가상승/거래량증가
② 신고가를 갱신하는 날이 많음
③ 기술적 분석을 이용하는 투자자가 많은 수익올릴 수 있는 국면임

3) 과열국면(강세3국면)
① 각종 통계자료가 호조, 신문이나 매스컴에서 주식시장에 관한 내용이 Top News로 부상
② 주식투자에 경험없는 사람이 뒤늦게 확신을 가지고 적극 매입에 나섬
③ 이 국면에서 매수자는 흔히 손해를 보기 때문에 조심해야 함

4) 분산국면(약세1국면)
① 전문투자자들이 투자 수익을 취한 후 빠져나감(분배단계라고도 함)
② 주가가 조금만 하락해도 그동안 매수하지 못한 대기매수세에 의해 거래량 증가하지만 새로운 상승추세로 진행되지 못함

5) 공황국면(약세2국면)
① 각종 통계자료 악화, 일반투자자는 매도하려 마음이 조급해짐
② 상대적 매수세력은 크게 위축
③ 주가는 거의 수직하락, 거래량 급감

6) 침체국면(약세3국면)
① 미처 처분하지 못한 일반 투자자들의 실망매물이 출회됨
② 투매양상이 나타남에 따라 주가는 계속 하락하지만 시간이 지날수록 낙폭은 줄어든다.
③ 모든 악재가 전부 주가에 반영될 때 끝이 난다고 보는데, 보통 이런 악재가 전부 소멸되기 전에 주식시장은 반전된다.

다우이론의 한계
① 주추세와 중기추세의 명확한 구분 곤란
② 추세전환이 너무 늦게 확인되어 실제투자에 도움을 못줌
③ 분산투자 여부와 방법을 알려주지 못하며, 위험에 대한 정보를 제공해 주지 못함

투자결정과 투자행위

시장국면	강세			약세		
투자자	제1국면	제2국면	제3국면	제1국면	제2국면	제3국면
대 중	공포심	공포심	확 신	확 신	확 신	공포심
전문가	확 신	확 신	공포심	공포심	공포심	확 신
투자전략	−	점차매도	매 도	−	점차매수	매 수

(1) 추세분석

1) 지지와 저항선
① 의의
- 저항선 : 고점 연결선이고, 매도가 매수를 압도하는 선
- 지지선 : 저점 연결선이고, 매수가 매도를 압도하는 선

② 저항선 지지선이 가지는 의미
- 현재 주가의 최소·최대 목표치를 설정하는데 유용함
- 저항선이나 지지선의 돌파 시도가 여러번 실패할 경우 추세전환의 신호로 인식가능
- 장기에 걸쳐 형성된 것 일수록 신뢰도가 높다
- 최근에 형성된 것 일수록 신뢰도가 높다
- 매매 전략에 이용할 수 있다.
- 1만원, 2만원, 10만원 등의 정액 가격대는 심리적인 지지선이나 저항선으로 작용할 수 있다.

2) 추세선, 추세대
① 추세선
의미 있는 두 고점 또는 저점을 연결한 직선
- 상승추세선 : 저점선이 상승
- 하락추세선 : 고점선이 하락
- 평행추세선 : 저점이 수평(추세가 뚜렷하지 않은 경우)
- 추세대

지지선과 저항선이 서로 평행한 상태를 유지하며 그 안에서 주가 등락이 반복
- 상승추세대 : 지지선을 중심으로 추세대 형성/지지선,저항선 모두 상승
- 하락추세대 : 저항선을 중심으로 추세대형성/지지선,저항선 모두 하락
- 평행추세대 : 지지선을 중심으로 추세대 형성/지지선,저항선 모두 수평

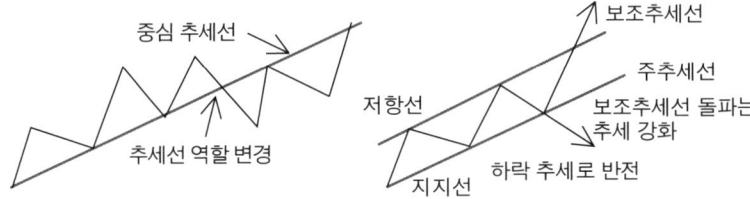

3) 이동평균선의 개념
- 이동평균선은 추세 분석의 성격을 가지며, 추세 분석보다는 저점 매수, 고점 매도 신호가 확실하게 나타난다.

4) 이동평균선을 이용한 분석방법
① 방향성분석
  - 상승추세로 전환 : 주가 → 단기이동평균선 → 중기이동평균선 → 장기이동평균선 순으로 상승
  - 하락추세로 전환 : 주가 → 단기이동평균선 → 중기이동평균선 → 장기이동평균선 순으로 하락

② 배열도 분석
  - 정배열 : 주가>중기이동평균선>장기이동평균선(상승추세)
  - 역배열 : 주가<중기이동평균선<장기이동평균선 (하락추세)

③ 지지와 저항

이동평균선의 특성을 잘 파악하여 비정상 거래로 인한 일시적 속임수를 예방하고 수익률을 극대화 하여야 한다.

④ 골든, 데드 크로스
  - 골든크로스 : 단기 이동평균선이 장기를 상향 돌파 (매수신호)
  - 데드크로스 : 단기 이동평균선이 장기를 하향 돌파 (매도신호)

⑤ 밀집도분석

이동평균선이 밀집되면 작은 모멘텀에도 주가가 크게 변하는 경향이 있다.

5) 이동평균선을 이용한 매매전략
① 한 가지 이동평균선을 이용
  - 주가가 이동평균선을 상향돌파 하면 매입신호
  - 주가가 이동평균선을 하향돌파 하면 매도신호

② 두 가지 이동평균선을 이용
  - 단기이동평균선과 장기이동평균선을 이용
  - 단기이동평균선은 매매시점포착, 중·장기 이동평균선은 추세파악 용이
  - 골든크로스(매수) / 데드크로스(매도)

③ 세 가지 이동평균선을 이용
  - 하락추세에서의 투자전략
    가. 단기이동평균선이 중·장기이동평균선을 하향돌파시 [매도신호]

나. 역배열되어 나란히 하락중 [약세시장 가능성 높음]

다. 역배열이 상당기간 지속된 후 단기 이동평균선이 더 이상 하락 못하고 상승 시작 [바닥권예상]

- 상승추세에서의 투자전략

가. 단기이동평균선이 중·장기이동평균선을 급격히 상승돌파시 [매수신호]

나. 정배열되어 나란히 상승 중 [강세국면 가능성 높음]

다. 정배열이 상당기간 지속된 후 단기이동평균선이 더 이상 오르지 못하고 약해짐 [천정권예상]

6) 거래량 이동평균선

① 거래량은 주가를 선행한다.
② 주가 상승추세인 경우 거래량은 증가, 하락추세인 경우 거래량은 감소
③ 거래량 감소추세에서 상승추세로 전환되면 주가는 상승
④ 거래량 증가추세에서 감소추세로 전환되면 주가는 하락
⑤ 천정권에서 주가는 상승함에도 거래량은 감소
⑥ 바닥권에서 주가는 하락함에도 거래량은 증가

7) 그린빌의주가, 이동평균선

① 매입신호
- 이동평균선이 하락 후 보합이나 상승국면으로 진입한 상황에서 주가가 이동평균을 상향돌파
- 이동평균선이 상승 중 주가가 일시적으로 이동평균선 아래로 하락(일시적인 하락일 가능성큼)
- 주가가 이동평균선 위에서 빠르게 하락하다가 이동평균선 부근에서 지지를 받고 재차 상승
- 주가가 하락중인 이동평균선을 하향돌파 후 급락시 이동평균선까지 반등 가능성이 크므로 단기매입신호

② 매도신호
- 이동평균선이 상승 후 보합이나 하락국면에서 주가가 이동평균을 하향돌파
- 이동평균선이 하락 중 주가가 일시적으로 이동평균선 위로 상승 (일시적인 상승일 가능성 큼)
- 주가가 이동평균선아래에서 상승세를 보이다가 이동평균선을 상향돌파 못하고 하락
- 주가가 상승중인 이동평균선을 상향돌파후 다시 급등시, 이동평균선쪽으로 자율반

락 가능성있으므로 매도신호

8) 갭, 반전일, 되돌림

① 갭의 개념 및 종류

갭은 매수 매도 균형의 파괴로 주가가 급변하여 주가 사이에 빈 공간이 나타난 것이다. 그 종류로는 보통, 돌파, 급진, 소멸, 섬꼴 반전이 있다.

- 보통갭 : 횡보장에서 나타남, 곧 채워지고, 별 의미는 없다.
- 돌파갭 : 횡보, 조정장을 마감하면서 주요 저항·지지선을 돌파하여 새 추세를 알림. 대량 거래량을 수반하며 보통 갭과 달리 갭이 채워지는 경우는 거의 없다.
- 급진갭 : 추세의 가속화에 의한 것이며 주가의 예상 목표값의 중간에서 나타나므로 계속갭, 중간갭, 측정갭이라고도 한다. 엘리어트파동이론의 3번파동에서 주로 발생한다.
- 소멸갭 : 잠재 매수 세력이 상승 막바지에 참가하여 나타나며, 곧 추세가 반전된다.
- 섬꼴 반전 : 추세 반전시 좌우에 갭(소멸갭과 하락돌파갭)이 나타나 섬 모양이 되는 것

(그림)

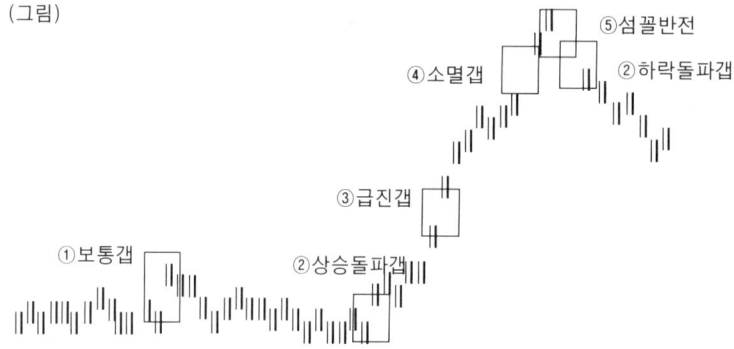

② 반전일

- 주가가 최고, 최저치를 기록하고 주가흐름이 갑자기 반전하게 되는데, 이 날을 반전일이라함
- 반전일은 거래량이 많을수록 가격 진폭이 클수록 확실하다.

③ 되돌림

- 주가는 상승이나 하락만을 할 수는 없고 자율 반락을 하는데 이를 되돌림이라 한다.
- 되돌림이 확인되면 특정 비율 부근에 지지 저항선이 있을 것을 알 수 있다. 보통 1/4, 1/3계열 (1/4, 2/4, 3/4, 1/3, 2/3)를 중요하게 본다.

④ 트리덴트 시스템
- 트리덴트 시스템은 되돌림이 반드시 있을 것을 이용하는 거래기법이다.
- 추세의 움직임과 같은 방향의 포지션을 만든다.
- 천정과 바닥을 치려고 노력하기 보다는 전체 추세움직임의 1/2만 취한다.
- 시장가격의 움직임이 예상과 다르면 적절한 수준에서(25%) 반대거래를 수행한다.

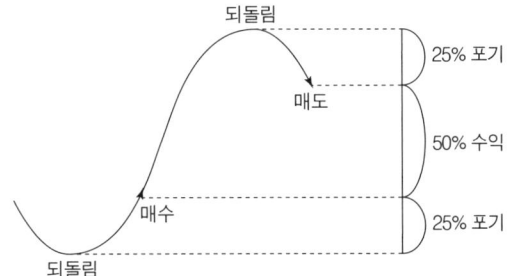

(3) 패턴분석

반전형

1) 헤드 앤 쇼울더
- 헤드앤 쇼울더 : 하락반전형
- 왼쪽어깨 : 주가는 강력하고 가파른 상승추세를 형성하며 대량 거래를 수반
- 머리 : 거래량은 왼쪽어깨를 형성하는 때보다 적고 주가는 왼쪽어깨보다 높게 나타난다.
- 오른쪽어깨 : 거래량은 고점인 머리를 형성할 때보다 결정적으로 적게 나타난다.
- 되돌림 : 주가가 고점 C에서부터 하락하여 기준선을 하향돌파한 후 다시 기준선수준 가지 상승하는 현상
- 역 헤드앤 쇼울더 : 상승반전형 거래량 : 왼쪽어깨<머리<오른쪽 어깨의 순

2) 이중천정형과 이중바닥형
① 이중천정형 : 목선부터 상단점까지 거리와 최소 가격 하락폭이 같다.
② 이중 바닥형 :
- 적극 매수점은 오른쪽 골 이후의 상승에서의 목선과의 교점이다.
- 두 번째 저점이 첫 번째 저점보다 높다.
- 첫 번째 저점은 가파르게 형성되는데 반해, 두 번째 저점은 완만하게 형성된다.
④ 때로는 상승시에 플랫폼옴(platform)이 형성되기도 한다.

- 첫 번째 저점에서 반등할 때보다, 두 번째 저점에서 반등할 때의 거래량이 월등히 많다.

3) 선형·원형천정형·원형바닥형

① 선형 : 적은 등락폭으로 장기간에 걸쳐 보합권을 유지하며 횡보한 후 거래량이 증가하면서 상당히 큰폭으로 저항선을 상향 돌파하면서 주가가 상승하는 패턴

② 원형바닥형 : 상승반전형

주가가 장기간 대폭적으로 하락한 후 이 모형이 나타나면 대세의 상승반전을 나타내는 것으로 상당폭 주가상승 기대

③ 원형천정형 : 하락추세로 반전

- 주가가 상향추세를 따라 상당기간 상승하고 나서 추세선의 기울기가 완만해진 후 하락추세로 반전하는 형태(장기간동안 형성)
- 거래량은 주가와 반대방향으로 움직인다.

④ 확대형

- 발산하는 추세선이 두 개인 모형으로 고점이 계속 상승하고 저점은 계속 하락하는 형태
- 바닥권에서는 나타나지 않으며 천정권에서 형성되는 경향
- 세 개의 고점과 두 개의 저점으로 형성되고 세 번째 고점이 아래 추세선 돌파 시 완성되며 거래량이 증가하는 경향
- 시황이 매우 혼란하고 미래에 대한 예측이 불가능한 상태이거나 투자자의 심리가 극히 민감하고 극도로 불안정한 상태에 있음을 의미

⑤ V자 모형

- 주가 전환모형 가운데 매수세에서 매도세로, 매도세에서 매수세로 갑자기 돌변하는 패턴
- 비교적 단기간에 형성되며 상승추세선과 하락추세선의 기울기가 동일
- 우리나라와 같이 외부 환경에 의존하는 경우 자주 발생하는 패턴

※ 천장 V자모형 : 주가하락이 매우 급격한 것이 일반적인 현상 정점을 중심으로 평균 거래량은 감소

2) 지속형

삼각형

① 대칭삼각형모형 : 삼각형 모형의 가장 일반적인 형태로 가격변동 폭이 감소하면서 우측 꼭짓점을 향해 수렴하는 형태의 모형

② 직각삼각형모형

가. 상향직각삼각형 모형의 고점 경계선은 수평을 이루고 저점경계선이 상향 기울기 형태의 모형(상승반전)
- 특징 : 매도물량이 점점 증가하는 매수세력에 흡수되어 가는 과정

나. 하향직각삼각형 : 하락반전
- 특징 : 매수물량이 점점 증가하는 매도세력에 흡수되어 가는 과정

다. 깃발모형(상승깃발형, 하락깃발형)
직사각형으로 형성되는 과정에서 밀집된 영역으로 나타나 모형의 폭이나 크기가 훨씬 작고 좁다.
- 주가가 거의 수직에 가까울 정도의 기울기 추세를 따라 매우 빠르고 급격한 상승을 보인 후에 형성된다.
- 45도 각도의 방향으로 경사진 평행사변형이 보편적이다.
- 모형의 형성기간 중에 거래량이 점차 감소한다.
- 형성기간이 단기간인 것이 특징이다.

라. 쐐기모형 : 추세의 천정권에서 형성
- 하락쐐기형 : 상승반전

저점경계선의 기울기가 고점경계선의 기울기보다 완만한 형태

- 상승쐐기형 : 하락반전

고점경계선의 기울기가 저점경계선의 기울기보다 완만한 형태

마. 직사각형 모형
- 두 개의 평행한 추세선 사이에서 가격이 움직이는 모습을 나타내는 모형이다.
- 1개월에서 3개월 정도의 형성기간을 가진다.
- 매도세력과 매수세력이 균형을 이루고 있으며 거래가 활발하지 못한 경우에 발생한다.

→ 상승직사각형 모형 : 상승추세에서 일정기간 보합권을 유지할 때 나타나며 저항선을 돌파하면 기존 상승추세가 계속되는 상승국면 모형

→ 하락직사각형 모형 : 하락추세에서 일정기간 보합권을 유지할 때 나타나며 지지선을 돌파하면 기존 하락추세가 계속되는 하락국면 모형

바. 다이아몬드형
- 역삼각형과 대칭삼각형이 합쳐진 모양으로 주가의 큰 변동이 있은 후 많이 나타나는 패턴이다.
- 일반적으로 주가상승 시 거래량 증가, 주가하락 시 거래량이 감소한다.
- 상승추세가 가속화되는 막바지에 나타나는 반전패턴으로서의 역할을 수행하는 경우도 있다. 계속적인 상승국면을 보이는 모형

(4) 캔들 챠트 분석

1) 캔들 신호의 종류

① 한 개 봉의 해석 : 망치, 교수, 유성, 샅바, 십자형 (꼬리는 중요하지 않다.)
② 두 개 봉의 해석 : 장악, 잉태, 관통, 먹구름, 반격
③ 세 개 봉의 해석 : 샛별, 석별, 까마귀형

2) 봉 개수별 캔들 신호

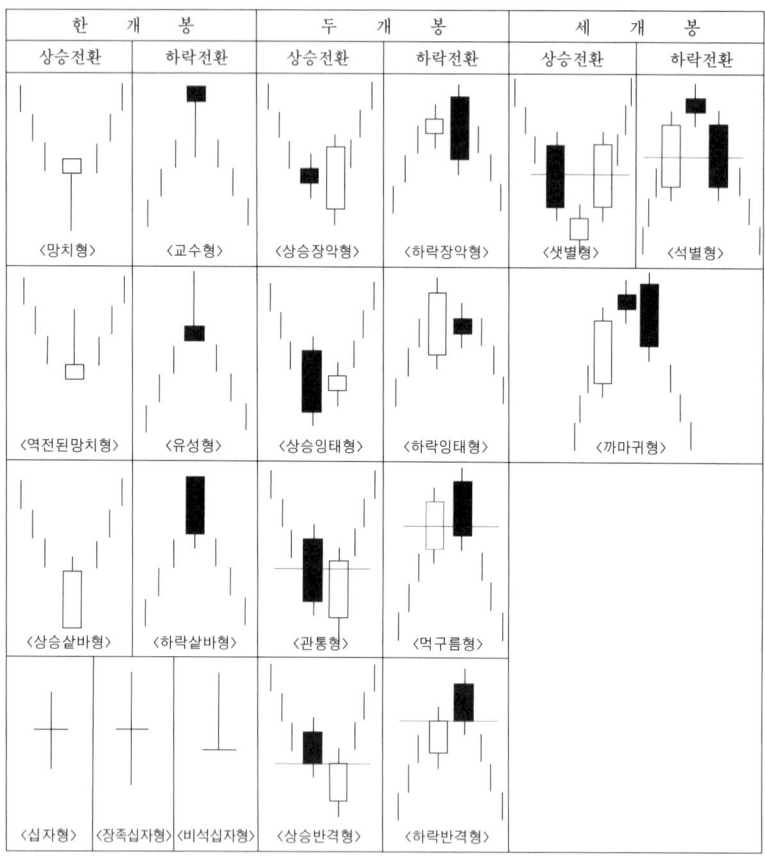

3) 사께다 전법

① 삼공

Gap을 3회 연속으로 만드는 경우로 주로 천정 예고형이다.

② 삼병

단기간에 양선 또는 음선의 몸체 3개가 연이어 형성. 적삼병은 상승, 흑삼병은 하락의 시작을 알린다.

③ 삼산
미국식 패턴의 삼중천장형과 같은 형태로 주가가 크게 상승 후 하락 예고
④ 삼천
미국식 패턴의 삼중바닥형과 같은 형태로 대세 바닥형이다.
⑤ 삼법
매도 매수 중의 휴식을 강조하고 있다. 즉, 투자행위를 매매하는데만 치중하지 말고 휴식을 하며 매도·매수 시점을 포착하는 관망자세를 가지라는 의미이다.

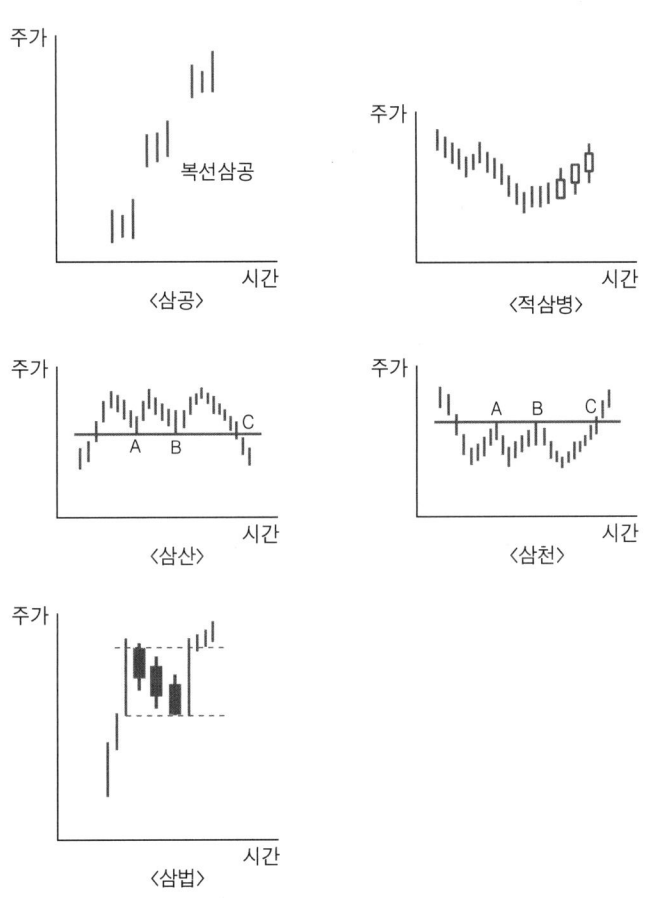

(5) 지표분석

1) 추세추종형 지표
① MACD (Moving Average Convergence & Divergence)
   MACD = 단기 이동평균선 − 장기 이동평균선
② 시그널(signal) = MACD의 n일 이동평균선
③ 장단기 이동평균선이 서로 멀어지면(divergence) 언젠간 다시 가까워(convergence)진다는 성질을 이용하여 이동평균선이 가장 멀어지는 시점을 찾는 것이 전략임
④ 매수시점 : MACD가 시그널을 아래에서 위로 상향돌파시
   (골든크로스 시)
   매도시점 : MACD가 시그널을 위에서 아래로 하향이탈시
   (데드크로스 시)

2) MAO (Moving Average Oscilator)
① MA−OSC=단기 이동평균값 − 장기 이동평균값
② 매수시점 : 오실레이터 값이 (−)에서 0선을 돌파하여 (+)로 바뀌는 시점
매도시점 : 오실레이터 값이 (+)에서 0선을 돌파하여 (−)로 바뀌는 시점
③ 시장가격과 오실레이터의 Divergence(멀어지면) : 추세전환신호
④ 0선돌파 실패 : 추세전환이 안 일어나고 기존 움직임 그대로 유지

3) 소나(Sonar) 차트
Sonar = 당일의 지수이동평균 − n일전의 이동평균
당일의 지수이동평균 = 전일의 지수이동평균 + a×(당일주가 − 전일 지수이동평균)
(단, $0 < a < 1$)

① 일본 노무라증권분석가 오카모도가 개발한 지표
② 주가의 기울기(한계변화율)로 현재의 주가수준 및 향후의 주가전망을 알아내는 지표이다.
③ 소나모멘텀은 한계변화율이다 한계변화율(소나모멘텀)이 0선 상향돌파시 상승추세, 0선 하향돌파시 하락추세로 전환되는 시점이다.

4) 추세 반전형 지표
① 스토캐스틱 %K, %D

$$\%K = \frac{\text{금일종가} - \text{최근n일 중 최저가}}{\text{최근n일중최고가} - \text{최근n일중 최저가}} \times 100$$

(%D = %K의 n일(주로 3일) 이동평균)

- %K는 25%이하를 과매도, 75%이상을 과매수로 상태로 본다.
- 매수신호 : %K가 %D선을 상향돌파 매도신호 : %K가 %D선을 하향돌파
- 디버전스(divergence)는 K, D의 추세선과 주가 추세선의 방향이 다른 경우를 말하며, 이는 주가 추세 전환의 신호이다.
- 페일려(failure)는 K, D의 교차 후 다시 재교차하는 것으로 이는 추세 전환의 실패이며, 기존 추세의 강화를 의미한다.(주의-페일려스윙과 구분)

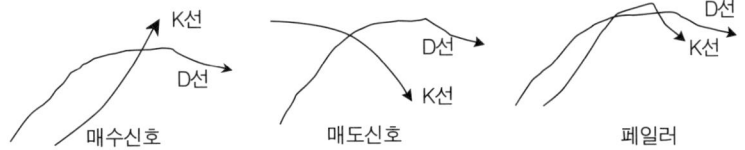

② RSI (Relative Strength Index)

$$RSI = \frac{\text{14일간 상승폭의 계}}{\text{14일간 상승폭의 계} + \text{14일간 하락폭의 계}}$$

- RSI가 100에 접근하면 할수록 더 이상 올라갈 수 없는 수준에 가깝다는 신호
- RSI가 0에 접근하면 할수록 더 이상 하락할 수 없는 수준에 가깝다는 신호
- 25%이하를 침체(과매도), 75%이상이 과열을 의미한다.
- 디버전스 (divergence)

시장가격과 RSI가 방향이 서로 상반되게 나타나는 것으로 보통 30,70값에서 나타나며, 추세 반전의 강한 신호이다.

- 페일려 스윙(failure swing)

RSI가 전저점(Bottom Failure Swing), 전고점(Top Failure Swing) 기록을 뚫지 못하고 진행방향을 바꾸어버리는 것. 추세반전의 신호

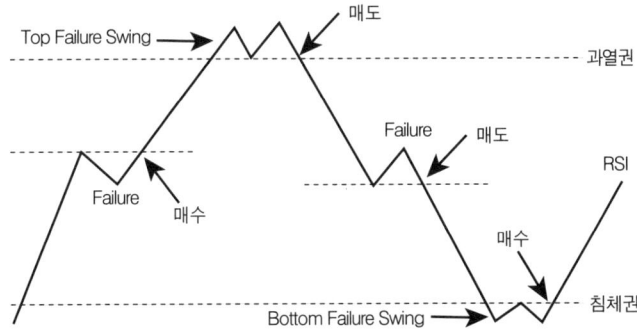

③ ROC (Rate of Change)

$$ROC = \frac{금일종가 - n일전\ 종가}{n일전\ 종가} \times 100\%$$

- 금일주가와 n일전 주가의 차이를 나타내는 지표
- ROC가 (+)이면 상승장, (-)이면 하락장을 의미하며 0선 돌파시 반전을 의미한다.
- 단기의 반전 예측에 좋다.

④ CCI(Commodity Channel Index)

$$CCI = \frac{M - m}{d \times 0.015}$$

단, M : (고가 + 저가 + 종가)/3
　　m : M의 일정기간(n) 이동평균한 값
　　d : M과 m의 편차의 절대값을 일정기간 이동평균한 값

- CCI(상품가격변동지표)는 시세흐름의 균형과 중용을 찾는 지표이다.
- 가격이 평균적인 가격흐름(이동평균)과 얼마나 떨어져 있는지를 파악하여 가격흐름의 방향성과 강도를 나타내는 지표
- (+) 현재의 주가흐름이 평균적인 주가 흐름보다 높음을 의미(상승추세)
- (-) 현재의 주가흐름이 평균적인 주가 흐름보다 낮음을 의미(하락추세)

3)거래량 지표

■ OBV (On Balance Volume)

① 거래량은 주가에 선행한다는 전제하에 그랜빌이 만든 거래량지표
② 상승한 날의 거래량은 (+), 하락한날의 거래량은 (-), 변동없는 날은 0으로 무시함
③ OBV상승은 매집, OBV하락은 분산을 나타낸다.
④ 선행지표므로 상승장에서 OBV하락은 주가 하락, 하락장에서 OBV상승은 상승을 예상
⑤ OBV선이 전고점 돌파(현 고점이 이전 고점보다 높아지는 경우)를 U마크, 전저점 돌파(현저점이 이전 저점보다 낮은 경우)를 D마크라 한다.

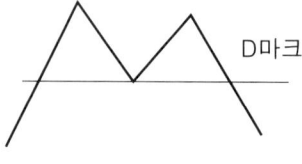

⑥ OBV는 주가 급등락기에는 쓸모없고 주가횡보시 향후 방향 예측에 좋다.
⑦ OBV상승, 주가하락 → 조만간 주가상승
　OBV하락, 주가상승 → 조만간 주가하락

⑧ 한계점
- 하락시 매도시기 놓칠 수 있다.(하락초기 거래량이 적기 때문에 반영이 늦음)
- 오히려 매매신호가 늦게 나타남
- 기산일이 누적치이기 때문에 기산일에 따라 달라진다.

■ VR (Volume Ratio)

$$VR = \frac{상승일거래량계 + \frac{1}{2} 변동이 없는날 거래량계}{하락일거래량계 + \frac{1}{2} 변동이 없는날 거래량계} \times 100$$

- OBV의 결점을 보완하기 위하여 거래량의 누적차가 아닌 비율로 분석한 것
- 일정기간(대개 20일) 주가상승일의 거래량과 하락일의 거래량의 비이다.
- 70% 이하를 바닥, 150%를 보통, 450% 이상을 과열로 본다.
- 바닥권 판단에 좋다.

■ 역시계곡선
- X축에 거래량, Y축에 주가를 나타내 거래하는 기법이다.
- 주가와 거래량의 n일 이동평균값을 산출한다.
- 상승시 거래량과 주가가 늘고, 하락시 거래량과 주가가 줄어들며, 거래량이 가격에 선행한다고 보아 그래프에 그려보면 역시계방향으로 회전하는 곡선이 그려진다.

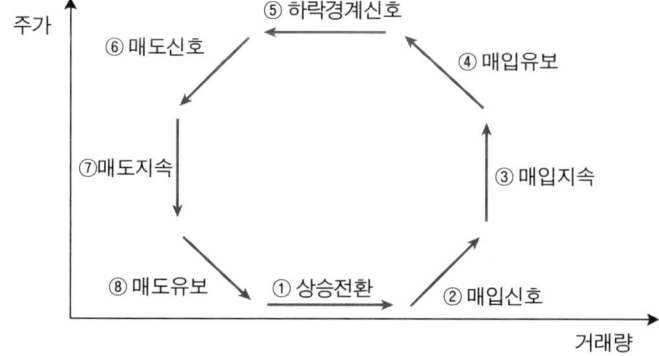

■ Equivolume Chart
① 2차원 상자에 주가와 거래량이 결합된 지표
② 특정일의 고가, 저가(높이), 거래량(넓이)을 하나의 상자(직사각형)에 모두 나타난다.
③ 모양
- 키다리형(narrow day)
  매수나 매도 어느 한쪽 세력이 강함
- 정사각형(square day)

주가의 움직임이 어렵고 매수세 매도세가 팽팽한 힘겨루기 양상임.
- 뚱보형(oversquare day)
    a) 과다물량 공급으로 인한 과잉공급상태
    b) 매도가 강해 조만간 하락예고
    c) 바닥권에서 나타나면 강한 매집세력 등장으로 향후 주가 상승 예상
④ 한계점
- 상승일 하락일 표시가 없고 시장의 크기만 나타냄
- 주가하락에 대한 설명이 미흡
- 상관성 분석이 모호하다.
- 정형화된 추세선 도출이 어렵다.

4) 범위성 지표
① P&F챠트 (Point & Figure 차트)
- 사소한 주가변화와 시간개념을 무시한 가격지표. 상승시 (X), 하락시 (O)로 나타남
- 3칸의 가격변화가 발생하는 경우에만 바꾸어 표시 → 장기추세파악에 용이함
- 목표치계산 가능
- 매수신호 : 강세신호형, 삼중천장형, 상승삼각형, 상승반전형
- 매도신호 : 약세신호형, 삼중바닥형, 하락바닥형, 하락반전형

②삼선전환도
- 시간흐름을 무시하고 반전시점의 포착을 하기 위한 것이다.
- 상승(하락) 반전이 되면 이전 3개의 하락(상승)선에 해당되는 하락이 나타날 때 비로소 상승선(하락선)을 그린다.
- 상승신호가 계속되다가 하락음선이 발생 → 매도신호
- 하락신호가 계속되다가 상승양선이 발생 → 매수신호
- 10%플랜병용법을 사용하여 좀더 정확성을 기할 수 있다.
    - 주가가 최고가에서 10%이상 변동하면 삼선전환이 나타나지 않아도 매매

5) 기타 지표
① 볼린저 밴드 (Bollinger Bands)
- 엔빌로프와 비슷한 개념인데, 밴드폭을 주가와 이동평균에 대한 표준편차로 결정한다.
- 상위선은 이동평균선에 대해, 하위선은 그만큼 떨어뜨려 그린다.
- 주가가 수평으로 움직이면 밴드폭은 좁아지고 이 좁은 폭이 장시간 지속되면, 주가

② 엔빌로프 (Envelope)
- 이동평균선이 지지 저항선의 역할을 한다는 가정
- 이동평균선에서 +n% 상위선을 저항선, -n% 하위선을 지지선으로 본다.
- 상·하위 지지선에 의한 범위를 엔빌로프라 한다.
- 상위선 근접시 매도, 하위선 근접시 매수한다.

③ 이격도 (Disparity)

$$이격도 = \frac{당일종가}{당일의\ n일\ 이동평균주가} \times 100$$

- 당일 주가가 당일 이동평균으로부터 떨어져 있는 정도
- 이격도가 커지면(주가가 이동평균에서 멀어지면), 주가는 이동평균선으로 되돌아 오려는 특성
- 하락시 100-10=90%이하를 매수신호, 상승시 100+10=110%이상에서 매도신호로 봄.

④ 등락주선 ADL : Advance-Decline Line)
- ADL = 상승종목수 - 하락종목수
- ADL상승, 종합지수 하락 → 장세상승
- ADL하락, 종합지수 상승 → 장세하락
- 독자적이지 못하고, 항상 종합지수와 비교분석 해야 함.

⑤ 코포크지표

$$코포크\ 값 = \frac{1}{10}(10 \cdot R_t + 9 \cdot R_{t-1} + 8 \cdot R_{t-2} + \cdots + 1 \cdot R_{t-9})$$

- 대세파악을 통한 장기투자의 매매시점 포착에 이용
- 후행성 지표이므로 단기매매시점 포착에는 한계
- 매수신호 : 지표가 상향으로 전환시
- 매도신호 : 지표가 하향으로 전환시

⑥ TI지수(Timing Indicator)

$$T지수 = \frac{당월평균지수}{전년동월평균지수}$$

$$I지수 = \frac{당월포함12개월T지수누계}{12}$$

- 코포크 지표의 문제점을 보완하기 위해 고안, 장기추세파악 용이.
- T지수는 월평균주가의 전년 동월 대비 비율이고 I는 이의 12개월 이동평균이다

기술적지표 요약표

지 표	유 형		특 징
볼린져밴드	이동평균선	밴드형	박스권매매, 이동평균의 표준편차 이용
Envelope	이동평균선	밴드형	박스권매매, 이동평균의 상하 일정%값 이용
MACD	이동평균선	-	단기 이동평균 선 - 장기 이동평균 선
MACD-OSC	이동평균선	-	단기 이동평균 값 - 장기 이동평균 값
OBV	거래량지표	-	상승거래량(+), 하락거래량(-),보합(0), 주가횡보시 유용 U마크 : 매집, D마크 : 분산
VR	거래량지표	백분율	OBV단점보완, 70%(바닥권) 450%(과열권)
P&F차트	가격지표	XO	사소한 주가변화와 시간개념을 무시. 상승시 (X),하락시 (O)
ROC	가격지표	+ -	금일주가와 n일전 주가의 차이 (+)이면 상승장, (-)이면 하락장
스토케스틱	가격지표	백분율	%K, %D값 이용, 고점/저점부근 파악
이격도	이동평균선	백분율	당일 주가가 이동평균으로부터 떨어진 정도
역시계곡선	주가+거래량	-	X축에 거래량, Y축에 주가
등락주선ADL	질적지표	-	종목수와 관련있는 지표, 종합지수와 비교분석해야 함
삼선전환도	가격지표	-	시간무시, 10%플랜 병용
코포크지표	기타	-	장기지표
TI지표	기타	-	장기지표, 코포크지표 보완, 0선 이용
일목균형표	가격, 시간	-	시간이 주가를 지배한다.

2. 시장구조이론

(1) 엘리엇파동이론 ★

주가는 상승5파와 하락3파에 의해 끝없이 순환한다는 가격순환법칙

1) 파의 구성
① 엘리엇 파동은 상승 5파와 하락3파(a,b,c)로 구성된다.
② 추세 방향 파동을 충격파라 하고 1,3,5,a,c파가 있다
③ 추세 반대 방향 파동을 조정파라 하고 2,4,b파가 있다.

2) 절대 불가침 법칙
① 2번파 저점은 1번파 저점보다 높다
② 4번파 저점이 1번파 고점보다 높다.
③ 3번파가 가장 짧을 수 없다.

3) 파동 변화 법칙
① 2,4번 파는 서로 다른 모양을 형성하며 하나가 단순파이면, 하나는 복잡파이다.
② 1,3번 파와 5번 파 중 한 쪽이 연장파이면 나머지 쪽은 연장 되지 않는다.

4) 파동의 연장
① 연장은 충격파만 가능하고 3,5번 파에서 가능하고, 연장의 연장은 3번파에서만 가능하다.

5) 파동의 크기와 모양

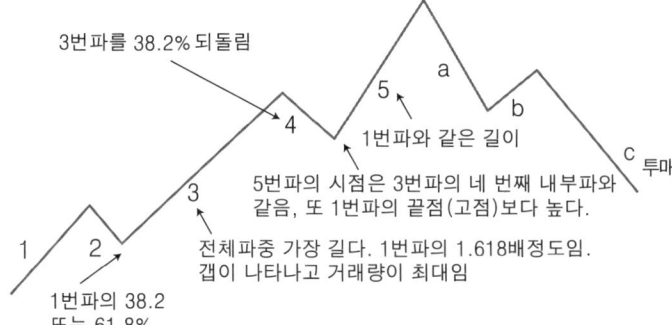

2) 일목균형표
9일, 26일 동안의 최저, 최고가를 이용해 선후행으로 위치 이전을 시킨 주가선을 기준으로 매매하는 방법이다.
① 기준선, 전환선, 선행스팬, 후행스팬, 구름대
- 당일을 포함한 과거 26일간의 최고가와 최저가의 중간값의 선을 '기준선', 9일간에 대한 것은 '전환선'이라 한다.
- '선행스팬 1'은 당일의 기준선과 전환선의 26일간의 중간값을 말하며, '선행스팬 2'는 당일을 포함해 과거 52일간의 최고가와 최저가의 중간값을 이은 선이다. 이들을 26일 앞으로(미래로) 이동시켜 그린다. 이 두선의 사이를 '구름대'라 부른다.
- '후행스팬'은 당일의 종가를 의미하며 26일 뒤로(과거로) 이동시켜 그린다.

② 구름대의 특징
- 주가가 구름대에 있으면 횡보하게 된다.
- 주가가 구름대 아래에 있으면 저항선, 구름대 위에 있으면 구름대가 지지선 역할을 한다.
- 구름대가 얇은 쪽으로 돌파하는 경향이 있다.
- 선행스팬 1과 2의 위치가 바뀔 때 추세의 변화를 의미한다.

③ 변화일
- 변화일 : 주가추세가 바뀌는 날
- 구름대의 색깔이 바뀌는 날, 과거 중요한 고·저점에서부터 기본수치일(9, 17, 26일)에 해당되는 날에 나타날 가능성이 높다.

④ 기준선과 전환선에 의한 매매
- 매수신호 : 전환선(9일선)이 기준선(26일선)을 상향 돌파
- 매도신호 : 전환선(9일선)이 기준선(26일선)을 하향 돌파
- 기준선이상승·하락장을 구별한다. 기준선이 상향이면 상승장이다.
- 기준선과 전환선은 지지선·저항선의 역할을 한다.

⑤ 5양련
- 5일 연속해 주가가 양봉을 나타내는 것으로 강한 상승세를 의미한다.
- 일목균형표에서는 3양련 (3일 연속 양봉)은 속임수가 많다고 보아 무시한다.

3-3 선물옵션의 이해

1. 옵션(options)의 이해

- 미래의
- 특정 날짜에 - 만기일
- 특정 자산을 - 기초자산
- 일정한 가격으로 - 행사가격
- 일정한 수량만큼 - 거래단위
- 매입하거나 - 콜옵션(call options)
- 매도할 수 있는 - 풋옵션(put options)
- 권리를 말한다.

2. 옵션시장의 발전역사

17세기 초 네덜란드의 튜울립을 기초자산으로 하는 튜울립뿌리옵션(tulip bulb options)이 거래되었으며, 17세기 말에는 영국에서 주식에 대한 옵션이 거래되었다. 18세기 말에는 미국에서 뉴욕을 중심으로 증권중개업자들이 풋콜옵션중개인협회(The Put and Call Brokers and Dealers Association)를 조직하여 주식옵션의 장외거래를 시작하였다. 이들 주식옵션거래는 주로 1일, 1주일, 1개월 만기의 단기거래로서 투기적인 거래가 성행하게 됨에 따라, 1921년에 선물거래법(Futures Trading Act)에서 옵션거래를 불법으로 규정하였으며, 1936년에는 상품거래소법(Commodity Exchange Act)에서 옵션거래를 전면 중단시켰다.

그 후 1973년 4월 6일에 시카고옵션거래소(Chicago BoardO ptionsExchange : CBOE)가 설립되어 16개 주식에 대한 콜옵션이 거래되기 시작하였으며, 1977년 6월 3일부터 주식에 대한 풋옵션 거래가 허용되었다. 1982년에 필라델피아증권거래소(Philadelphia Stock Exchange : PHLX)는 외환 옵션을 거래하기 시작하였으며, 1936년에 중단된 상품 선물옵션거래는 1982년 10월부터 다시 거래가 허용되었다.

3. 옵션의 종류

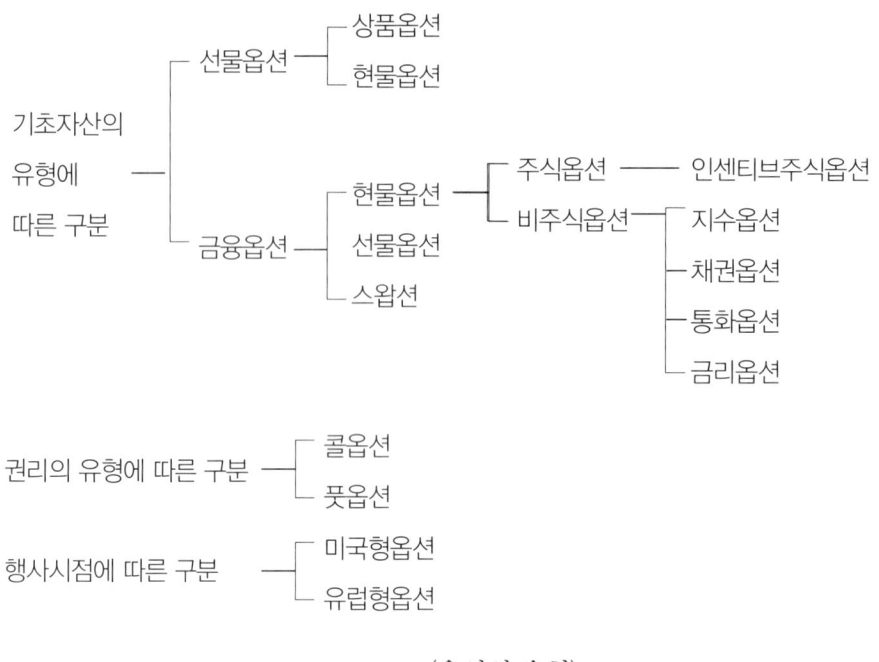

〈옵션의 유형〉

4. 콜옵션(call options)

　미래의 특정날짜에 특정자산을 미리 정한 가격으로 일정한 수량만큼 살 수 있는 권리를 콜옵션(call options)이라고 한다.
　예 : 보통주, 신주인수권, 전환사채의 전

5. 풋옵션(put options)

　미래의 특정날짜에 특정자산을 미리 정한 가격으로 일정한 수량만큼 팔 수 있 는 권리를 풋옵션(put options)이라고 한다.
　예 : 은행의 보증, 보험회사의 보험 등

6. 미국형옵션(American options)

- 미국형 옵션(American options)이란 만기일 이전에는 어느 때에나 권리를 행사할 수 있는 옵션을 말한다.
- 미국형 콜옵션은 만기일 이전에 원하는 때에 특정의 자산을 특정한 가격으로 일정한 수량만큼 매입 할 수 있는 권리가 부여된 옵션을 말한다.
- 미국형 풋옵션은 만기일 이전에 원하는 때에 특정의 자산을 특정한 가격으로 일정한 수량만큼 매도 할 수 있는 권리가 부여된 옵션을 말한다.

7. 유럽형 옵션(European options)

- 유럽형 옵션(European options)이란 만기일에만 권리를 행사할 수 있는 옵션을 말한다.
- 유럽형 콜옵션은 만기에만 특정의 자산을 특정한 가격으로 일정한 수량만큼 매입할 수 있는 권리가 부여된 옵션을 말한다.
- 유럽형 풋옵션은 만기에만 특정의 자산을 특정한 가격으로 일정한 수량만큼 매도할 수 있는 권리가 부여된 옵션을 말한다.

8. 주식옵션(stock options : SO)

개별주식옵션(stock options : SO)이란 개별주식을 기초자산으로 하는 옵션으로서, 미국의 경우 주식체가 통상적으로 100단위로 거래되기 때문에 보통 1계약(one contract)은 특정의 행사가격에 100주를 사거나 팔 수 있는 권리를 부여한다.

예 : IBM, Kodak, General Motors 등

9. 인센티브주식옵션

인센티브주식옵션(incentive stock options : ISO)제도는 미국에서 1981년 Economic Recovery Tax Act에 의해 채택된 제도로서, 주식지분을 갖지 않은 경영자 또는 종업원에게 주인의식을 가지고 경영활동 및 조직활동에 종사할 수 있도록 하기 위하여 사원들에게 일정기간이 지난 후에 자기회사의 주식을 약정당시의 가격으로 살 수 있는 권리를 부여하는 제도이다. 즉, 주

식가격이 오르더라도 사원들이 자기회사의 주식을 싼 값으로 살 수 있도록 보장해 줌으로써 사원들에게 근로의욕을 고취시키는 일종의 보상제도이다. 인센티브 주식옵션제도는 단기적인 보상제도인 봉급, 보너스, 그리고 이익참여제도(profit-shring plan)와는 달리 장기적인 보상제도라는 점에 그 특징이 있다. 이 제도에서 종업원에게 주식을 특별가격(일반적으로 낮은 가격)으로 살 수 있도록 한 옵션을 제공하게 되며, 이 경우의 옵션은 증여세가 면세된다. 옵션행사 후 일년 동안 보유한 후에 매도한 주식에서 발행한 이익은 과거 자본이득세가 과세되었으나 현재는 보통소득과 같이 과세된다.

10. 주가지수옵션

- 주가지수옵션(stock index options : SIO)은 각국 주식시장의 지수를 기초 자산으로 하여 거래가 성립되는 옵션을 말한다.
- 미국의 경우 지수옵션으로 S&P 100, S&P 500, Major Market, NYSE Composite 등이 있다.
- 한국의 경우 KOSPI 200을 기초자산으로 하는 주가지수옵션이 1997년 7월 7일부터 거래되고 있다.

11. 한국의 주가지수(KOSPI 200)옵션

- 우리나라의 경우 KOSPI 200 현물지수를 기준으로 연속 3개월 및 3월, 6월, 9월 12월 중 최근월물 1개를 결제월로 하여, 4개의 결제월을 두고 있다.
- 우리나라의 주가지수옵션거래는 주가지수선물거래와 마찬가지로 최종거래일은 각 결제월의 두 번째 목요일(공휴일인 경우 순차적으로 앞당김)이며, 거래개시일은 최종거래일의 익일(공휴일인 경우 순차적으로 연기시킴)이다.
- 주가지수 옵션계약의 거래단위는 KOSPI 200 옵션가격(premium)에 10만원을 곱한 값을 1계약으로 정하여 거래를 한다. 따라서 주가지수 옵션계약의 금액을 다음과 같이 구할 수 있다.

12. 주가지표의 산정방법

1) 주가지수(stock price index)
어떤 기준시점에 있어서의 주식시장 전체의 가격수준을 100으로 하여 비교시점의 가격수준을 표시하는 방법이다.

① 단순주가지수(equally weighted stock price index) : 채용하는 주식들의가격합계를 기준시점과 비교시점별로 각각 계산하고 비교시점의 주기합계를 기분시점의 주가 합계로 나누어서 그 상대치를 구하는 방법이다.

$$단순주가지수 = \frac{\sum_{i=1}^{n} P_{ti}}{\sum_{i=1}^{n} P_{0i}} \times 100$$

단, n = 채용하는 주식 수

P_{0i} = 기준시점(0)의 각 주식의 가격(i = 1, 2, ..., n)

P_{ti} = 비교시점(t)에서의 각 주식의 가격(i = 1, 2, ..., n)

$\sum_{i=1}^{n} P_{0i}$ = 기준시점의 주가합계

$\sum_{i=1}^{n} P_{ti}$ = 비교시점의 주가합계

② 가중주가지수(seighted price index) : 각 증권의 상대적 중요도를 가중치로한 주가지수이다. 특히 각 주식의 총시장가치(= 주가 x 주식수)를 가중치로 하여 계산된 주가지수를 가치가중주가 지수(value-weighted price index)라고 한다. 미국의 스탠다드 & 푸어 주가지수(Standard & Poor Index)와 1983년 이후 우리나라에서 사용하는 주가지수가 이 방 법을 택하고 있다.

$$가중주가지수 = \frac{\sum_{i=1}^{n} W_{ti} P_{ti}}{\sum_{i=1}^{n} W_{0i} P_{0i}} \times 100$$

단, W_{0i} = 기준시점(0)에서의 증권i의 가중치

W_{ti} = 비교시점(t)에서의 증권i의 가중치

③ 개별지수평균 : 각 증권별로 기준시점에 대한 비교시점의 주가지수를 구하고, 이 개별주식의 주가지수에 대한 단순평균을 구하는 방법이다.

$$\text{개별지수평균} = \frac{1}{n} \sum_{i=1}^{n} \frac{P_{ti}}{P_{0i}} \times 100$$

2) 주가평균(price average)

어떤 특정시점에 있어서 각 주식의 가격에 대한 평균치로서 기준시점과 비교시점의 비교를 행하는 것이 아니라는 점에서 주가지수와 차이가 있다.

① 단순주가평균 : 채용하고 있는 주식의 주가합계를 채용종목수로 나눈 것으로서, 이는 주식시장 전체의 가격수준을 표시함에 있어 중요도가 상대적으로 크거나 작은 주식의 영향을 적절하게 반영하지 못한다는 단점이 있다.

$$\text{단순주가평균} = \frac{\sum_{i=1}^{n} P_{ti}}{n}$$

단, P_{ti} = 특정시점 t에서의 주식 i의 가격

n = 채용종목수

② 가중주가평균 : 채용하고 있는 주식들의 가격을 각 주식의 상대적 중요도를 반영하는 가중치로써 가중평균한 것이다. 이 때 가중치로는 시장가치, 거래금액, 상장주식수 등이 사용된다.

$$\text{가중주가평균} = \sum_{i=1}^{n} \frac{W_{ti}}{\sum_{i=1}^{n} W_{ti}} P_{ti}$$

단, W_{ti} = 특정시점 t에서의 주식 i의 가중치

P_{ti} = 특정시점 t에서의 주식 i의 가중치

③ 수정주가평균 : 유상증자나 무상증자 등이 이루어진 경우에 주가의 연속성을 유지하기 위하여 일정한 수정을 가한 주가를 수정주가라 하는데, 수정주가평균은 채용하고 있는 주식의 수정주가의 단순평균 또는 가중평균을 의미한다.

수정주가평균은 서로 다른 여러 시점에 대하여 투자자 전체의 부의 변 동을 표현하는데 적절한 시장지표로서 미국의 다우-존스주가평균(Dow Jones Average)이 이에 속한다. 다우-존스주가 평균은 채용종목의 주가합계를 수정제수(adjusted divisor)로 나누어 구하는 대표적인 방법이다. 예를 들면, 어떤 지표가 A, B, C 세 가지 주식의 주가평균으로 구해진다고 할 때, 특정 날짜의 주가가 모두 100,000원에 거래되고 있었다면 그 날의 주가평균은 다음과 같이 100,000원이 될 것이다.

그 후 며칠이 지나서 주식 A에 대하여 1주당 0.5주의 무상주가 배정되 었다고 하자. 다른 모든 조건이 일정하다고 하면, 기존에 주식 A를 1주 가지고 있던 투자자는 무상주 배당을 받은 후 주식수는 1.5주로 증가하였으나 기업의 가치에는 아무런 변화가 없었으므로 주가는 66,667원 (=100,000원÷1.5주)으로 하락하게 된다.

이 때 무상주의 배정의 결과 주주부에는 아무런 변화가 없고 단지 주식 수만 증가하였으므로 무상주배정 전과 후의 시장지표는 동일한 값을 가져야 하므로 수정제수는 다음과 같이 구할 수 있다.

무상주배정 전 주가평균 = 무상주배정 후 수정주가평균

$$= \frac{무상주배정후수정주가합계}{수정제수}$$

$$\therefore 수정제수 = \frac{무상주배정후수정주가합계}{무상주배정전주가평균}$$

$$\therefore 수정제수 = \frac{66,667 + 100,000 + 100,000}{100,000} = 2.667$$

이와 같이 무상주배정 후의 수정주가합계를 기존의 제수인 3대신 수정 제수 2.667로 나누어 줌으로써 주가평균의 연속성을 확보할 수 있다. 그러므로 수정제수는 무상증자나 유상증자의 영향을 수정주가로 반영하면서 다음과 같이 나누어 주는 숫자를 조정할 때 사용된다.

$$\therefore 무상주배정 \ 후 \ 수정주가평균$$

$$= \frac{66,667 + 100,000 + 100,000}{2.667} \simeq 100,000(원)$$

3) 우리나라의 주가지표

한국증권거래소는 매일의 종합주가지수(Korea Composite Stock Price Index : KOSPI)를 발표하고 있는데, 과거에는 다우-존슨주가평균과 같은 방법으로 매일의 수정주가평균을 구하고, 1975년 1월 4일의 수정주가평균을 100으로 하여 매일의 종합주가지수를 구하였다. 그러나 1983년 1월 4일부터는 스탠다드 & 푸어주가지수에서처럼 매일의 시가총액을 기준시점인 1980년 1월 4일의 시가총액과 대비하여 종합주가지수를 구하고 있다.

$$종합주가지수 = \frac{비교시점의 시가총액}{기준시점의 시가총액} \times 100$$

$$= \frac{비교시점의 시가총액}{1980년 1월 4일의 시가총액}$$

채용종목은 상장된 보통주식 모두를 포함하고 있으며, 신규상장, 유상증자, 상장폐지 등이 발생할 경우에는 기준 시점의 시가총액을 수정하여 주고 있다.

$$신기준시가총액 = 구기준시가총액 \times \frac{수정전일의 시가총액 \pm 변동액}{수정전일의 시가총액}$$

3) 외국의 중요주가지표

① 다우-존스산업평균지수(DJIA) :

1884년 월 스트리트 저널(Wall Street Journal)의 창시자인 찰스 다우(Charles Dow)가 처음 창안한 것이다. 이 지수의 계산방법은 뉴욕증권시장에 상장되어 있는 30개의 가장 안정된 주식을 표본으로하여 시장가격을 평균으로 하는 방법을 쓰고 있으며, 주식분할, 주식배당 등의 변화에 대하여 제수를 조정하여 사용하고 있다. 제수를 수정하는 방법을 앞에서 살펴본 것과 같은 방법이다.

한편, 다우-존스산업평균지수에 대한 비판은 다음과 같다.

- 표본의 수가 적어서 이를 기초로 한 주가지수는 시장 전반적인 동향을 대변할 수 없으며, 또한 표본에 선택된 주식의 성격이 상장되어 있는 모든 주식의 성격을 대표할 수 없다는 것이다.
- 주식가격에 가중하여 지수가격을 계산하는데 대한 비판이다.
- 지금은 안정되고 그 기업이 속하여 있는 기업의 주식을 택하였다고 하나, 그 주식이 산업을 대표할 수 없을 때는 표본을 새로 구성하여야 한다. 표본을 새로 구성하면 전과는 다른 성격의 지수가 되며, 전의 지수와 연속성을 유지시키기 어렵다.

② Standard and Poor's 500

미국의 스탠다드 & 푸어 회사에서 발표하는 것으로서 500개의 표본으로부터 지수가 계산되는데, 종목은 400개의 산업주(industrial stock), 40개의 전기·전화·가스 등 공공사업(utilities), 20개의 운송과 관련된 회사(transportations), ₩20개의 금융회사(financial)의 주식 뿐 만이 아니라 장외(over-the-counter)에서 거래되고 있는 주식도 포함하였다. 이 지수는 발행주식의 시가총액에 기준을 두어서 계산하고 있으며, 1941~1943년의 평균 주식가격을 10이라고 기준하여 사용하고 있다.

3) 뉴욕증권시장지수

스탠다드푸어의 지수방법에 따라 기업의 총발행주식 가치로 가중하여 계산한다. 뉴욕증권 시장지수는 뉴욕증권시장에서 거래되는 주식을 모두 포함하여 계산하는데 1965년 12월 31일을 기준시점으로 하여 50의 기본지수로 시작하였다.

4) 동증지수와 日經다우평균

일본 동경 증권거래소에서 발표하는 것이 동증지수이다. 1950년부터 다우존스방법에 의한 동증지수를 발표해 오다가 1969년 이를 폐지하고 시가총액법으로 바꾸고, 채용종목도 전종목으로 바꾸어 1968년 1월 4일을 기준전으로 계산하고 있다. 종전에 사용하던 다우존스 방법은 일본경제신문에서 이어받아, 日經다우평균이라하여 발표되고 있으며, 이 일경다우평균의 기준시점은 1949년 5월 16일로 하고 있고, 지수계산을 위한 채용종목수는 225이다.

5) 주가지표 산정의 주의점

① 채용종목 : 시장지표를 작성하는데 포함되어야 할 채용종목은 주식시장에서 거래되는 모든 주식들이어야 하나 편의를 위하여 몇 개의 주식만을 택하여 채용종목을 삼는 것이 일반적이다. 따라서 시장지표가 진정한 의미의 시장의 가격지표로서의 역할을 하지 못하는 부분이 존재하게 된다.

② 가중방법 : 가중평균의 목적은 각 주식의 상대적 중요도를 반영하는 것이므로 시장지표는 주식 시장 전체의 가격수준 뿐 아니라 주식투자가 전체의 부의 변동을 나타내 줄 수 있는 지표로도 이용될 수 있어야 한다. 이를 위해서 가치가중평균이 사용되는데, 이는 채용종목 전체의 시장가치총계에 대한 각 주식별 시장가치합계의 비율을 가중치로 한 가중평균이다.

③ 평균의 선택 : 산술평균은 어떤 특정 시점에 있어서의 평균치를 나타내는 데 적합하고, 기하평균은 변화의 패턴 또는 상태를 나타내는 데 적합하므로 사용목적에 따라 어떤 평균의 방법을 택할 것인가를 결정하여야 한다.

13. 채권옵션(bond options : BO)

- 채권옵션(bond options : BO)은 채권을 기초자산으로 하는 옵션이다.

- 미국의 경우 채권옵션으로 중기재정증권(T-Note), 장기재정증권(T-Bond) 등에 대한 현물옵션과 CBOT Bond 선물에 관한 옵션거래가 이루어지고 있다.

14. 통화옵션(currency options : CO)

- 통화옵션(currency options : CO)은 각국의 통화를 기초자산으로 하는 옵션이다.
- Australian dollar, British pound, Canadian dollar, French Franc, German mark, Japanese Yen, Swiss franc 등을 기초자산으로 거래되고 있다.

15. 선물옵션(options on futures : OF)

- 선물옵션(options on futures : OF)은 선물계약을 기초자산으로 하는 옵션으로서, 일반적으로 선물 계약의 만기일은 옵션의 만기일에 가깝다.
- 미국의 경우 옥수수, 대두, 원유, 생우유, 유로달러, 통화선물, T-Bond 등에 대한 선물계약을 기초자산으로 하는 선물옵션이 활발히 거래되고 있다.

16. 스왑션(swaptions : options on swaps)

- 스왑션(swaptions : options on swaps)이란 스왑과 옵션의 결합된 형태로서 변동금리의 지급의무가 있는 거래당사자가 변동금리가 특정 이자율을 상회하거나 하락하는 경우에 변동금리를 고정금리로 전환할 수 있는 권리가 부여된 스왑거래를 말한다.
- 스왑션의 매입자는 특정금리보다 시장금리가 상회하는 경우에는 고정금리로 변환하는 옵션을 행사하게 되면 특정 금리보다 상회하는 부분만큼 스왑션의 매도자로부터 환급받고, 특정 금리보다 시장금리가 하락하는 경우에는 특정 금리보다 하락하는 부분만큼 스왑션의 매도자에게 지급함으로써 결과적으로 특정 금리에 지급의무를 고정시키는 효과를 가져온다.

17. 스왑(swaps)

- 스왑(swaps)이란 두 거래 당사자간에 각자의 지급의무를 일정기간 동안 서로 교환하여 부담하는 거래를 말한다. 스왑거래는 두 거래 당사자들이 자신의 지급의무로 인하여 발생하는 위험을 회피할 목적으로 사용하는 거래기법으로서, 주로 채권과 관련된 지급의무를 그 교환의 대상으로 한다.

18. 옵션관련용어

- 롱(long : buy)과 숏(short : sell, write)
- 포지션(position)
- 등가격(at-the money)
- 내가격(in-the money)
- 외가격(out-of-the money)

19. 등가격(at-the money)

- 기초자산의 가격과 행사가격이 동일한 상태에 있는 콜옵션 또는 풋옵션을 등가격(at-the money) 상태라고 한다.
- 기초자산의 시장가격 = 행사가격
- 등가격 상태에서 옵션을 행사하게 되면 이익도 손실도 발생하지 않게 된다.

20. 내가격(in-the money)

- 기초자산의 가격보다 행사가격이 낮은(높은)상태에 있는 콜옵션(풋옵션)을 내가격(in-the money)상태라고 한다.
  콜옵션의 경우 : 기초자산의 시장가격 〉 행사가격
  풋옵션의 경우 : 기초자산의 기장가격 〈 행사가격
- 특히 기초자산의 가격보다 행사가격이 매우 낮은(높은)상태에 있는 콜옵션(풋옵션)을 큰 내

가격 (deep-in-themoney)상태라고 하며, 큰 내가격(deep-in-the money)상태의 콜옵션 또는 풋옵션은 만기 또는 만기이전에 행사될 가능성이 매우 높다. 따라서 이러한 상태의 옵션은 상대적으로 높은 가격에 판매된다. 즉, 내가격에서는 이익의 실현이 가능한 상태라는 것을 의미한다.

21. 외가격(out-of-the money)

- 기초자산의 가격보다 행사가격이 높은(낮은)상태에 있는 콜옵션(풋옵션)을 외가격(out-of-the money)상태라고 한다.
  콜옵션의 경우 : 기초자산의 시장가격 < 행사가격
  풋옵션의 경우 : 기초자산의 시장가격 > 행사가격
- 특히 기초자산의 가격보다 행사가격이 매우 높은(낮은)상태에 있는 콜옵션(풋옵션)을 큰 외가격(deep-out-of-the money)상태라고 하며, 큰 외가격(deep-out-of-the money)상태의 콜옵션 또는 풋옵션은 만기 또는 만기이전에 행사될 가능성이 매우 낮다. 따라서 이러한 옵션은 상대적으로 낮은 가격에 판매가 된다. 즉, 외가격에서는 손실을 부담하게 되는 상태라는 것을 의미한다.

22. 옵션의 기능

- 위험 헷징(hedging)기능
- 주식투자의 레버리지효과 : 콜옵션의 경우
- 새로운 투자수단의 제공
- 공매에 대한 제약회피가능 : 풋옵션의 경우

23. 주식투자의 레버리지효과 : 콜옵션의 경우

- 옵션을 이용하는 경우에는 상대적으로 저렴한 옵션가격을 지불하고 주식투자의 효과를 달성할 수 있다. 즉, 콜옵션에 대한 투자의 경우 기초자산의 가격이 상승하면 일정한 투자자금으로 기초자산의 가격이 상승하면 일정한 투자자금으로 기초자산인 주식에 투자할 때 보다

많은 기초자산에 대한 콜옵션을 구입함으로써 훨씬 높은 투자수익을 실현할 수 있고, 기초자산의 가격이 하락하면 기초자산인 주식에 투자하는 경우보다 상대적으로 적은 콜옵션 매입가격만큼의 손실만 부담하면 된다. 따라서 옵션은 주식투자에 대한 레버리지(수익확대)효과를 가져다 주는 기능을 수행하고 있는 것이다.

- 예 : 현재주식의 가격이 40,000원이고, 1기간 후에 주가가 50,000원이 되었다고 할 때, 투자자가 현재 주식시장에서 직접 주식을 매입하는 경우의 수익률은 다음과 같이 25%이다.(단, 수수료와 화폐의 시간가치는 무시한다.)

$$R_S = \frac{P_{t+1} + P_t}{P_t} = \frac{50,000 - 40,000}{40,000} = 0.25(25\%)$$

- 그러나 투자자가 미래 1기간 후에 주식을 40,000원에 매입할 수 있는 권리(콜옵션)를 현재 2,000원에 매입하는 경우의 수익률은 다음과 같이 400%이다.

$$R_C = \frac{P_{t+1} - E - C}{C} = \frac{50,000 - 40,000 - 2,000}{2,000} = 4(400\%)$$

24. 공매에 대한 제약회피가능 : 풋옵션의 경우

- 기초자산에 대한 공매(short selling)가 불가능한 경우 또는 제약이 있는 경우에 풋옵션을 이용함으로써 이러한 제약을 극복할 수 있다. 만약 미래에 기초자산의 가격이 하락할 것으로 예상이 된다면 기초자산을 대주(貸株)하여 현재 매도하고 미래에 실제로 기초자산의 가격이 하락하였을 때 낮은 가격으로 해당 기초자산인 주식을 매입하여 되돌려 줌으로써 차익을 실현하는 공매가 불가능할 때 풋옵션을 이용할 수 있다. 즉, 미래에 주가가 하락할 것으로 예상되는 경우 당해 주식에 대한 풋옵션을 매입하고 미래에 실제로 기초자산의 가격이 하락하게 되면 시장에서 동일한 주식을 낮은 가격으로 구입하여 풋옵션을 행사하면 차익의 실현이 가능하다.

25. 콜옵션의 이익의 행태(profits profile

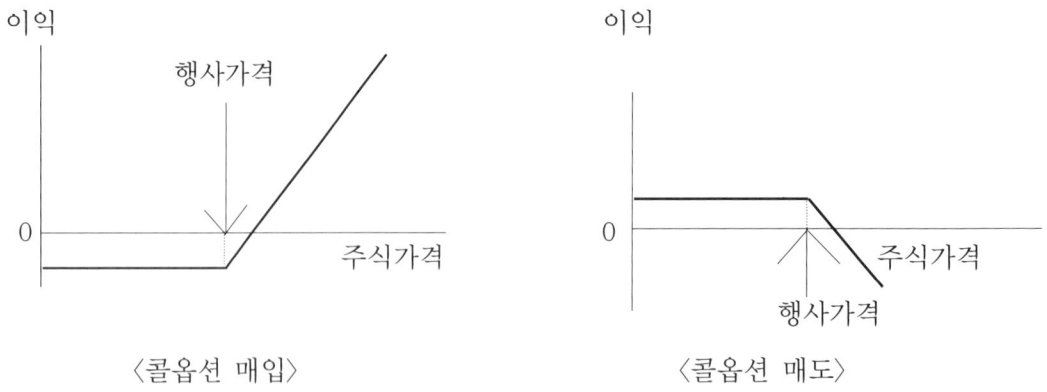

26. 콜옵션 가치의 행태(value profile)

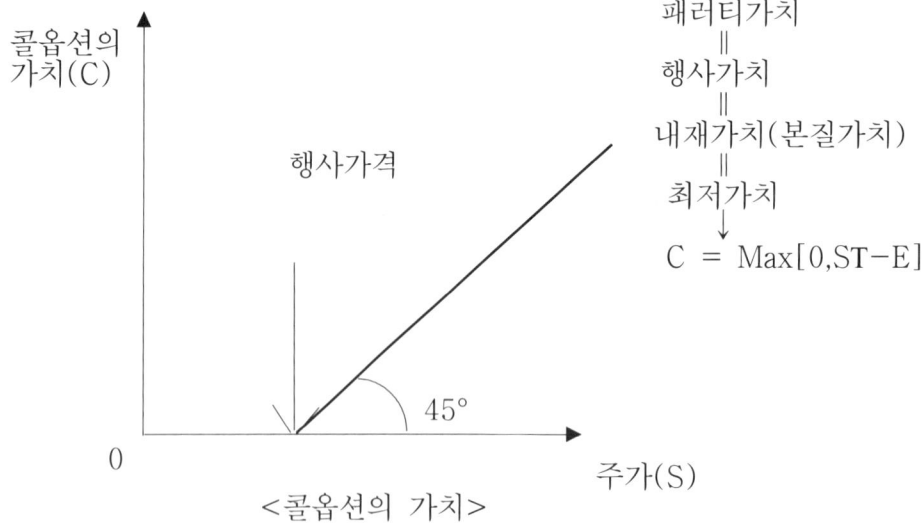

27. 미국형 콜옵션 가치의 행태

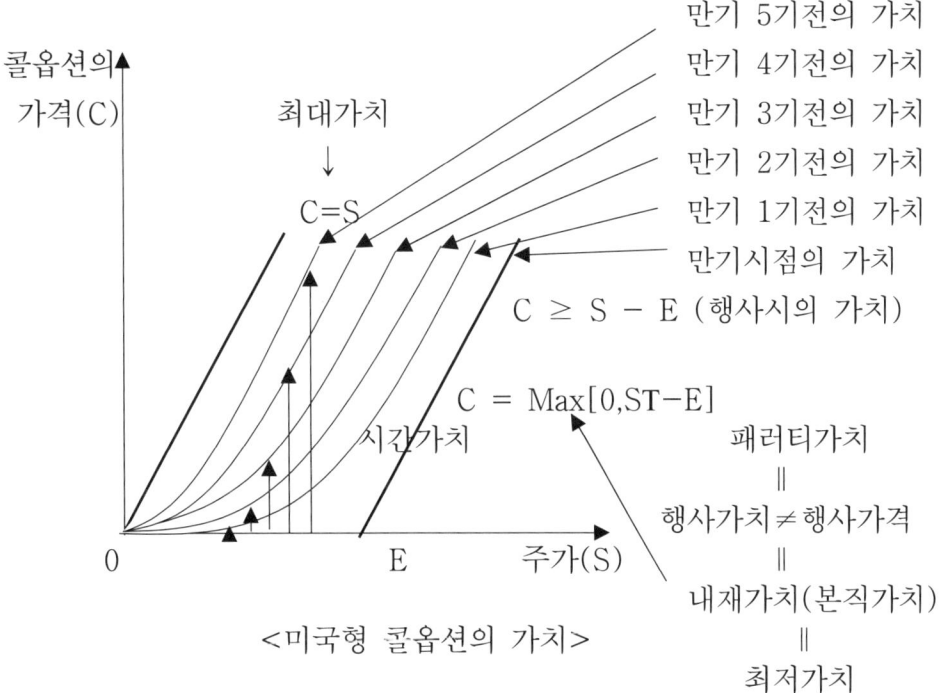

<미국형 콜옵션의 가치>

28. 유럽형 콜옵션의 가치의 행태

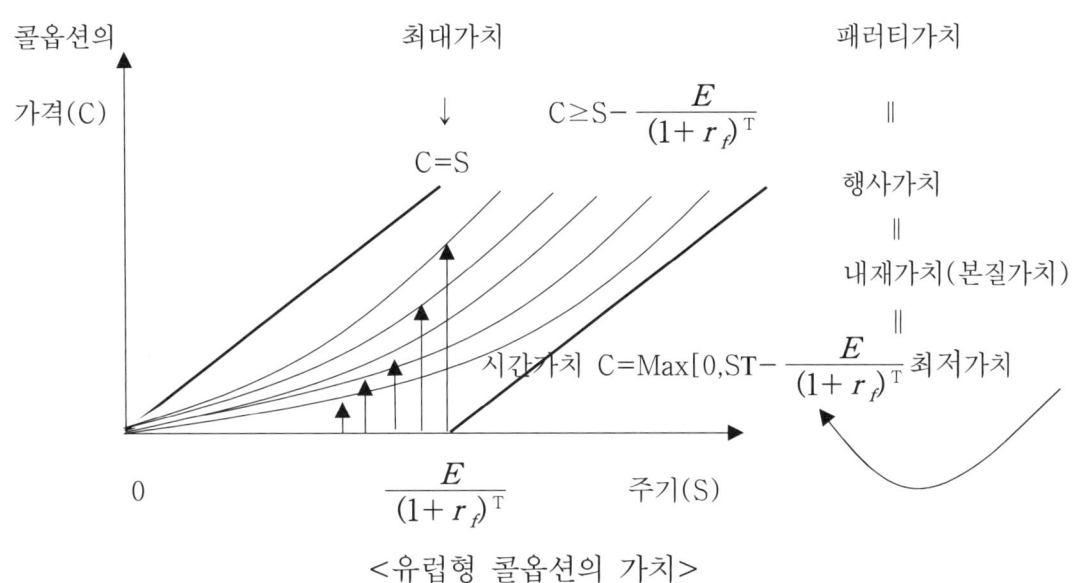

<유럽형 콜옵션의 가치>

29. 콜옵션의 시간가치의 행태

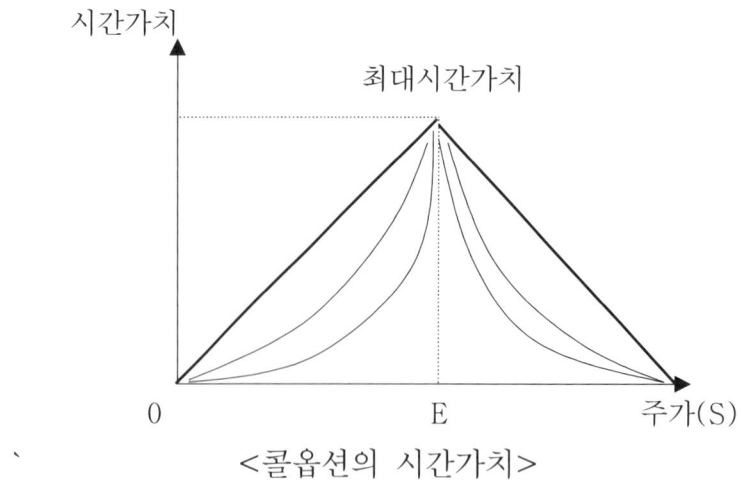

<콜옵션의 시간가치>

30. 풋옵션 이익의 행태(profits profile)

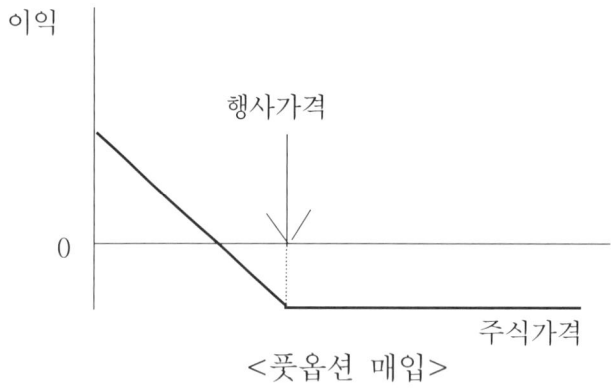

<풋옵션 매입>

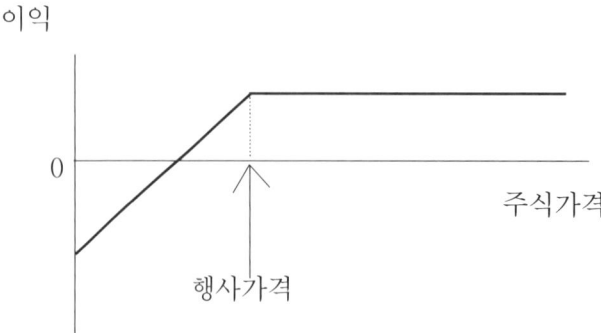

<풋옵션 매도>

31. 풋옵션 가치의 행태(value profile)

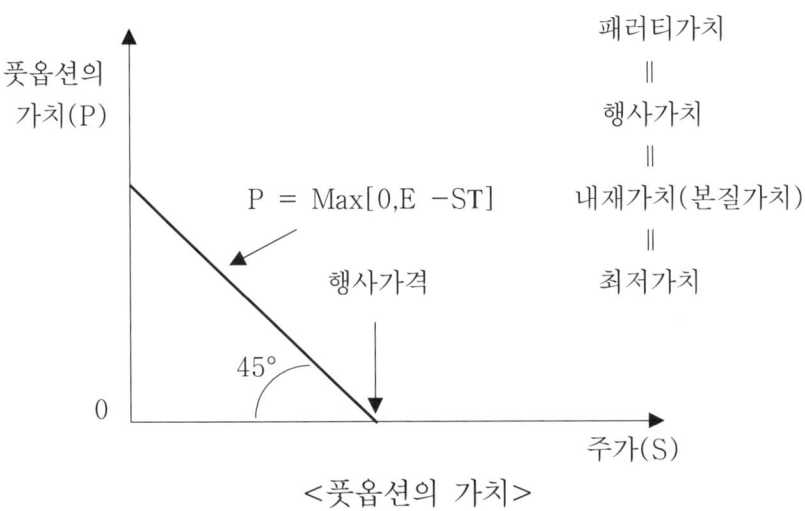

<풋옵션의 가치>

32. 미국형 풋옵션 가치의 행태

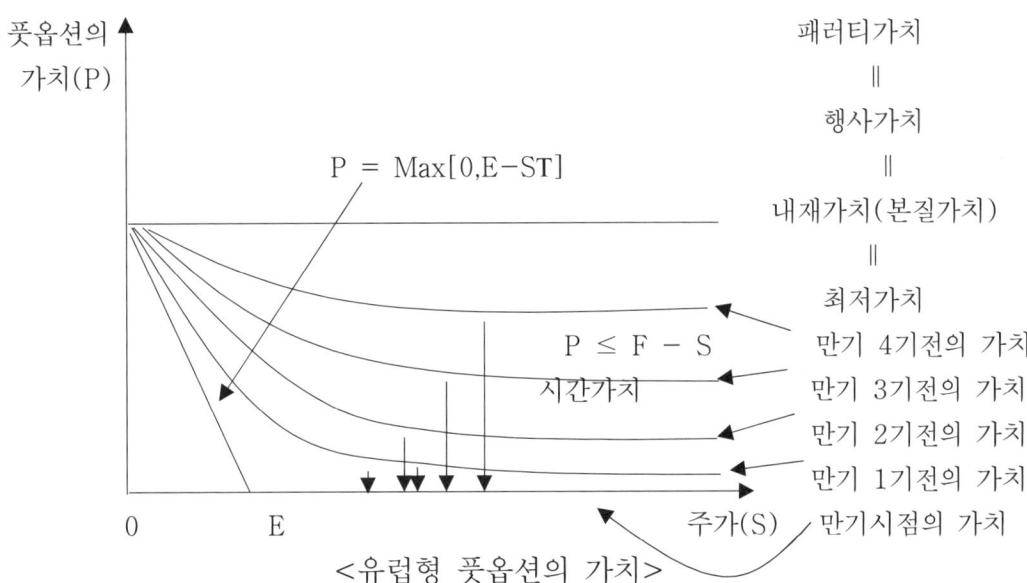

<유럽형 풋옵션의 가치>

33. 유럽형 풋옵션 가치의 행태

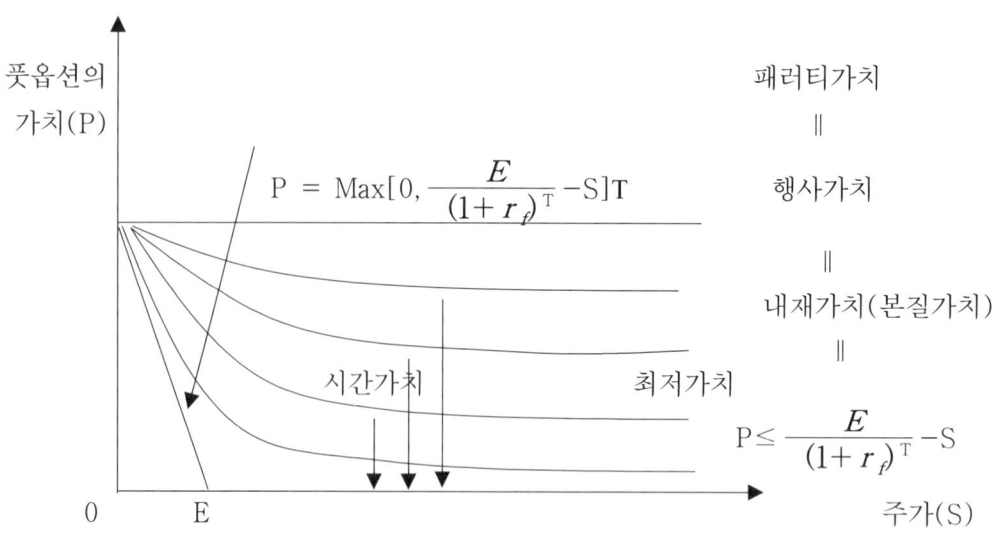

34. 콜옵션(call options)의 가격결정요인

$C = f(S, E, T, \sigma^2, R, d)$

단, C = 콜옵션의 가격(call price or premium)

S = 기초자산(underlying asset)의 가격

E = 행사가격(striking or exercise price)

T = 만기(expiration)까지의 기간

σ^2 = 기초자산가격의 일일 분산(variance)

R = 시장이자율(market interest rate)

d = 기초자산의 주당 현금배당률 (cash dividend ratio)

35. 기초자산가격과의 관계

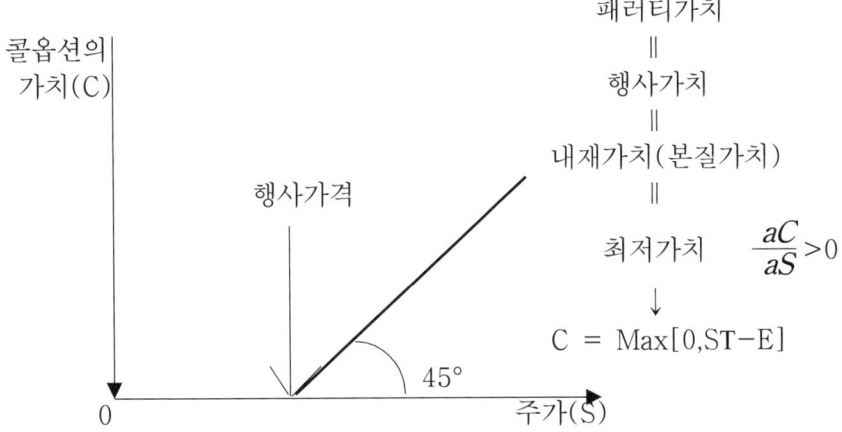

기초자산의 가격 ↑ ⇒ 콜옵션의 이익(또는 이익 실현 가능성)↑
　　　　　　　⇒ 콜옵션의 가치 ↑

36. 행사가격과의 관

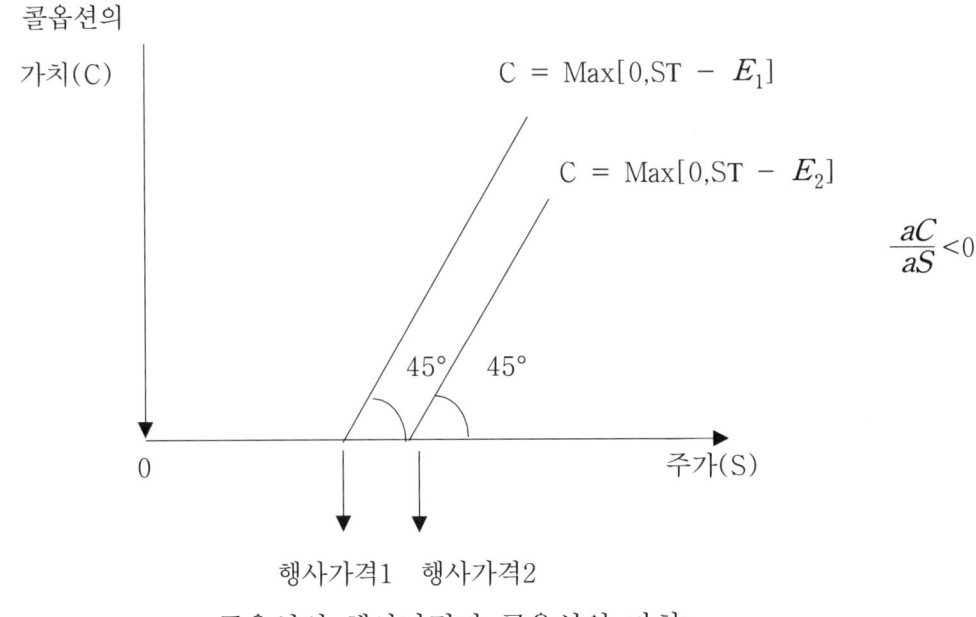

<콜옵션의 행사가격과 콜옵션의 가치>

37. 유럽형 풋옵션 가치의 행태

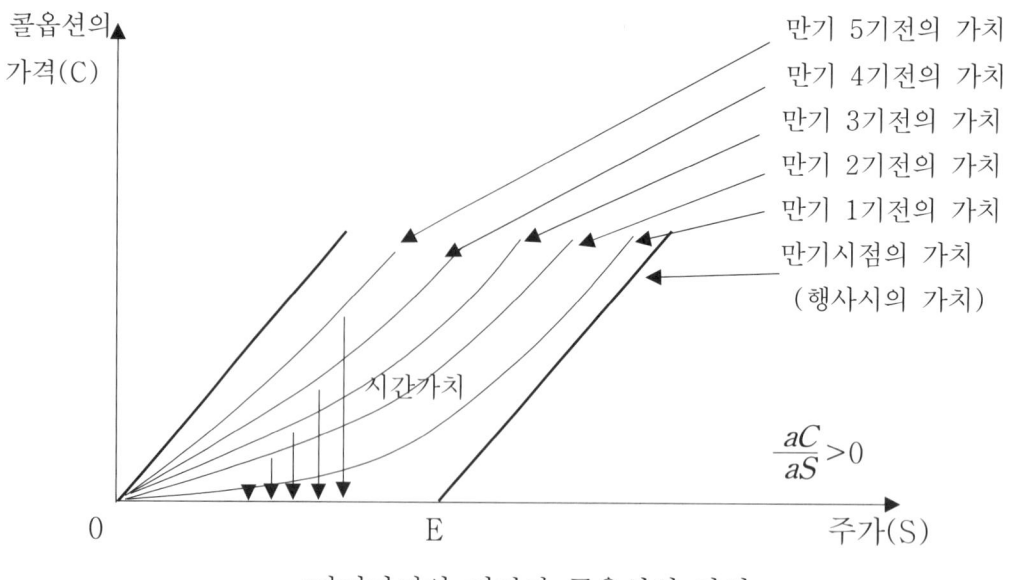

<만기까지의 기간과 콜옵션의 가치>

만기까지의 기간 ↑ ⇒ 콜옵션의 시간가치 ↑ ⇒ 풋옵션의 가치 ↑

38. 기초자산가격의 일별 분산

● 기초자산가격의 일별분산 ↑ ⇒ 콜옵션의 시간가치 ↑
　　　　　　　　　　　　　 ⇒ 콜옵션의 가치 ↑

$$\frac{aC}{a\,\sigma^2_{Asset}} > 0$$

39. 시장이자율

● 시장이자율의 증가 ⇒ 행사가격의 현재가치 감소
　　　　　　　　　 ⇒ 콜옵션의 가치 증가(∵행사가격과 콜옵션의 가치가 역의 관계를 가지므로)

$$\frac{aC}{aR} > 0$$

40. 기초자산의 현금배당률

● 현금배당이 클수록 기초자산의 가격이 많이 하락하게 되므로 콜옵션의 가치는 하락하게 된다. 즉, 행사가격이 주어져 있을 때, 다음의 콜옵션 등가식(parity)식에서 현금배당에 의해 기초자산의 가격이 하락하면 콜옵션의 가치도 하락한다.
● 현금배당 ↑ ⇒ 기초자산가격 ↓ ⇒ 콜옵션가치 ↓

41. 콜옵션(call options)의 가격결정요인

$$C = f(S, E, T, \sigma^2, R, d)$$
$$\quad + \quad - \quad + \quad + \quad + \quad -$$

단, C = 콜옵션의 가격(call price or premium)
　　S = 기초자산(under lying asset)의 가격
　　E = 행사가격(striking or exercise price)
　　T = 만기(expiration)까지의 기간
　　σ^2 = 기초자산가격의 일일 분산(variance)
　　R = 시장이자율(market interest rate)
　　d = 기초자산의 주당 현금배당율(cash dividend ratio)

42. 기초자산가격과의 관계

$$P = f(S, E, T, \sigma^2, R, d)$$

단, P = 풋옵션의 가격(put price or premium)
　　S = 기초자산(underlying asset)의 가격
　　E = 행사가격(striking or exercise price)
　　T = 만기(expiration)까지의 기간
　　σ^2 = 기초자산가격의 일일 분산(variance)
　　R = 시장이자율(market interest rate)
　　d = 기초자산의 주당 현금배당률(cash dividend ratio)

43. 기초자산가격과의 관계

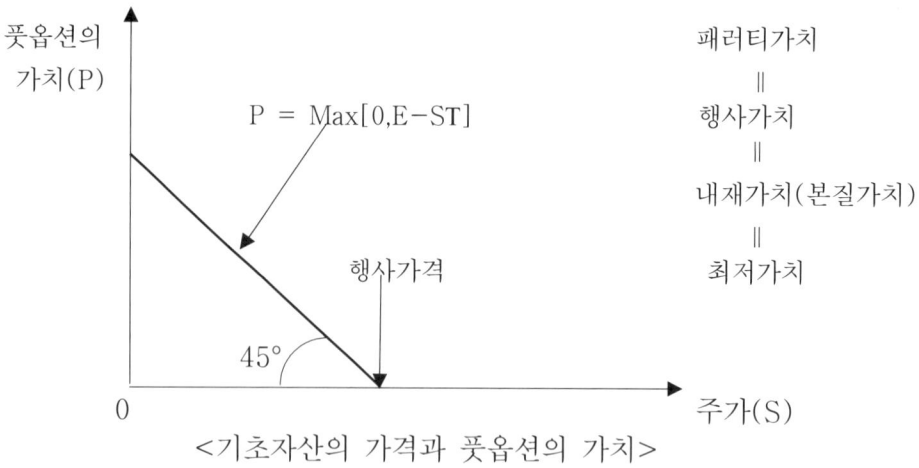

<기초자산의 가격과 풋옵션의 가치>

기초자산의 가격 ↑ ⇒ 풋옵션의 이익(또는 이익 실현 가능성) ↓
⇒ 풋옵션의 가치 ↓

44. 행사가격과의 관계

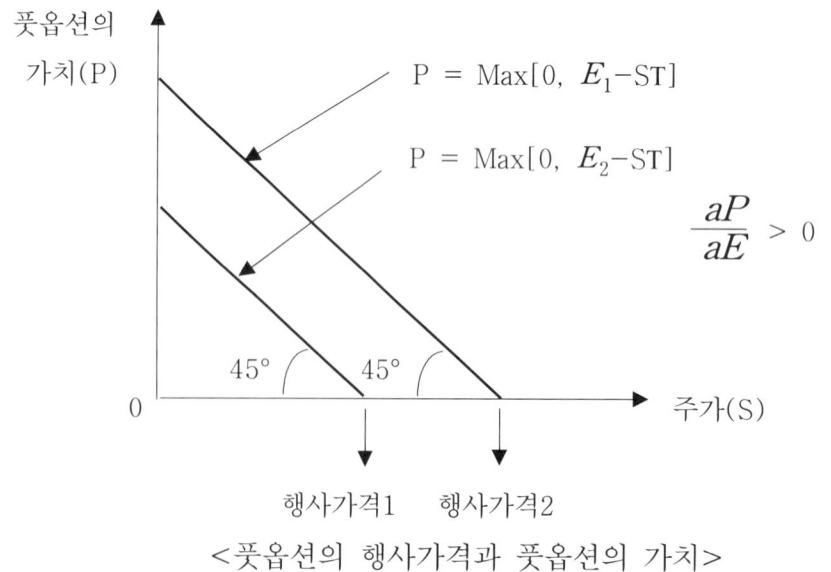

<풋옵션의 행사가격과 풋옵션의 가치>

45. 만기까지의 기간과의 관계

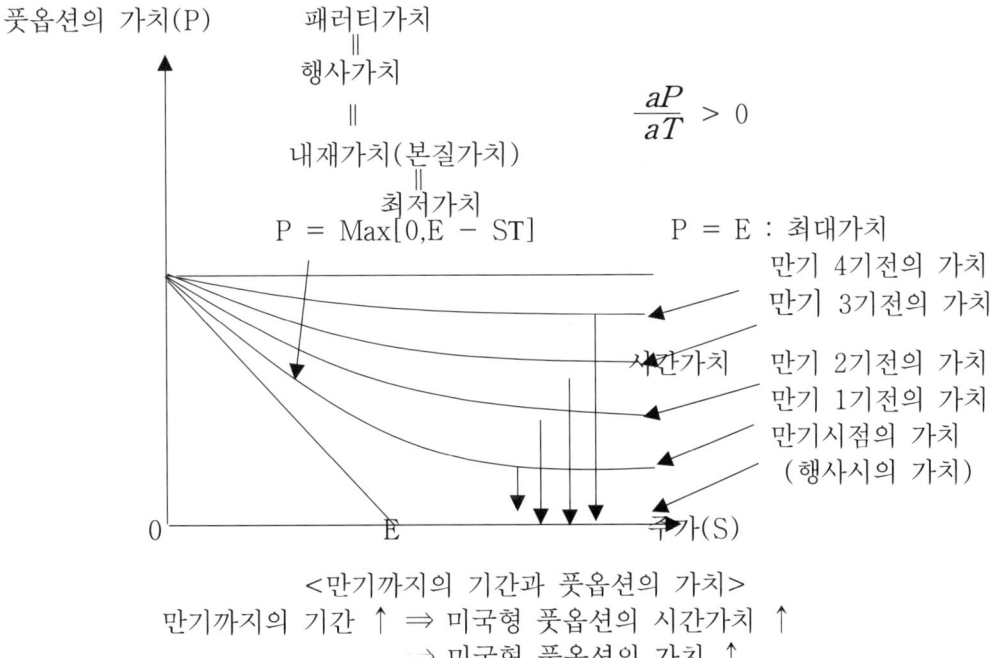

<만기까지의 기간과 풋옵션의 가치>
만기까지의 기간 ↑ ⇒ 미국형 풋옵션의 시간가치 ↑
→ 미국형 풋옵션의 가치 ↑

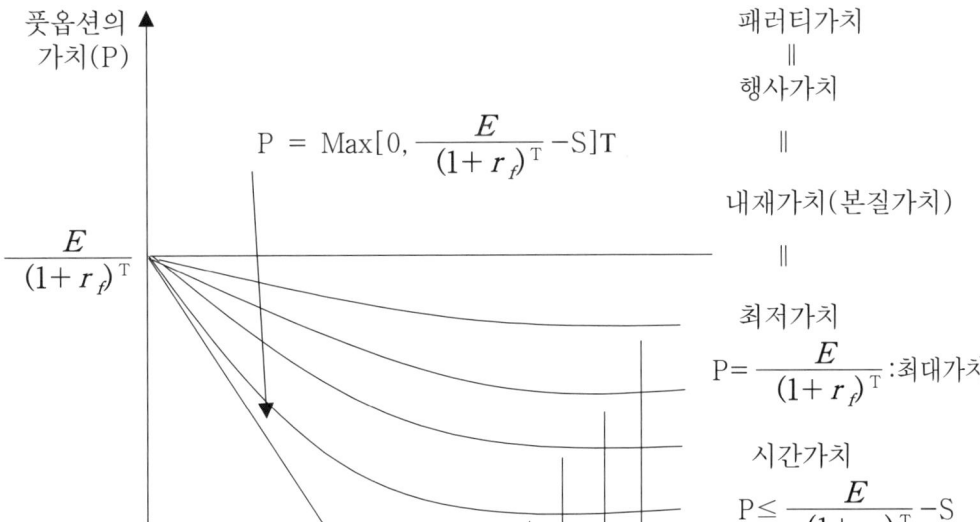

유럽형 풋옵션 : 만기의 증가에 따른 이익실현가능성의 증가(+)
  만기의 증가에 따른 이자소득기회상실의 기회손실증가(-)

46. 기초자산가격의 일별 분산

● 기초자산가격의 일별 분산 ↑ ⇒ 풋옵션의 시간가치 ↑
　　　　　　　　　　　　⇒ 풋옵션의 가치 ↑

$$\frac{\partial P}{\partial \sigma^2_{Asset}} > 0$$

47. 풋옵션(put options)의 가격결정요인

$$P = f(S, E, T, \sigma^2, R, d)$$
$$-\ \ +\ \ +\ \ +\ \ -\ \ +$$

단, P = 풋옵션의 가격(put price or premium)
　　S = 기초자산(underlying asset)의 가격
　　E = 행사가격(striking or exercise price)
　　T = 만기(expiration)까지의 기간
　　σ^2 = 기초자산가격의 일일 분산(variance)
　　R = 시간이자율(market interest rate)
　　d = 기초자산의 주당 현금배당율(cash dividend ratio)

48. 옵션가격결정요인과 옵션가격과의 관계

● 가격결정 요인　　　　　　콜옵션　　풋옵션
1. 기초자산의 가격　　　　　　+　　　　－
2. 행사가격　　　　　　　　　－　　　　+
3. 만기까지의 기간　　　　　　+　　　　+
4. 기초자산가격의 일일 분석　 +　　　　+
5. 시장이자율　　　　　　　　+　　　　－
6. 기초자산의 형금배당률　　　－　　　　+

49. 증권거래의 유형

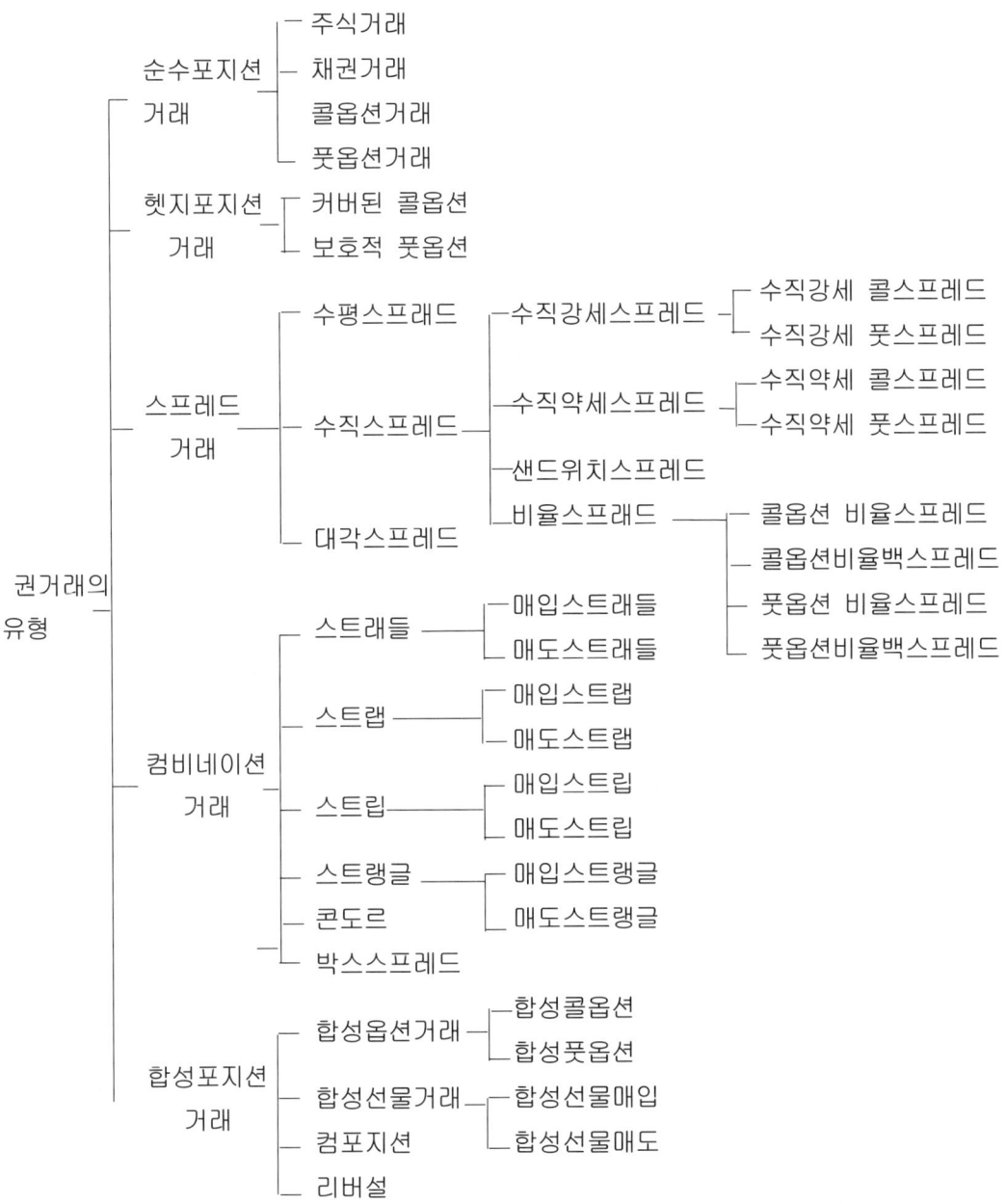

50. 주식거래의 손익

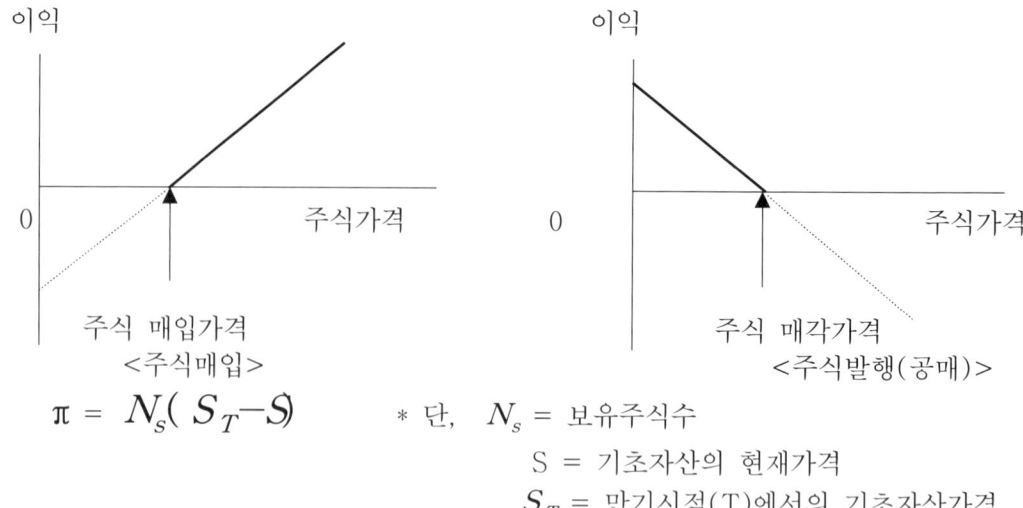

$$\pi = N_s(S_T - S)$$

* 단, N_s = 보유주식수
  S = 기초자산의 현재가격
  S_T = 만기시점(T)에서의 기초자산가격

51. 채권거래의 손익

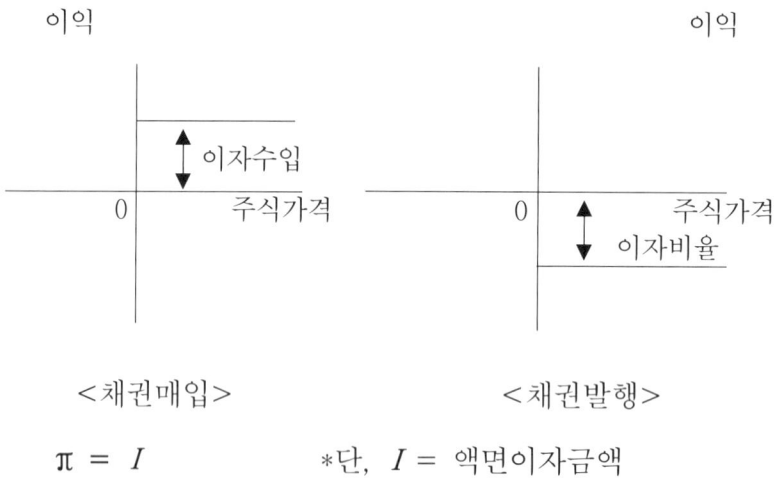

$$\pi = I$$ *단, I = 액면이자금액

52. 콜옵션거래의 손익손익

$$\pi = N_c[Max(0, S_T - E) - C]$$

● 단, N_C = 콜옵션 단위수(매입 : $N_C > 0$, 매도 : $N_C < 0$)

C = 콜옵션의 가치(가격)
E = 콜옵션의 행사가격
S = 기초자산의 현재가격
S_T = 만기시점(T)에서의 기초자산가격

53. 풋옵션거래의 손익

$$\pi = N_P[Max(0, E - S_T) - P]$$

단, N_P = 풋옵션 단위수(매입 : $N_P > 0$, 매도 : $N_P < 0$)
P = 풋옵션의 가치(가격)
E = 풋옵션의 행사가격
S = 기초자산의 현재가격
S_T = 만기시점(T)에서의 기초자산가격

53. 풋옵션거래의 손익

● 헤지포지션거래란 기초자산인 주식과 옵션의 결합에 의하여 위험을 헤지하기 위한 거래로서, 커버된 콜옵션 (covered call options), 보호적 풋옵션 (protective put options) 등의 헤지포지션거래가 있다.
● (주식+콜옵션) 또는 (주식+풋옵션)

55. 커버된 콜옵션(covoered call options)

● 주식매입+콜옵션매도

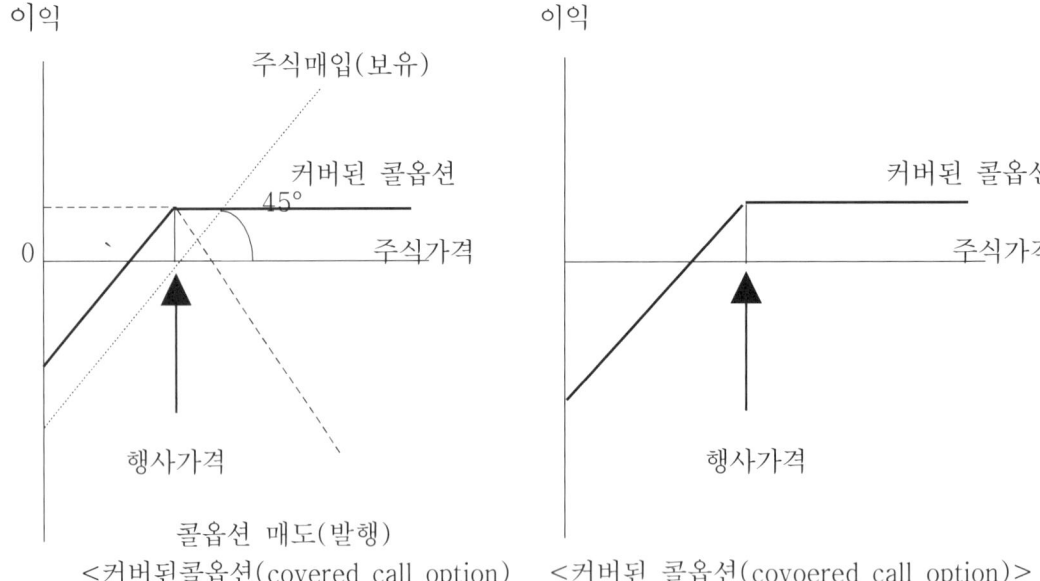

<커버된콜옵션(covered call option)>　　<커버된 콜옵션(covoered call option)>

56. 커버된 콜옵션거래의 손익

● 주식매입+콜옵션매도

$$\pi = N_S(S_T - S) + N_C[Max(0, S_T - E) - C]$$

● 단, $N_S > 0$, $N_C < 0$, & $N_S = -N_C$

N_S = 기초자산(주식)수 (매입, 보유, 공매 : $N_S > 0$, 매도 : $N_S < 0$)

N_C = 콜옵션 단위수 (매입 : $N_C > 0$, 매도 : $N_C < 0$)

C = 콜옵션의 가치(가격)

N_P = 풋옵션 단위수 (매입 : $N_P > 0$, $N_P < 0$)

P = 풋옵션의 가치(가격)

E = 콜옵션의 행사가격

S = 기초자산의 현재가격

S_T = 만기시점(T)에서의 기초자산가격

57. 보호적 풋옵션(protective put options)

● 주식매입 + 풋옵션매입

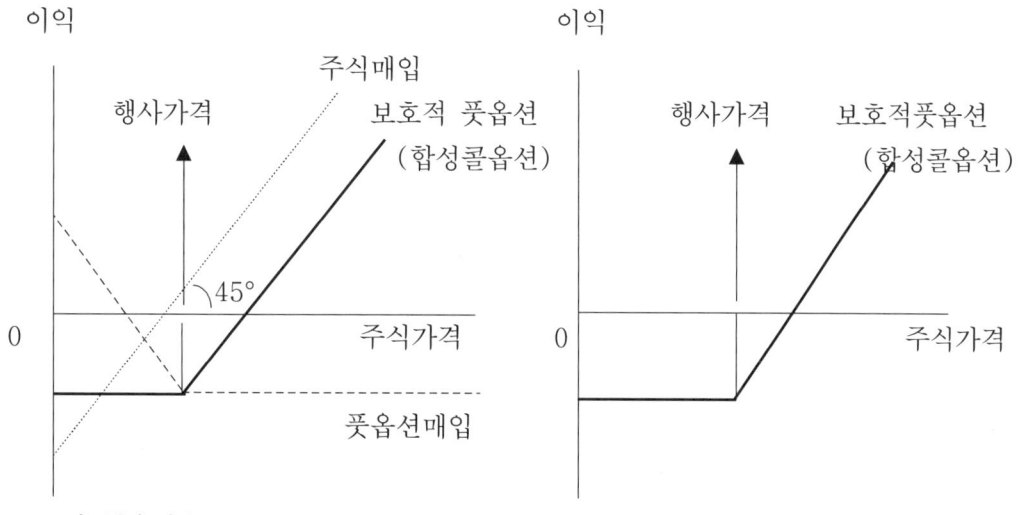

보호적 풋옵션(protective put options)

58. 보호적 풋옵셔거래의 손익

● 주식매입 + 풋옵션매입

$$\pi = N_S(S_T - S) + N_P[Max(0, E - S_T) - P]$$

단, $N_S > 0$, $N_P > 0$, & $N_S = N_P$

N_S = 기초자산(주식)수 (매입, 보유, 공매 : $N_S > 0$, 매도 : $N_S < 0$)

N_C = 콜옵션 단위수(매입 : $N_C > 0$, 매도 : $N_C < 0$)

C = 콜옵션의 가치(가격)

N_P = 풋옵션 단위수(매입 : $N_P > 0$, 매도 : $N_P < 0$)

P = 풋옵션의 가치(가격)

E = 콜옵션의 행사가격

S = 기초자산의 현재가격

S_T = 만기시점(T)에서의 기초자산가격

59. 스프레드(spreads)거래

● (콜옵션 매입 + 콜옵션 매도) 또는 (풋옵션 매입 + 풋옵션 매도)

● 특정 기초자산에 대한 동일한 종류의 옵션, 즉 콜옵션이나 풋옵션 중의 한 종류의 옵션으로서 만기가 다르거나 행사가격이 서로 다른 두 개의 옵션을 하나는 매입하고, 다른하나는 매도하는 거래를 스프레드(spreads)거래라고 한다. 스프레드거래는 수평스프래드(horizontal·time·calendar spreads)거래, 수직스프레드(vertical·strike·money spreads)거래, 대각스프레드(Diagonal spreads)로 구분된다.

● 수평스프레드는 동일한 종류의 옵션으로서 만기가 서로 다른 옵션의 결합으로 구성된 거래이다.

● 수직스프레드는 동일한 종류의 옵션으로서 행사가격이 서로 다른 옵션의 결합으로 구성된 거래이다.

행사가격\만기	T_1	T_2	T_3	T_4	T_5
E_1		수	평스프	레드	
E_2	수				
E_3	직스프레드	대	각스프	레드	
E_4					
E_5					

* 대각스프레드는 동일한 종류의 옵션으로서 만기와 행사가격이 모두 다른 옵션 결합으로 구성된 거래이다.

60. 콜옵션을 이용한 수평스프레드

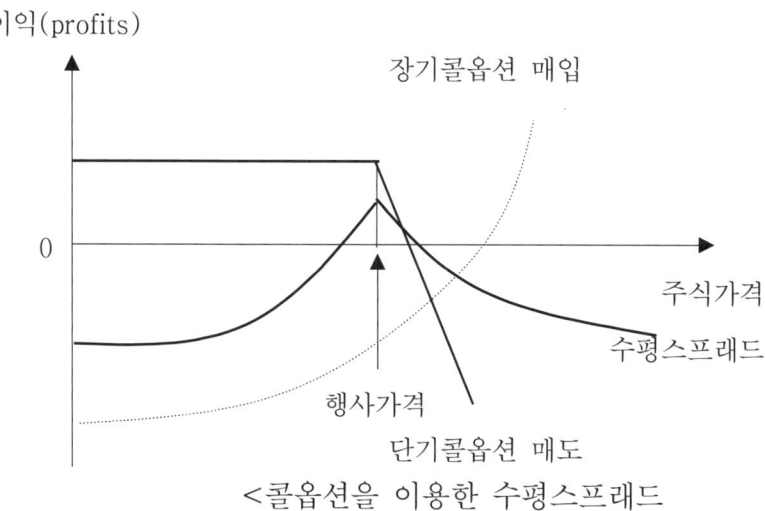

<콜옵션을 이용한 수평스프레드>

61. 풋옵션을 이용한 수평스프레드

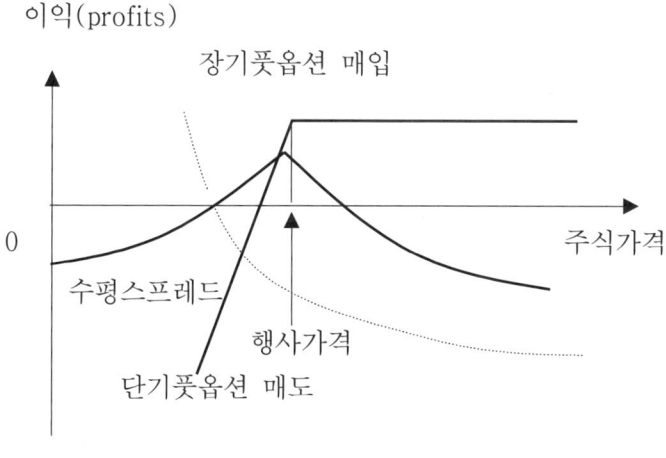

<풋옵션을 이영한 수평스프레드>

62. 수직스프레드와 그 유형

● 동일한 종류의 옵션, 즉 콜옵션이나 풋옵션 중의 한 종류의 옵션으로서 행

사가격이 서로 다른 옵션을 하나는 매입하고 다른 하나는 매도하는 거래를 수직스프레드 또는 행사스프레드(vertical·strike· money spreads)라고 한다.

1. 수직강세 콜스프레드(Bull call money spreads)
2. 수직강세 풋스프레드(Bull put money spreads)
3. 수직약세 콜스프레드(Bear call money spreads)
4. 수직약세 풋스프레드(Bear put money spreads)
5. 나비스프레드(Butterfly spreads)
6. 샌드위치스프레드(Sandwith spreads, 역나비스프레드)
7. 콜옵션 비율스프레드(call ratio spreads)
8. 콜옵션 비율백스프레드(call ratio back spreads)
9. 풋옵션 비율스프레드(put ratio spreads)
10. 풋옵션 비율백스프레드(put ratio back spreads)

63. 수직강세 콜스프레드 (Bull call money spreads)

1) 매입(long) : 두 종류의 행사가격을 갖는 콜옵션 중에서, 보다 낮은 행사가격의 콜옵션 한 단위를 매입한다.

2) 매도(short) : 두 종류의 행사가격을 갖는 콜옵션 중에서, 보다 높은 행사가격의 콜옵션 한 단위를 매도한다.

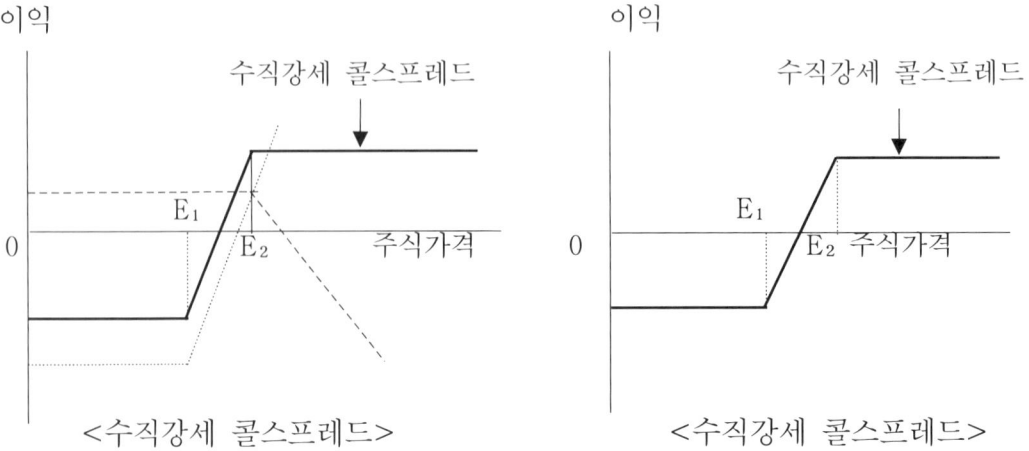

<수직강세 콜스프레드>   <수직강세 콜스프레드>

3-4 합성전략

1. 주식 + 주식선물 매도

기관은 주식+주식선물매도 주식을 보유함으로 배당 과 주주의결권을 갖는다.
136개 주식선물

1) 상승형

하락시 매도값과 매수값의 차이 수익, 상승시 수익 무한

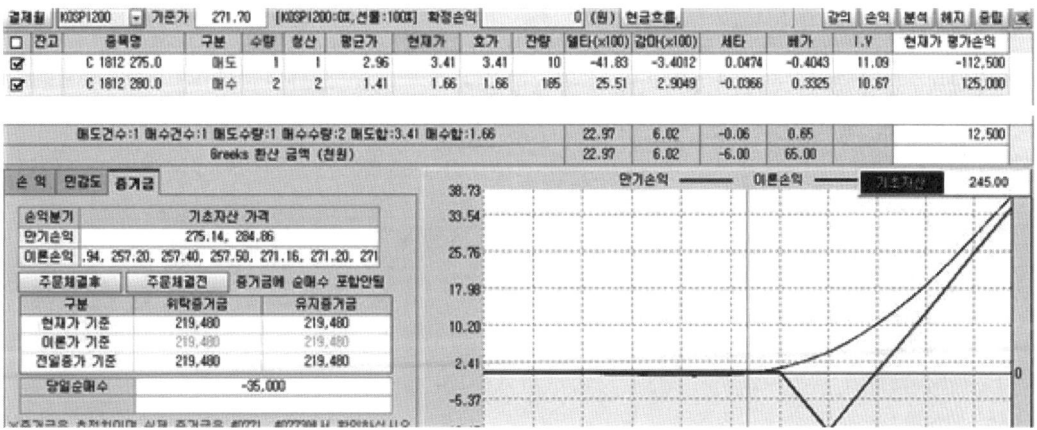

2) 하락형

상승시 매도값과 매수값의 차이 수익, 하락시 수익무한대

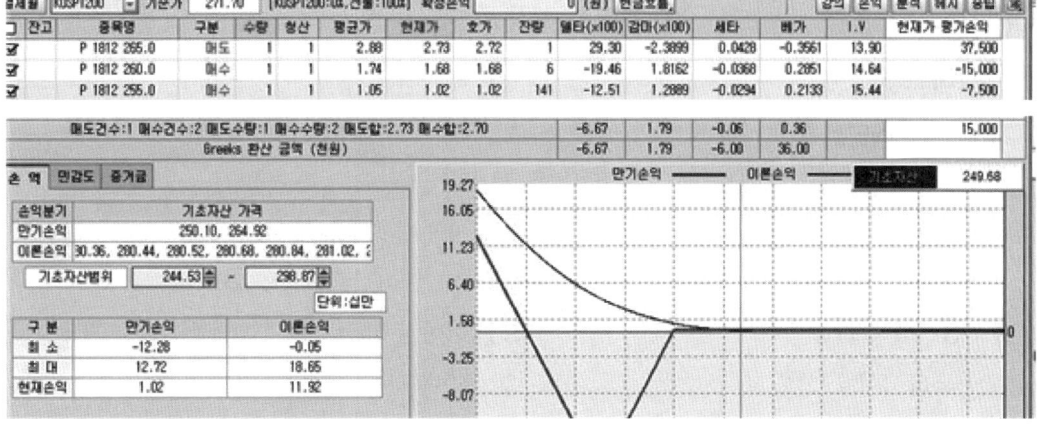

3-5 주식선물

1. 주식선물

기본예탁금 3000만원

선물옵션거래에대한 불이행을 막고 무분별한 선물투자를 방지하기위해 신규주문 혹은 거래재개시 증권회사에 기본적으로맡겨야하는금액(고객등급업그래이드시 기본예탁금이줄어듦)

위탁증거금(개시증거금/주문증거금) 새로운 선물옵션계약체결시 필요한 증거금

매수가능 수량

현재가*거래승수=거래규모

거래규모*위탁증거금율 = 1계약거래시 필요한증거금

유지증거금과 추가증거금 거래를 유지하기위한증거금

1. 삼성전자
2. SK텔레콤
3. POSCO
4. KT
5. 한국전력
6. 현대차
7. 삼성증권
8. 신한지주
9. 기아차
10. 현대모비스
11. 삼성SDI
12. 삼성전기
13. LG전자
14. 한국가스공사
15. 현대제철
16. LG
17. GS
18. KT&G
19. 현대중공업
20. 하나금융지주
21. SK이노베이션
22. CJ
23. LG디스플레이
24. KB금융
25. LG화학
26. 미래에셋대우
27. 두산인프라코아
28. SK 하이닉스
29. GS건설
30. 이마트
31. 한국타이어
32. NAVER

35. S-OIL
36. 고려아연
37. 기업은행
38. 대상
39. 포스코대우
40. 두산중공업
41. 롯데쇼핑
42. 롯데케미칼
43. 삼성생명
44. 삼성중공업
45. 삼성카드
46. 한화에어로스페이드
47. 엔시소프트
48. 한국금융지주
49. 한국항공우주
50. 현대건설
51. 현대위아
52. 호텔신라
53. 우리은행
54. BNK금융지주
55. DGB금융지주
56. GKL
57. LG상사
58. LG이노택
59. NH투자증권
60. OCI
61. SK
62. SK네트워크
63. 금호석유
64. 넥센타이어
65. 삼성SDS
66. 아모레퍼시픽
67. 제일기획
68. 삼상물산
69. 한화
70. 한화생명
71. 한화케미칼
72. 현대글로비스
73. 현대미포조선
74. 현대해상
75. 카카오
76. 파라다이스
77. 서울반도체
78. 웹젠
79. 씨젠
80. 포스코ICT
81. 셀트리온
82. 와이지엔터테인먼트
83. LG생활건강
84. 아모레G
85. 삼성화재
86. 한미사이언스
87. 코웨이
88. 한미약품
89. 한온시스템90. BGF
90. DB손해보험
91. CJ제일제당
92. 한샘 93. KCC
93. GS리테일
94. 에스원
95. 유한양행
96. 한전KPS100. 현대백화점
97. CJ CGV
98. 농심

3-6 코스피200선물옵션, 주식선물, elw 초기입문자 의무교육 및 등록절차

1. 코스피200선물옵션

코스피200주가지는 실체가 없는 선물옵션으로 거래량이 많은 현물을 다 거래할 수 없기 때문에 시가총액이 큰 대표성이 있는 유가증권 200개 종목을 선정하여 수치로 나타낸 것이 코스피200선물옵션이다.

선물옵션의 기본예탁금은 선물 3000만원 옵션 5000만원으로 증거금이 높게 책정되어 있다

누구나 선물계좌를 개설하여 거래를 할 수 있는 것은 아니며 기본예탁금 3000만원을 책정하면 금융투자시 사전교육 20시간을 이수하고 한국거래소에서 모의거래 50시간을 참여해야 한다. 또한 옵션거래시는 1년 이상 선물거래 경력이 있어야 비로서 옵션거래에 참가할 수 있다.

한국거래소에 상장된 선물옵션상품 중 거래량이 가장 많은 코스피200선물은 코스피200주가지수를 대상으로 하는 선물거래다. 우리나라는 금융시장의 발전을 위해 1997년네 개장을 시작하였다.

현재는 코스피200선물옵션의 거래가 외국인들의 투자가 많아지자 야간선물옵션을 개장하여 미국 시카고 상업거래소(CME), 독일거래소(EUREX)와 연계하여 야간옵션시장을 개장하여 거래하고 있다.

코스피200선물옵션의 거래 시간은 09시~15시까지 동시호가는 08~08시 59분까지 오후 15시 5분~15시 15분까지 이다.

코스피200선물옵션의 오후 장은 18시~05시까지이고 코스피200야간옵션은 17시~05시까지이다.

코스피200옵션의 만기일은 매월 둘째주 목요일입니다. 공휴일이 있을 경우는 하루씩 앞당겨지며 선물옵션의 만기는 3, 6, 9, 12월의 줄째주 목요일이다.

1) 단시간에 선물옵션해외선물 이해하기

선물미래의 현물위험을 해지하기 위한 시장
옵션은 권리금 아파트권리금으로 이해

코스피200현물지수선물지수 코스피200선물옵션

① 코스피200현물지수

200개종목을 1980년기준 현재기준×100

2400포인트 1980년대비 24배 시가총액 증가 주식의 가치는 변화한다.

앞으로 인공지능로버트 생명공학 소셜네트워사업 즉석학습 블록체인기반 어풀사업 블록체인소프트웨어사업 요리사업 등로버트 관련 및 로버트가 할 수 없는 사업으로 급속하게 변화된다.

② 코스피200선물지수

3월 6월 9월 12월물이 거래되며 만기가 끝나 결재되면 다음 월물이 상장된다.

현재 280 지수라 하면 1당 50만원 1계약당 1억4천

미니다우지수25000이라면 1당 5만원 약 10만불 약 1억3천

③ 코스피200선물옵션

옵션은 살수 있는 권리 팔수있는 권리금으로 등가 중심으로 내가등가, 외가등가가 만들어지는데 만기 30일 60일 90일 120일 월물이 등가로 만들어지고 1등가 코스피200선물지수 이자율 즉 300이라하면 1억5천의 30일이자율(30일만기) 1%라하면 150만원 이되고 월 12로나누면 13만원정도형성되는데 년 2%이므로 30만원 정도로 처음 상장이된다.

300이 등가이면 콜옵션 3.0 풋옵션 3.0 이만들어지고 칸당 2.5포인트로 나열

    310
    307.5
    305
    302.5
    300 등가
    297.5
    295
    292.5
    290

우편을 풋옵션 좌편을 콜옵션이라하고 만들어봅시다.

300 즉 1당 50만원 1억5천 년 2.3% 금리 360만원 나누기 12면 30만원이 된다.

여기서 금리가 높으면 옵션값이 커진다 .

등가아래 풋옵션은 팔수 있는 권리금이 낮아진 가치가 없는옵션을 외가등가위 콜옵션 살수 있는 권리금이 낮아진 가치가 없는옵션을 외가라한다.

아파트를 2억9천에 판다면 3억에 산사람은 1천만원 손실 그래서 300이하 풋옵션은 팔수있는 권리금이 없는데 차등을 두어 기대가치를 로그 정규분포로 표시하여 나열하였다.

물론등가에서 가까운쪽을 기대가치가 높게하여 배열

콜옵션의 경우 300보다 높게 산 사람 310 3억1천에 산사람이라 칭하면 현재 시세가 3억인데 3억1천에 사서 손실중이므로 콜옵션이 가치가없다.

로그정규분포로 배열 하여 값을 나타낸다

　　300 × 50만원 (1- cd) 360분의 30승

1칸아래 90%　　　2칸아래 80%

3칸아래 70%　　　4칸아래 60% 순으로 공식대입 프리미엄 값을정한다.

그것이 시간 가치이고, 내재가치가 있으면 가령 300이 등가인데 290콜옵션은 10의 내재가치가 있어서 바로우변 290의 풋옵션 시간가치 어림잡아 풋옵션등가 30만원에가 60프로 18만원의 시간가치가 동일선상에서같으므로 10.18 의 내재가치콜프리미엄의 값이 산출된다.

콜옵션		풋옵션
(a)	310	(i)
(b)	307.5	(j)
(c)	305	(k)
(d)	302.5	(l)
3.0	300 등가	3.0
(f)	297.5	(m)
(g)	295	(n)
(h)	292.5	(o)
10.18	290	0.18

a 부터 o 까지 암산으로 값을 구해봅시다

2) 코스피선물옵션 지표 읽기

한국에서 주식선물옵션 해외선물에 투자하시는 분은 매일 포지션을 읽어야한다. 그러면 기회가 온다. 여태껏 얼마나 많은 돈을 이들이 가져가는지 알 수 있다. 모든 정치 경제가 집중되어 있다. 이런 이들의 수입을 차단시키는 것이 21세기 패권국가에 도전하는 것이다.

① 외국인 3300억+

[94] 투자주체별 포지션분석(추정)

주체 외국인 ▼	⊙일일 ○기간					최근결물 ▼ 비교 차트 □확정손익(십만원)				-2,140.60
선택	보유잔고	구분	수량	평균가	현재가	I.V	델타	감마	세타	베가	평가손익(십만원)
☑	KOSPI200 1903	매도	1624	274.70	274.75		-100.00				-203.00
☑	C 1902 250.0	매도	1	24.50	24.50	19.72	97.75	0.4166	-0.0245	0.0404	0.00
☑	C 1902 252.5	매도	1	21.80	21.80	13.99	-96.35	-0.6244	0.0305	-0.0606	-0.00
☑	C 1902 260.0	매도	13	14.48	14.90	15.95	-87.83	0.0576	-0.1531		-13.65
☑	C 1902 262.5	매수	6	12.25	12.70	15.65	83.19	-1.5779	-0.0683	0.1905	6.75
☑	C 1902 265.0	매도	8	10.32	10.60	15.29	-77.61	1.9623	-0.0786	-0.2268	-5.60
☑	C 1902 267.5	매도	5	8.48	8.57	14.67	71.16	-2.3365	0.0874	0.2589	1.12
☑	C 1902 270.0	매수	1663	6.49	6.72	14.16	64.02	2.6672	-0.0874	0.2837	956.22
☑	C 1902 272.5	매수	937	4.81	5.05	13.61	56.43	2.9223	-0.0940	0.2986	562.20
☑	C 1902 275.0	매수	3512	3.44	3.62	13.11	48.66	3.0764	-0.0875	0.3024	1,580.40
	합계(평가손익)						287843.78	10410.61	-363.39	1010.58	5,523.32

⊙손익구조 ○포지션정량비교 ○주체결합   □주식(장내) 순매매 금액 추가 : 1105억원

기초자산 범위 219.10 ~ 328.66 □자동범위

손익분기		기초자산 가격	
만기손익	238.70 278.50		
이론손익	241.10 272.30		

구분	만기손익		이론손익	
선물	-170560.59		-174230.00	
콜	470441.28		480148.44	
풋	9505.13		9501.01	

해설

② 개인 1963억 손실

선택	보유잔고	구분	수량	평균가	현재가	I.V	델타	감마	세타	베가	평가손익(십만원)
☑	KOSP1200 1903	매수	3556	274.40	274.75		100.00				3,111.50
☑	C 1902 250.0	매도	2	23.97	24.50	19.72	-97.75	-0.4166	0.0245	-0.0404	-2.65
☑	C 1902 252.5	매수	1	21.80	21.80	13.99	96.35	0.6244	-0.0305	0.0606	0.00
☑	C 1902 257.5	매수	1	16.65	16.55	0.00	91.52	1.2134	-0.0473	0.1178	-0.25
☑	C 1902 260.0	매수	12	14.48	14.90	15.95	87.83	1.5779	-0.0576	0.1531	12.60
☑	C 1902 262.5	매도	6	12.25	12.70	15.65	-83.19	-1.9623	0.0683	-0.1905	-6.75
☑	C 1902 265.0	매수	8	10.32	10.60	15.29	77.61	2.3365	-0.0786	0.2268	5.60
☑	C 1902 267.5	매도	13	8.25	8.57	14.67	-71.16	-2.6672	0.0874	-0.2589	-10.40
☑	C 1902 270.0	매도	1702	6.49	6.72	14.16	-64.02	-2.9223	0.0940	-0.2837	-978.65
☑	C 1902 272.5	매도	899	4.81	5.05	13.61	-56.43	-3.0764	0.0975	-0.2986	-539.40
											-278.04
	합계(평가손익)						232792.31	-5782.39	183.51	-562.63	

○손익구조 ○포지션정량비교 ○주체결합

기초자산 범위 219.10 ◆ ~ 328.66 ◆ ☑자동범위
기초자산 가격 265.50 279.90 290.10
274.10

□주식(장내) 순매매 금액 추가 : -2100억원

KOSPI200 327.41

☑ 만기손익 ☑ 이론손익

해설

구분	만기손익	이론손익
선물	471258.91	479565.09
콜	393836.09	401146.41
풋	15789.28	15788.90

150

③ 기관투자가 1126억 손실

보유잔고	구분	수량	평균가	현재가	I.V	델타	감마	세타	베가	평가손익(십만원)
KOSPI200 1903	매도	11488	272.52	274.75		-100.00				-64,045.60
C 1902 215.0	매도	1	58.10	58.75	0.00	-99.99	-0.0000	0.0109	-0.0000	-1.62
C 1902 220.0	매수	2	42.00	52.20	0.00	99.99	-0.0000	0.0000	0.0000	51.00
C 1902 240.0	매수	2	25.61	33.00	0.00	-99.80	-0.0493	-0.0111	-0.0047	-36.95
C 1902 250.0	매도	4	15.78	24.50	19.72	-97.75	-0.4166	0.0245	-0.0404	-87.20
C 1902 252.5	매도	9	20.55	21.80	13.99	-96.35	-0.6244	0.0305	-0.0606	-28.13
C 1902 255.0	매도	3	9.80	19.45	15.46	-91.52	-0.2134	0.0473	-0.1178	72.37
C 1902 257.5	매도	8	7.19	16.55	0.00	94.32	0.8913	-0.0382	0.0865	-187.20
C 1902 260.0	매도	40	7.41	14.90	15.95	-87.83	-1.5779	0.0576	-0.1531	-749.00
C 1902 262.5	매도	101	6.65	12.70	15.65	-83.19	-1.9623	0.0683	-0.1905	-1,527.62

합계(평가손익) -3362898.75 -52018.45 1821.03 -5046.47 -234,344.58

기초자산 범위 219.10 ~ 328.66

○ 손익구조 ○ 포지션정밀비교 ○ 주제결함

□ (선물만기일: 2018/12/13 ~) 주식(장내) 순매매 금액 추가 : 5055억원

기초자산 가격	271.70	269.90
구분	만기손익	이론손익
선물	1405556.75	1387232.63
콜	177348.20	177350.50
풋	2551091.75	2278633.00

—만기손익 —이론손익

KOSPI200 : 223.58

3) 포지션 분석

2018년 10월 13일 현재 콜옵션풋옵션을 분석합시다 이것은 매일 변하므로 매일 보아야하며 세력이 무슨 음모를 꾸미는지 알 수 있다. 될수있으면 3개이상의 증권사 자료를 종합해보는것이 유리하다

외국이는 내부적으로 세금피하기 위해 개인으로 가장해서 손실이 발생해 한국 개인사업자 세금을 줄이는 용도로 사용한다.

10월 만기에 12포를 하락시켜 세금줄이는 일에 한몫을 한 것 주식을 사고파는 것은 콜풋옵션 선물을 맛있게 먹을려하는 것이지 더이상 의미를 주지말자.

필자가 보기에 현재로는 305에 가기쉽고 개인이 콜로 몰려들면 방향을 아래로 틀기쉽다. 개인이 풋옵션을 충분히 매도하여 아래로로 열려있다.

풋매도 7-8만개 콜매도 5만개

3-3으로 보아 콜매도를 하기쉬우나 풋매수가 등가에서 없어지면 바로 내린다.

이렇게 지도를 읽고 길을 찾아야 하고 그렇다고 100프로 믿으면 거짓으로해서 속게만들기 낭패하기 쉽다.

① 콜옵션

투신	금융투자	외국인	개인	현재가	행사가	현재가
153	-9,954	11,817	359	0.10	292.5	20.40
-134	5,112	709	-5,544	0.05	295.0	23.00
28	-9,091	1,951	5,364	0.03	297.5	25.25
-312	2,979	1,391	-4,037	0.02	300.0	27.25
-1,653	-4,419	6,183	85	0.01	302.5	30.20
-3,333	-37	2,664	681	0.01	305.0	32.70
-821	-60	260	660	0.01	307.5	35.20
-759	85	616	43	0.01	310.0	37.70
-185	18	-51	223	0.01	312.5	40.20
-9	45	-74	39	0.01	315.0	41.90
-5	-30	-3	43	0.01	317.5	45.15
-4	85	-160	82	0.01	320.0	47.65
-646	-33	543	124	0.01	322.5	50.15
0	3	20	-22	0.01	325.0	52.65
-147	-3	102	46	0.01	327.5	55.15
-2,199	20	1,640	533	0.01	330.0	57.65
4,123	-11,598	4,582	7,684	274.75	최근월 차근월	275.15

② 풋옵션

현재가	행사가	현재가	개인	외국인	금융투자	투신
58.75	215.0	0.01	-36	44	-1	0
54.70	217.5	0.01	5	2	-4	0
52.20	220.0	0.01	-27	18	0	0
49.70	222.5	0.01	243	2,015	-1,647	0
47.20	225.0	0.01	49	32	-75	0
44.70	227.5	0.01	582	51	-633	0
42.95	230.0	0.01	274	277	-314	0
39.70	232.5	0.02	2,064	391	-2,511	0
37.20	235.0	0.03	3,701	-1,921	-1,784	0
34.70	237.5	0.04	-1,483	1,557	233	0
33.00	240.0	0.05	1,646	-484	-651	0
29.75	242.5	0.06	346	1,481	-1,697	0
27.25	245.0	0.09	1,823	-732	-1,108	0
24.75	247.5	0.13	19	356	-285	0
24.50	250.0	0.18	-716	3,964	138	1
21.80	252.5	0.25	-1,107	2,857	-1,175	21
274.75	최근월 차근월	275.15	25	-32	6	3

③ 등가콜풋옵션

투신	금융투자	외국인	개인	현재가	행사가	현재가	개인	외국인	금융투자	투신
0	-1	74	10	58.75	215.0	0.01	-82,044	100,139	-15,873	-1,882
0	0	0	0	54.70	217.5	0.01	-43,250	51,312	-6,017	34
0	2	14	-16	52.20	220.0	0.01	-17,699	22,858	-1,947	-84
0	0	0	0	49.70	222.5	0.01	-404	10,364	-6,730	-5
0	0	0	0	47.20	225.0	0.01	-6,424	6,736	-1,373	4
0	0	2	-2	44.70	227.5	0.01	-4,669	11,018	-4,544	8
0	0	6	-3	42.95	230.0	0.01	-4,683	13,060	-6,516	77
0	0	0	0	39.70	232.5	0.02	-2,044	11,401	-8,489	-22
0	0	0	0	37.20	235.0	0.03	741	7,358	-5,740	44
0	0	0	0	34.70	237.5	0.04	-9,956	13,948	-2,834	146
0	0	13	-10	33.00	240.0	0.05	-4,581	9,131	-1,464	185
0	0	0	0	29.75	242.5	0.06	-3,054	12,924	-6,552	39
0	0	103	-81	27.25	245.0	0.09	-1,270	7,168	-183	11
0	0	5	-2	24.75	247.5	0.13	-7,115	17,558	-2,408	115
0	-4	86	-64	24.50	250.0	0.18	-13,824	17,620	1,071	32
0	-9	45	-3	21.80	252.5	0.25	-12,881	15,095	97	218
0	3	102	-104	19.45	255.0	0.34	2,242	-6,043	3,945	131
0	-8	275	-204	16.55	257.5	0.46	-199	-9,936	11,826	59
-6	-35	-2	70	14.90	260.0	0.64	13,991	-28,824	15,208	5
-114	12	-96	404	12.70	262.5	0.89	-964	-3,810	4,748	-452
-3,258	66	2,494	767	10.60	265.0	1.24	2,576	-2,160	4,065	-4,732

④ 개인손실

선택	보유잔고	구분	수량	평균가	현재가	I.V	델타	감마	세타	베가	평가손익(십만원)
☑	KOSPI200 1903	매수	3556	274.40	274.75		100.00				3,111.50
☑	C 1902 250.0	매도	2	23.97	24.50	19.72	-97.75	-0.4166	0.0245	-0.0404	-2.65
☑	C 1902 252.5	매수	1	21.80	21.80	13.99	96.35	0.6244	-0.0305	0.0606	0.00
☑	C 1902 257.5	매수	1	16.65	16.55	0.00	91.52	1.2134	-0.0473	0.1178	-0.25
☑	C 1902 260.0	매수	12	14.48	14.90	15.95	87.83	1.5779	-0.0576	0.1531	12.60
☑	C 1902 262.5	매수	6	12.25	12.70	15.65	-83.19	-1.9623	0.0683	-0.1905	-6.75
☑	C 1902 265.0	매수	8	10.32	10.60	15.29	77.61	2.3365	-0.0786	0.2268	5.60
☑	C 1902 267.5	매도	13	8.25	8.57	14.67	-71.16	-2.6672	0.0874	-0.2589	-10.40
☑	C 1902 270.0	매도	1702	6.49	6.72	14.16	-64.02	-2.9223	0.0940	-0.2837	-978.65
☑	C 1902 272.5	매도	899	4.81	5.05	13.61	-56.43	-3.0764	0.0975	-0.2986	-539.40
											-278.04
	합계(평가손익)						232792.31	-5782.39	183.51	-562.63	

◉ 손익구조 ◯ 포지션정량비교 ◯ 주체결합

기초자산 범위 219.10 ◀▶ ~ 328.66 ◀▶ ☑ 자동범위

□ 주식(장내) 순매매 금액 추가 : -2100억원

손익분기	기초자산 가격	
만기손익	265.50 279.90	290.10
이론손익	274.10	

구분	만기손익	이론손익
선물	471258.91	479565.09
콜	393836.09	401146.41
풋	15789.28	15788.90

KOSPI200 : 327.41

☑ 만기손익 ☑ 이론손익

4) 해외선물 잘하기

여러분은 해외선물구조를 알고 거래하시나요?

시카고선물거래소에서 통신사를 거쳐 증권사 증권사를 거쳐 개인으로 오기에 매우 불리한가운데 거래한다. 체결이 안되어 당황할 때도 있고 갑자기 HTS가 꺼질때도 있다.

보상 대책도 세워야한다. 즉 HTS를 캡쳐해 두는 습관이 필요하다.

외국은 대여가 합법이므로 세력이 개인 손해를 보게 HTS를 설계하였다. 장중에 급락급등은 대여아웃시키는 프로그램이 있어 여러분 계좌가 주문 들어간 것을 한눈에 보고 거래하기에 365일 불리하다.

우선 증거금으로 감을 잡고 보아야할 지표를 공부하고 거래에 임하자.

월물표기 암기

FGHJ   에프그래이드학점
KMNQ   케이맨큐
UVXZ   알파벳 유브이엑스제트

① 해선이해하기 월표기

F 1월
G 2월
H 3월
J 4월
--------------------FGHJ   에프그래이드학점

K 5월
M 6월
N 7월
Q 8월
--------------------KMNQ   케이맨큐

U 9월
V 10월
X 11월
Z 12월
--------------------UVXZ   알파벳 유브이액스제트

암기합시다

해외선물뉴스

[6300] 해외선물 가이드

해외선물 가이드

공지사항 | 선물상품명세 | 선물증거금 | 경제지표 | 시황리서치 | Q&A | 화면안내 | 아카데미

| Today | This Week | This Month | | 2019/01/18 ~ 2019/04/19 | 조회 |

날짜	시간	국가	경제지표	실제	예상	이전	중요도	그래프
1.18 Fri	0030	USD	(미국)EIA 천연가스 재고 증감				하	차트보기
	0030	USD	(미국)EIA 천연가스 재고증감	-81Bcf	-82Bcf	-91Bcf	하	차트보기
	0030	USD	(미국)천연가스 재고증감				하	
	0030	USD	(미국)천연가스 재고증감				하	
	0045	USD	(미국)Fed Quarles 연설				중	
	0130	USD	(미국)4주물 국채 입찰	2.37%		2.38%	하	차트보기
	0300	USD	(미국) 10년물 물가채 입찰	0.919%		1.109%	하	차트보기

157

③ 시황

말로 설명이 힘듬 다우는 오르는데 에스엔피는 하락

개인포지션 양매수가 있어 마진콜을 시킬려는 의도임

건수	잔량	04:59:37	잔량	건수	거 래 소	CME	가격 표시	1
25	39	26804			시 가	26685	고 가	26837
25	37	26803	시가	26685	저 가	26552	정 산 가	26678
26	41	26802	고가	26837	영업 일자	2018/10/02	최종 거래	2018/12/21
22	34	26801	저가	26552	잔존 만기	81	F N D	2018/12/21
4	6	26800	거래	158,794	증 거 금	5390.00	결제 방식	현금결제
	현재가	26800		122				

[9551] 해외선물 현재가

NQZ18 E-mini NASDAQ100(18-12/USD)

건수	잔량	04:59:37	잔량	건수	거 래 소	CME	가격 표시	1/100
19	67	7656.50			시 가	7675.00	고 가	7712.75
17	60	7656.25	시가	7675.00	저 가	7630.25	정 산 가	7675.50
18	33	7656.00	고가	7712.75	영업 일자	2018/10/02	최종 거래	2018/12/21
14	30	7655.75	저가	7630.25	잔존 만기	81	F N D	2018/12/21
5	5	7655.50	거래	381,613	증 거 금	6380.00	결제 방식	현금결제
	현재가	7655.25		-20.25				

[9551] 해외선물 현재가

6BZ18 British Pounds(18-12/USD)

건수	잔량	04:59:37	잔량	건수	거 래 소	CME	가격 표시	1/10000
12	57	1.3031			시 가	1.3082	고 가	1.3093
17	67	1.3030	시가	1.3082	저 가	1.2984	정 산 가	1.3022
13	50	1.3029	고가	1.3093	영업 일자	2018/10/02	최종 거래	2018/12/17
14	59	1.3028	저가	1.2984	잔존 만기	77	F N D	2018/12/17
3	9	1.3027	거래	86,858	증 거 금	1650.00	결제 방식	인수도결제
	현재가	1.3027		-0.0055	상장 최고	1.4491		
1.3027	1 ▲	1.3026		38 8				

④ 증거금으로이해하기

미니다우가 2만5천지수 1당 5달러 12만5천달러 약 1억3천에서 4천

에스엔프 2772.25　　　1당50달러　　　　　약1억4천

미니나스닥 7284.75　　　1당20달러　　　　　약1억5천

미니항생 25570　　　1당 10달러(1440원)

유로달러 지수1.16165　　유로/달러　　　　　약1억3천

골드　　1221.6　　　　1당 100불 122160달러　약1억3천선

크루드오일 71.51　　　1당 1000불　7만달러　약8천

4) 기술적분석

① 기본챠트

시가 고가 저가 종가
시가보다 종가가 높으면 양봉
사가보다 종가가 낮으면 음봉
1분봉 3분봉 5분봉 10분봉 15분봉 30분봉 60분봉 120분봉 240분봉
② 이동평균
5일선 10일선 15일선 60일선
기술적분석 주가와 거래량의 과거 흐름을 분석 미래의 주가를 예측하는 방법
이격도 골든크로스 데드크로스 역배열 정배열 쌍봉 쌍바닥 엘리어트파동
③ 스토케스틱
스토케스틱 주어진 기간 중에 움직인 가격 범위내에서 당일의 종가가 상대적으로 어디에 위치하고 있는지 알려주는지표

$$\text{fast}\%k = \frac{\text{오늘의종가} - \text{최근n일중장중최저가}}{\text{최근n일동안의최고가} - \text{최근n일동안장중최저가}} \times 100$$

$$\text{slow }\%k = \frac{(\text{오늘의종가} - \text{최근n일중장중최저가})\text{의 n일의이동평균}}{(\text{최근n일동안의최고가} - \text{최근n일동안장중최저가})\text{의 n일의이동평균}} \times 100$$

2. 옵션+옵션

1) 버터플라이
설정 내재변동성 잔존일수 기준 코스피200현물지수

선물옵션투자 버터플라이 매수는 콜옵션 3개로 구성하는데 이들은 선물옵션투자시 동한 만기를 가지고 행사가격이 등가격이어야 한다.

선물옵션투자 버터플라이 매수 손익분기점 사이에 있는 경우 이익이 발생하면 선물옵션 ×2에 있을 때 최대익(×2-×1)- 프리미엄 차액이 발생한다.

선물옵션투자 버터플라이 매수 선물옵션이 크게 변동한 경우에 손실이 발생하며 선물옵션 ×1 이하 또는 ×3에 있을 때 최대 손실 프리미엄 차액이 생긴다.

2) 더블버터플라이
3) 방향성버터플라이
4) 콘돌 방향성콘돌

3-7 초기 증거금 비교

상품	증거금
① 코스피200 선물옵션	3000만
② 주식선물	3000만
③ elw	유안타 : 제한없음 (위탁계좌)

제4장 코스피선물옵션투자론

4-1 해외선물증거금

4-2 주요해외선물상품 틱가치 기초자산

4-1 해외선물증거금

거래소	코드	상품명	통화	액당증거금($)	유지증거금($)
CME	6A	Australian Dollar	USD	1,375	1,250
CME	6B	British Pounds	USD	1,815	1,650
CME	6C	Canadian Dollars	USD	1,265	1,150
CME	6E	Euro FX	USD	2,530	2,300
CME	6J	Japanese Yen	USD	2,200	2,000
CME	6S	Swiss Franc	USD	2,860	2,600
ICE	DX	US $ INDEX	USD	1,650	1,650
CME	E7	E-mini Euro FX	USD	1,265	1,150
CME	J7	E-mini JPY/USD	USD	1,100	1,000
CME	M6A	eMicro AUD/USD	USD	138	125
CME	M6B	eMicro GBP/USD	USD	182	165
CME	M6E	eMicro EUR/USD	USD	253	230
CME	MJY	eMicro JPY/USD	USD	220	200

[6300] 해외선물 가이드

| 통화 | 에너지 | 농산물 | 금리 | 지수 | 금속 | 축산물 |

거래소	코드	상품명	통화	위탁증거금($)	유지증거금($)
ICE	BM	mini Brent Crude	USD	270	270
ICE	BRN	ICE Brent Crude	USD	3,650	3,650
CME	CL	Crude Oil	USD	3,905	3,550
ICE	GAS	ICE Low Sulphur Gasoil	USD	2,600	2,600
ICE	GM	mini Low Sulphur Gasoil	USD	270	270
CME	HO	Heating Oil	USD	4,620	4,200
CME	NG	Natural Gas	USD	3,080	2,800
CME	QG	miNY Natural Gas	USD	770	700
CME	QM	miNY Crude Oil	USD	1,953	1,775
CME	RB	RBOB Gasoline	USD	4,620	4,200
ICE	TM	mini WTI Crude	USD	270	270
ICE	WBS	ICE WTI Crude	USD	3,250	3,250

거래소	코드	상품명	통화	위탁증거금($)	유지증거금($)
ICE	CC	Cocoa	USD	1,900	1,900
ICE	CT	Cotton No.2	USD	2,650	2,650
ICE	KC	Coffee C	USD	2,700	2,700
ICE	OJ	FCOJ-A	USD	807	807
ICE	SB	Sugar - World No. 11	USD	952	952
CME	ZC	Corn	USD	880	800
CME	ZL	Soybean Oil	USD	550	500
CME	ZM	Soybean Meal	USD	1,595	1,450
CME	ZO	Oats	USD	743	675
CME	ZR	Rough Rice	USD	1,375	1,250
CME	ZS	Soybeans	USD	2,255	2,050
CME	ZW	Wheat	USD	1,375	1,250

거래소	코드	상품명	통화	위탁증거금($)	유지증거금($)
EUREX	BTS	Short Term Euro-BTP 3y	EUR	1,900	1,900
LIFFE	ERB	Euribor	EUR	448	448
CME	GE	Eurodollar	USD	165	150
EUREX	IK	Euro-BTP 10y	EUR	4,150	4,150
EUREX	OAT	Euro-OAT 10yr	EUR	2,090	2,090
EUREX	OE	Euro Bobl	EUR	1,075	1,075
EUREX	RX	Euro-Bund 10yr	EUR	2,260	2,260
EUREX	UB	Euro BUXL 30Y Bond	EUR	6,360	6,360
CME	ZB	30Yr U.S. Bonds	USD	2,530	2,300
CME	ZF	5Yr U.S. Notes	USD	748	680
CME	ZN	10Yr U.S. Notes	USD	1,155	1,050

처리결과 | 2019/01/18 (금) 16:49:44 정상적으로 조회되었습니다.

[6300] 해외선물 가이드

| 통화 | 에너지 | 농산물 | 금리 | 지수 | 금속 | 축산물 |

거래소	코드	상품명	통화	위탁증거금($)	유지증거금($)
CME	ES	E-mini S&P 500	USD	6,600	6,000
EUREX	GX	DAX Index	EUR	21,273	21,273
HKEX	HCA	H-Share Index	HKD	43,092	34,473
HKEX	HSI	Hangseng Index	HKD	109,592	87,673
HKEX	MCH	Mini H-Share Index	HKD	8,618	6,894
HKEX	MHI	Mini Hangseng Index	HKD	21,918	17,534
CME	NIY	NIKKEI 225 YEN	JPY	572,000	520,000
CME	NKD	Nikkei 225 ($)	USD	5,720	5,200
CME	NQ	E-mini NASDAQ100	USD	7,700	7,000
SGX	SCH	MSCI China Index	USD	1,650	1,500
SGX	SCN	FTSE CHINA A50	USD	880	800
SGX	SIN	CNX Nifty Index	USD	935	850
SGX	SNK	SGX Nikkei 225	JPY	616,000	560,000

167

자금관리

2019/07/27 (금) 15:03:52 국내선물옵션 증거금이 갱신되었습니다.

소재지	코드	상품명	통화	유지증거금(₩)	위탁증거금(₩)
CME	S	SILVER	USD	3,960	3,600
CME	HE	H-C COPPER	USD	1,540	1,400
CME	PA	PALLADIUM	USD	2,090	1,900
CME	GC	mini GOLD (QO)	USD	1,870	1,700
SGX	SCO	SGX TSI Iron Ore(SCO)	USD	704	640
CME	CC	COCOA	USD	3,410	3,101
CME		GOLD	USD	3,740	3,400

[3300] 해외선물 자금관리 주문 수지 금리 물산동 지디에이 활황

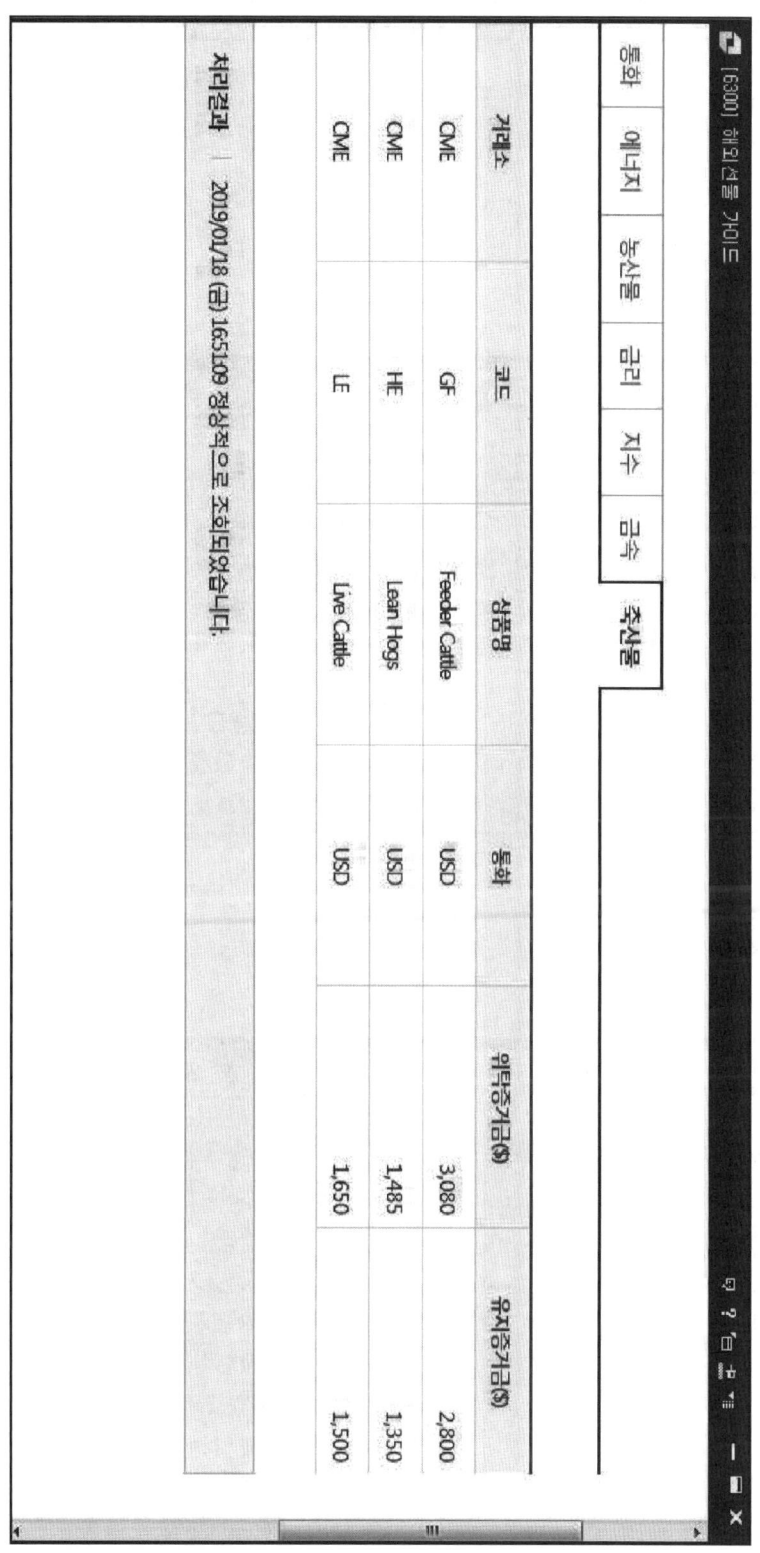

4-2 주요해외선물상품 틱가치 기초자산

1. 금속 골드선물

거래소	CME	시가	1214.4
상품구분	금속	고가	1226.0
전일종가	1215.0	저가	1213.7
상장일	2017/08/30	최초통보일	2018/11/30
잔존만기	42	최종거래일	2018/12/27
위탁증거금	3,740	만기결제	실물인수도
유지증거금	3,400	거래여부	거래가능
계약크기	100	거래통화	USD
틱 Size	0.1	틱 가치	10
장개시	08:00:00	장마감	07:00:00

2. 농축산물 쌀선물

거래소	CME	시가	10,720
상품구분	농축산물	고가	10,930
전일종가	10,740	저가	10,715
상장일	2018/05/15	최초통보일	2019/01/14
잔존만기	60	최종거래일	2019/01/14
위탁증거금	990	만기결제	실물인수도
유지증거금	900	거래여부	거래가능
계약크기	2000	거래통화	USD
틱 Size	0.005	틱 가치	10
장개시	10:00:00	장마감	04:20:00

3. 에너지 가솔린

RBF19		RBOB Gasoline JAN19				체결	종목상세		상품정보
현재가	1.5716 ▲	0.0252	+1.63%	55,111		거래소	CME	시가	1.5412
CME	잔존 46 일	증거금	4,180	USD		상품구분	에너지	고가	1.5994
건수	매도잔량	07:00:00	매수잔량	건수		전일종가	1.5464	저가	1.5412
1	17	1.6092	시가	1.5412		상장일	2017/11/01	최초통보일	2018/12/31
1	50	1.6075	고가	1.5994		잔존만기	46	최종거래일	2018/12/31
1	1	1.6040	저가	1.5412		위탁증거금	4,180	만기결제	실물인수도
1	1	1.6031	시가대비	+0.0304		유지증거금	3,800	거래여부	거래가능
1	1	1.5946	전일종가	1.5464		계약크기	42000	거래통화	USD
		1.5549		1	1	틱 Size	0.0001	틱 가치	4.2
		1.5450		1	1	장개시	08:00:00	장마감	07:00:00
		1.5350		1	1				
		1.5323		1	1				
		1.5233		2	1				
5	70		-64	6	5				

4. 에너지 네츄럴가스

NGZ18		Natural Gas DEC18				체결	종목상세		상품정보
현재가	4.390 ▲	0.352	+8.72%	264,295		거래소	CME	시가	3.907
CME	잔존 13 일	증거금	2,145	USD		상품구분	에너지	고가	4.390
건수	매도잔량	07:00:00	매수잔량	건수		전일종가	4.038	저가	3.907
1	5	4.422	시가	3.907		상장일	2017/09/28	최초통보일	2018/11/28
1	1	4.420	고가	4.390		잔존만기	13	최종거래일	2018/11/28
1	5	4.411	저가	3.907		위탁증거금	2,145	만기결제	실물인수도
1	1	4.406	시가대비	+0.483		유지증거금	1,950	거래여부	거래가능
1	1	4.400	전일종가	4.038		계약크기	10000	거래통화	USD
		4.351		10	2	틱 Size	0.001	틱 가치	10
		4.310		1	1	장개시	08:00:00	장마감	07:00:00
		4.302		1	1				
		4.232		1	1				
		4.230		1	1				
5	13		+1	14	6				

3. 에너지 가솔린

RBF19		RBOB Gasoline JAN19			체결	종목상세			상품정보
현재가	1.5716 ▲	0.0252	+1.63%	55,111	거래소	CME	시가	1.5412	
CME	잔존 46 일	증거금	4,180	USD	상품구분	에너지	고가	1.5994	
건수	매도잔량	07:00:00	매수잔량	건수	전일종가	1.5464	저가	1.5412	
1	17	1.6092	시가	1.5412	상장일	2017/11/01	최초통보일	2018/12/31	
1	50	1.6075	고가	1.5994	잔존만기	46	최종거래일	2018/12/31	
1	1	1.6040	저가	1.5412	위탁증거금	4,180	만기결제	실물인수도	
1	1	1.6031	시가대비	+0.0304	유지증거금	3,800	거래여부	거래가능	
1	1	1.5946	전일종가	1.5464	계약크기	42000	거래통화	USD	
		1.5549	1	1	틱 Size	0.0001	틱 가치	4.2	
		1.5450	1	1	장개시	08:00:00	장마감	07:00:00	
		1.5350	1	1					
		1.5323	1	1					
		1.5233	2	1					
5	70		-64	6	5				

4. 에너지 네츄럴가스

NGZ18		Natural Gas DEC18			체결	종목상세			상품정보
현재가	4.390 ▲	0.352	+8.72%	264,295	거래소	CME	시가	3.907	
CME	잔존 13 일	증거금	2,145	USD	상품구분	에너지	고가	4.390	
건수	매도잔량	07:00:00	매수잔량	건수	전일종가	4.038	저가	3.907	
1	5	4.422	시가	3.907	상장일	2017/09/28	최초통보일	2018/11/28	
1	1	4.420	고가	4.390	잔존만기	13	최종거래일	2018/11/28	
1	5	4.411	저가	3.907	위탁증거금	2,145	만기결제	실물인수도	
1	1	4.406	시가대비	+0.483	유지증거금	1,950	거래여부	거래가능	
1	1	4.400	전일종가	4.038	계약크기	10000	거래통화	USD	
		4.351	10	2	틱 Size	0.001	틱 가치	10	
		4.310	1	1	장개시	08:00:00	장마감	07:00:00	
		4.302	1	1					
		4.232	1	1					
		4.230	1	1					
5	13		+1	14	6				

5. 통화 마이크로유로

거래소	CME	시가	1.1350
상품구분	통화	고가	1.1447
전일종가	1.1377	저가	1.1347
상장일	2018/06/19	최초통보일	2018/12/17
잔존만기	32	최종거래일	2018/12/17
위탁증거금	253	만기결제	실물인수도
유지증거금	230	거래여부	거래가능
계약크기	12500	거래통화	USD
틱 Size	0.0001	틱 가치	1.25
장개시	08:00:00	장마감	07:00:00

6. 지수 미니항생

거래소	HKE	시가	10575
상품구분	지수	고가	10651
전일종가	10584	저가	10513
상장일	2018/10/02	최초통보일	2018/11/29
잔존만기	11	최종거래일	2018/11/29
위탁증거금	8,618	만기결제	현금결제
유지증거금	6,894	거래여부	거래가능
계약크기	10	거래통화	HKD
틱 Size	1	틱 가치	10
장개시	18:15:00	장마감	17:30:00

7. 지수 중국항생

거래소	HKE	시가	10570
상품구분	지수	고가	10650
전일종가	10583	저가	10514
상장일	2018/10/02	최초통보일	2018/11/29
잔존만기	11	최종거래일	2018/11/29
위탁증거금	43,092	만기결제	현금결제
유지증거금	34,473	거래여부	거래가능
계약크기	50	거래통화	HKD
틱 Size	1	틱 가치	50
장개시	18:15:00	장마감	17:30:00

8. 지수 미니중국항생

거래소	HKE	시가	10570
상품구분	지수	고가	10650
전일종가	10583	저가	10514
상장일	2018/10/02	최초통보일	2018/11/29
잔존만기	11	최종거래일	2018/11/29
위탁증거금	43,092	만기결제	현금결제
유지증거금	34,473	거래여부	거래가능
계약크기	50	거래통화	HKD
틱 Size	1	틱 가치	50
장개시	18:15:00	장마감	17:30:00

9. 지수 미니항생

거래소	HKE	시가	26096
상품구분	지수	고가	26238
전일종가	26113	저가	25957
상장일	2018/10/02	최초통보일	2018/11/29
잔존만기	11	최종거래일	2018/11/29
위탁증거금	21,918	만기결제	현금결제
유지증거금	17,534	거래여부	거래가능
계약크기	10	거래통화	HKD
틱 Size	1	틱 가치	10
장개시	18:15:00	장마감	17:30:00

10. 지수 차이나A50

거래소	SGX	시가	11195.0
상품구분	지수	고가	11342.5
전일종가	11197.5	저가	11137.5
상장일	2018/08/30	최초통보일	2018/11/29
잔존만기	11	최종거래일	2018/11/29
위탁증거금	880	만기결제	현금결제
유지증거금	800	거래여부	거래가능
계약크기	1	거래통화	USD
틱 Size	2.5	틱 가치	2.5
장개시	18:00:00	장마감	17:30:00

11. 지수 니케이225달러

거래소	CME	시가	21925
상품구분	지수	고가	21925
전일종가	21950	저가	21505
상장일	2018/06/08	최초통보일	2018/12/13
잔존만기	28	최종거래일	2018/12/13
위탁증거금	5,720	만기결제	현금결제
유지증거금	5,200	거래여부	거래가능
계약크기	5	거래통화	USD
틱 Size	5	틱 가치	25
장개시	08:00:00	장마감	07:00:00

12. 지수 항생선물지수

거래소	HKE	시가	26107
상품구분	지수	고가	26239
전일종가	26115	저가	25958
상장일	2018/10/02	최초통보일	2018/11/29
잔존만기	11	최종거래일	2018/11/29
위탁증거금	109,592	만기결제	현금결제
유지증거금	87,673	거래여부	거래가능
계약크기	50	거래통화	HKD
틱 Size	1	틱 가치	50
장개시	18:15:00	장마감	17:30:00

13. 항생콜옵션

HSIX18C26000	Hang Seng C26000 NOV18			체결	종목상세			상품정보
현재가	530 ▲	30	+6.00%	2,188	거래소	HKE	시가	507
HKE	잔존 11일	증거금	109,592	HKD	기초자산	HSIX18	고가	590
건수	매도잔량	01:59:00	매수잔량	건수	옵션타입	European	저가	375
2	4	1000	시가	507	만기결제	현금결제	전일종가	500
2	3	700	고가	590	거래통화	HKD	거래량	2,188
2	2	660	저가	375	승수	50	내재가치	128
1	2 H	590	시가대비	+23	틱사이즈	1	시간가치	402
1	1	563	전일종가	500	틱가치	50	최종거래일	2018/11/29
		502		1 1	위탁증거금	109,592	잔존만기	11
		500		1 1	장개시	18:15:00	장마감	17:30:00
		470		2 1				
		440		1 1				
		420		1 1				
8	12	-6		6 5				

14. 항생풋옵션

HSIX18P26000	Hang Seng P26000 NOV18			체결	종목상세			상품정보
현재가	398 ▼	58	-12.72%	1,070	거래소	HKE	시가	440
HKE	잔존 11일	증거금	109,592	HKD	기초자산	HSIX18	고가	572
건수	매도잔량	01:59:42	매수잔량	건수	옵션타입	European	저가	350
			시가	440	만기결제	현금결제	전일종가	456
			고가	572	거래통화	HKD	거래량	1,070
1	1	490	저가	350	승수	50	내재가치	0
1	1	480	시가대비	-42	틱사이즈	1	시간가치	398
1	1	477	전일종가	456	틱가치	50	최종거래일	2018/11/29
		345		5 1	위탁증거금	109,592	잔존만기	11
					장개시	18:15:00	장마감	17:30:00
3	3	+2		5 1				

177

제5장 실전연습

5-1 Risk

5-2 실전연습

5-3 국선

5-4 해선(통화 에너지 농산물 금리 지수 금속 축산물)

5-5 시장분석

5-1 Risk

옵션 합성 : 옵션은 유동성 환급성 관점에서 Risk 관리를 하여야 한다.

Risk는 호가의 위험 체결의 위험이다.

호가의 위험으로 현재가의 왜곡 현상으로 Risk가 위험에 빠지면 청산의 위험으로 연결되어 망한다.

가령 팔자 50만 사자 10만 9만부터 49만까지 사자 팔자가 없다면 반대의 입장에서 청산해야 한다면 사자 50만 팔자 10만원에 청산하여야 한다.

만약 시장가로 10만원에 청산하여야 청산된다면 50만원 사자 10만원 팔자에 체결이 된다.

육안으로 계산을 C+X=P+F 공식에 의해 X 250(행사가) F(280) 선물지수라면 풋콜 체러에 의해 C와 P의 시간가치는 같다. C는 내재가치가 있는 콜 P는 내재 가치가 있는 곳으로 행사가 250에서의 콜옵션의 내재가치는 F-X=30(300만원) 이고 풋옵션은 아주 미미한 값을 갖는 의미가 프리미엄풋이다.

① 호가의 위험
② 현재가의 위험
③ 청산의 위험
④ 증거금 위험

①로 인한 ②, ③, ④가 발생되므로 얼마나 ①이 중요한지를 알수 있다.

이러한 현상이 코스피 200원 월물옵션 해외선물 옵션에서 반식하므로 위험에 대비하여 유동성을 체크하여야 한다.

유동성이 없는 물건은 손대지 않는 것이 정답이다.

5-2 실전연습

1. 개요

시장을 이해하면 자신감이 생기고 시장 원리를 깨달으면 단돈 10만원으로 실계좌로 성공할 수 있다.

옵션은 만기가 임박해서 프리미엄이 죽은 상태에서 시장을 보고 진입하면 큰 수익이 가능하다. 외국옵션은 프리미엄이 비싸 양매도가 큰 수익을 준다고 착각 할 수 있으나 방심하기보다 안전한 투자전략으로 큰 수익을 올릴 수 있다. 그 물건의 생리파악을 잘하여야 하는데 교육장에서 직접 교육받고 깨닫는 것이 현명하다.

2. 종류

1) cosp 200 선물, cospi 200선물 옵션
2) 주식선물
3) 해선

해선 옵션   - 에너지 : 가솔린, 난방류, 원유, 천연가스
            - 통화 : 엔, 유로, 파운드
            - 지수 : 다우, S&P
            - 농수산물 : 옥수수, 밀, 대두
            - 금속 : 금, 은

3. 계좌개설 절차

① 은행이나 증권거래소 방문 → 신분증 은행연결 계좌 필요
② 공인인증서 발급(인증서를 USB가 편리)
③ 국내 선물옵션 거래시 사전교육 수료 및 3000만원 기본 예탁금 필요
④ 해외선물은 ③항의 교육의무가 필요 없음

4. 선물옵션 실전 확률 90프로 실전

국선은 사전교육을 받고 증거금 3천만원을 위탁해야 거래할 수 있다.
반면에 해외선물은 사전교육이 필요 없이 증거금 30만원 부터 1000만원까지 다양하다.

계좌개설시 은행에서나 지점에서 국내 주식 선물 해선은 개설 가능하며 국선은 증권사에서 사전교육 유무를 확인하여 승인해 준다.

아이디와 통신 비밀번호 인증서 비밀번호 통장 계좌 비밀번호를 잘 관리하여야 한다.
공인인증서 사용시 1구좌로 제한하고, 구좌 열람은 가능하며 각 품목마다 특징이 있어 거래하는 데 기준을 정해서 위험관리를 잘하여야 한다.

스마트 어플로 거래하기에 편리하게 증권사는 서비스를 제공하고 있는데 유안타, 하나대투, 이트레이드, 키움이 편리하게 되어있고, 해선도 모의투자에 참여 실력을 함양할 수 있다.
많은 경험과 품목의 특징이 있으므로 성공하려면 실전교육을 글로벌에 오셔서 받는 것이 현명하다.

5-3 국선

1. 연수 소개

1) 한국거래소 선물옵션 사전교육기관은 www.krx.co.kr/

한국거래소-family site → 파생상품 모의거래 시스템 → 사이트 가입 후
프로그램을 설치하면 된다.

유가증권 200개 종목을 선정하여 수치로 나타낸 것이 코스피200선물옵션이다.
누구나 선물계좌를 개설하여 거래를 할 수 있는 것은 아니다.
선물옵션의 기본 예탁금은 선물 3000만원 옵션 5000만원을 책정하여 금융투자시 사전교육 20시간을 이수 후, 모의거래 50시간을 참여해야 한다. 옵션거래시는 1년 이상 선물거래 경력이 있어야 옵션거래에 참가할 수 있다.
코스피200선물옵션의 거래 시간은 09시~15시까지 오후 장은 18시~05시까지이고 코스피200 야간옵션은 17시~05시까지이다. 코스피200옵션의 만기일은 매월 둘째 주 목요일 공휴일이 있을 경우는 하루씩 앞당겨지며 선물옵션의 만기는 3, 6, 9, 12월의 둘째주 목요일이다.

해외선물은 교육 없이 입문이 가능하다

2. 국내 선물

1) 선물옵션개념 종류

지수
주식
통화(원달러 유로 위안) 금리 상품(금, 돈육)
① 코스피200현물   ② 코스피200선물
③ 코스피200선물옵션   ④ 골드 유로 원달러
⑤ 주식선물   ⑥ elw

5-4해선

1. 통화 에너지 농산물 금리 지수 금속 축산물

    지수   다우 에스엔피
    통화   유로 파운드 엔 호주
    금리   노트 본드 유로 30년, 10년, 5년, 2년 채권
    에너지   가솔린 원유
    농산물   밀 옥수수
    금속   금 (100온스) 은 (5000온스)
    축산물   feeder cattle   live hog

    실전 유안타 하나대투 이트레이드 키움

2. 주문 연습

    시장가 주문 지정가 주문 손절 스탑 주문
    양매수 주문 양매도 주문 손절 익절

3. 코스피200선물옵션 단기 장기매매 지표

    장 흐름 알기
      - 장기 흐름 파악
      - 수급
      - 일일수급
      - 월간누계수급

4. 초단기 흐름

시간대별 흐름
업종별 현황
일별 현황의 변화
시간대별로 세력의 움직임으로 지수 등락을 알 수 있다.
많은 훈련을 쌓으면 몇 시에 어느 지수대가 형성이 되고 지수 등락 포인트를 예측할 수 있다.

5. 차트매매 준비

일반적으로 트레이더들이 대부분 사용하나 차트만 가지고 시장에서 이기기가 힘들다 움직임은 초속으로 움직이며 지표는 후행성이기 때문이다.

이평선기리의 조합   5일선 10일선 15일 30일선 60일 90일선
시가고가저가 종가   봉차트 (1분 3분 5분 15분 30분

매번 변하기에 변화에 충실하면 된다. 과거가 그랬는데 지금은 어떻냐는 논리는 피하는 것이 수익에 현명하다.

6. 2019년 만기

코스피200선물옵션 옵션 만기는 매달 두 번째 주 목요일에 있고 선물과 선물옵션 만기는 3개월에 한번씩 3월 6월 9월 12월에 있다

옵션만기일
1월 12일
2월 14일
3월 14일   선물 만기
4월 11일
5월 9일
6월 13일   선물 만기

7월 11일
8월 8일
9월 11일 선물 만기 9월 12일 추석 연휴로
10월 10일
11월 14일
12월 12일 선물 만기

1) 실시간 지표

국선은 데이터가 코스콤을 거쳐 증권사 일반 고객으로 전달된다.
해선은 통신사를 거쳐 증권사 거쳐 일반 고객에 전달된다.

1) 선물 가이드 화면

날짜	시간	국가	경제지표	실제	예상	이전	중요도	그래프
1.18 Fri	00:30	USD	(미국)EIA 천연 가스 재고 증감				하	차트보기
	00:30	USD	(미국)EIA 천연 가스 재고 증감	-81Bcf	-82Bcf	-91Bcf	하	차트보기
	00:30	USD	(미국)천연연가스 재고증감				하	
	00:30	USD	(미국)천연연가스 재고증감				하	
	00:30	USD	(미국)천연연가스 재고증감				하	
	00:45	USD	(미국)Fed Quarles 연설				중	
	01:30	USD	(미국)주물 국채 입찰	2.37%		2.38%	하	차트보기
	03:00	USD	(미국) 10년물 물가채 입찰	0.919%		1.109%	하	차트보기

2) 경제지표

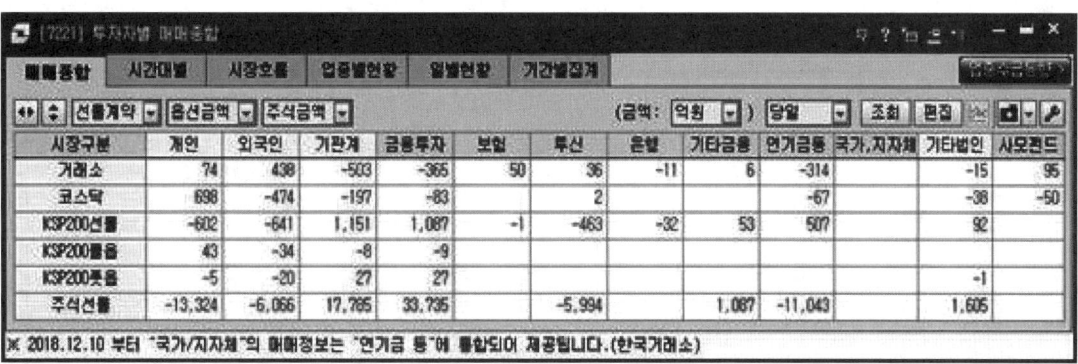

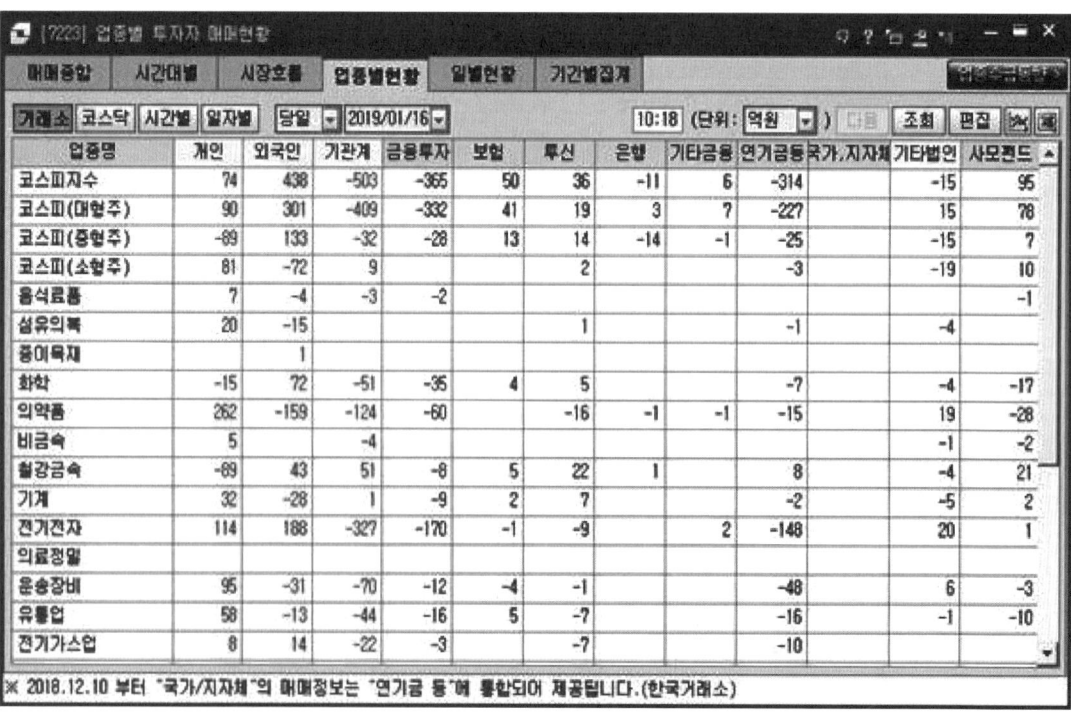

5-5 시장분석

1) 나스닥

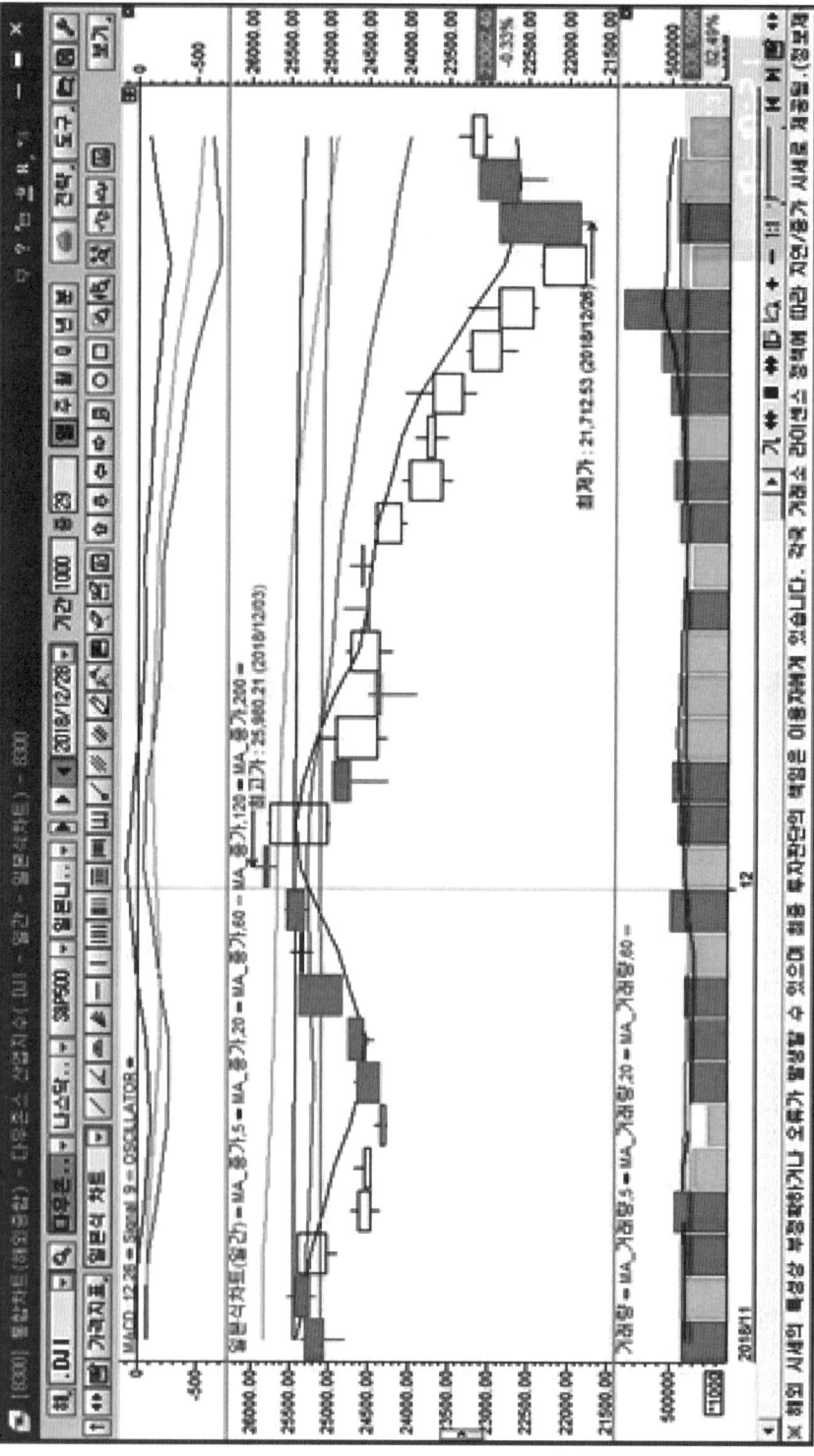

2) 파운드

[9551] 해외선물 현재가
6BF19
British Pounds(19-01/USD)
건수
잔량
22:09:07
시가 1.2697
고가 1.2805
저가 1.2697
거래 46
현재가 1.2810 0.0109
거래소 CME
가격표시 1/10000
시가 1.2697
고가 1.2800
저가 1.2697
정산가 1.2701
영업일자 2018/12/31
최종거래 2019/01/14
잔존만기 15
FND 2019/01/14
증거금 1815.00
결제방식 인수도결제
상장최고 1.3336
상장최저 1.2697
상품구분 통화
거래통화 USD
Tick Size 0.0001
Tick Value 6.2500
시작시간 08:00
종료시간 07:00
기간 101
일 주 월 분 틱
1 2 5 15 30
시간대별
일간
시간
현재가
대비
거래량
체결수량
최고가:1.2810(2018/12/31)
최저가:1.2558(2018/12/14)
1.2750
1.2700
1.2650
1.2600
1.2550

3) 전체시세

지수
통화
금리
농축산물

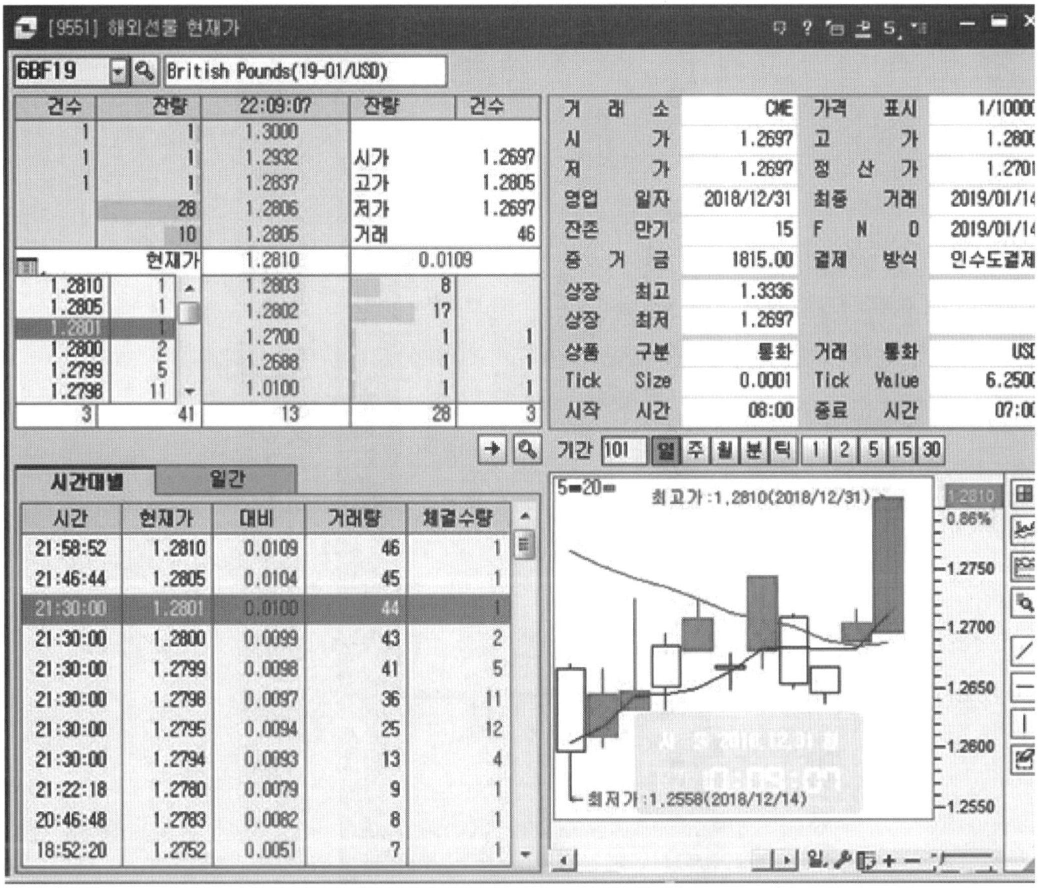

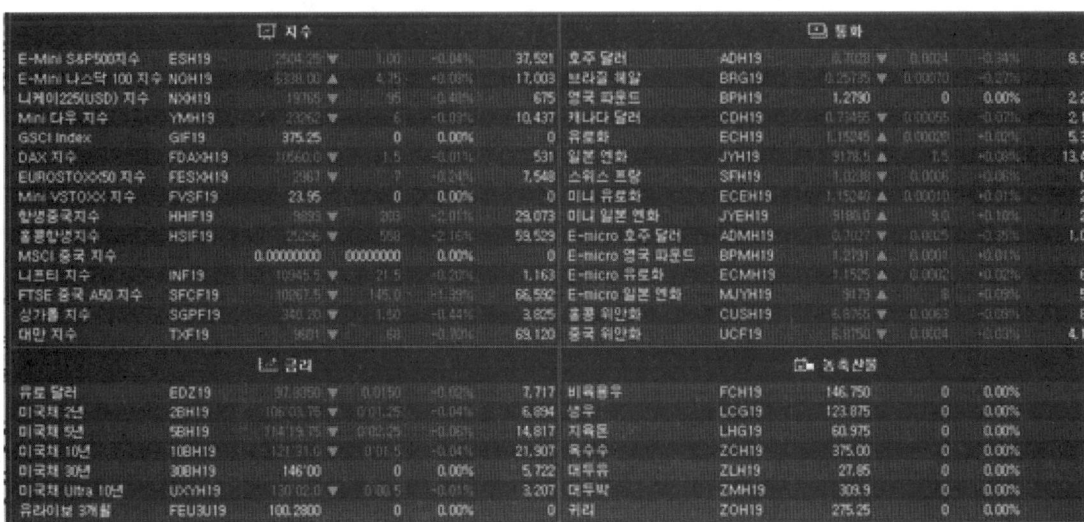

4) 해외옵션-유로달러

5) 골드옵션

6) 에스엔피옵션

7) 은(銀)

5-6 해선 실습

1) 번개주문

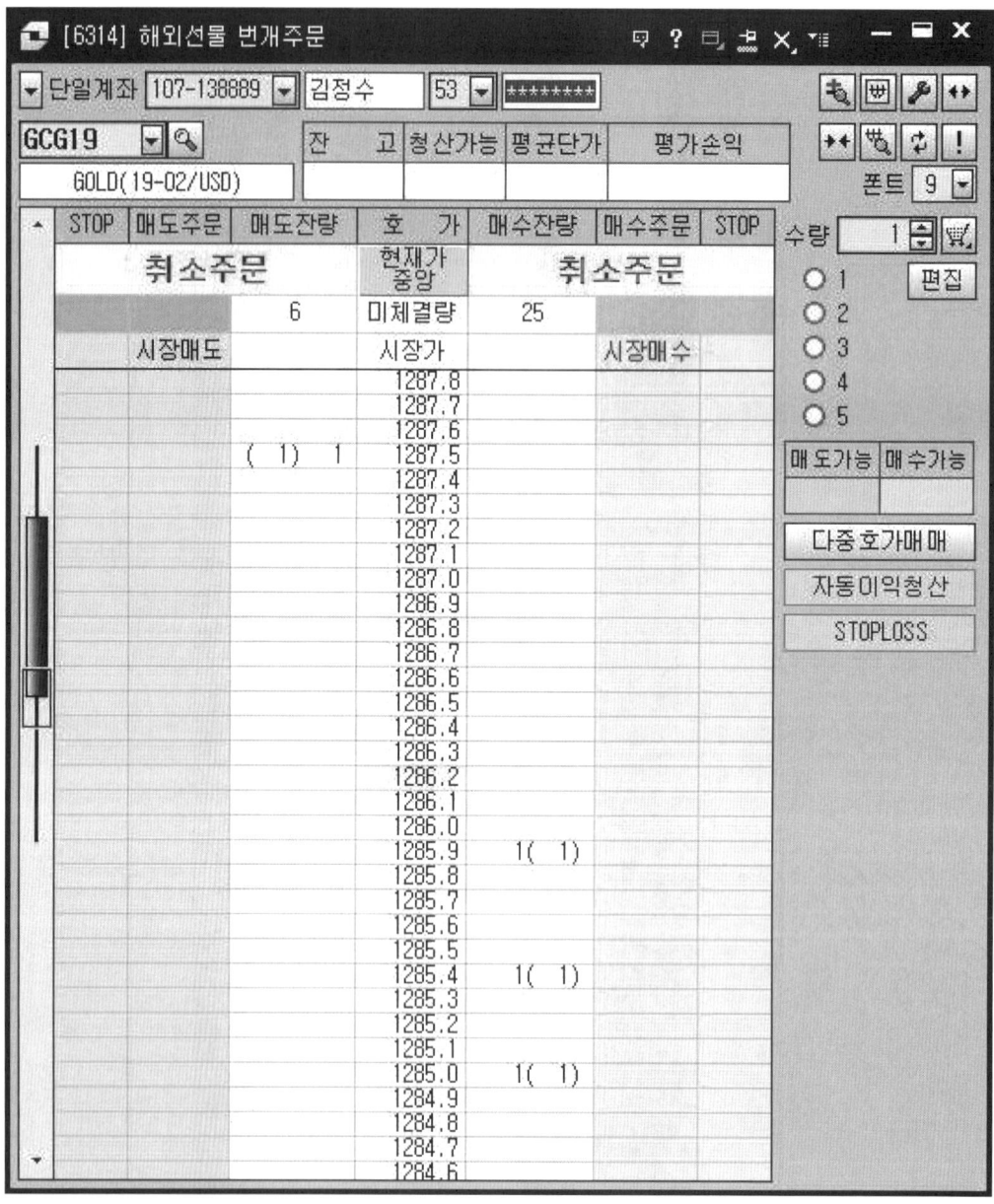

2) 예약주문

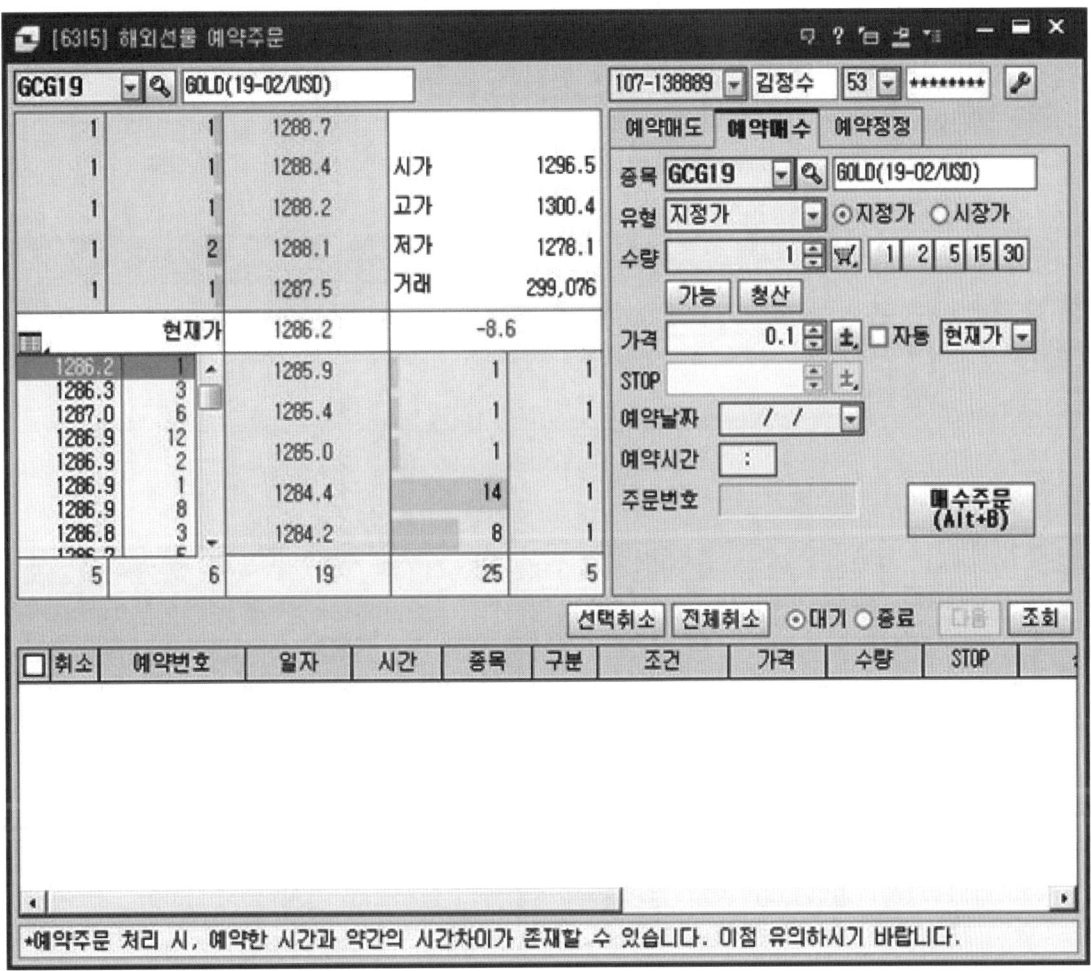

3) 잔존일 3일 해외옵션양매수 실습

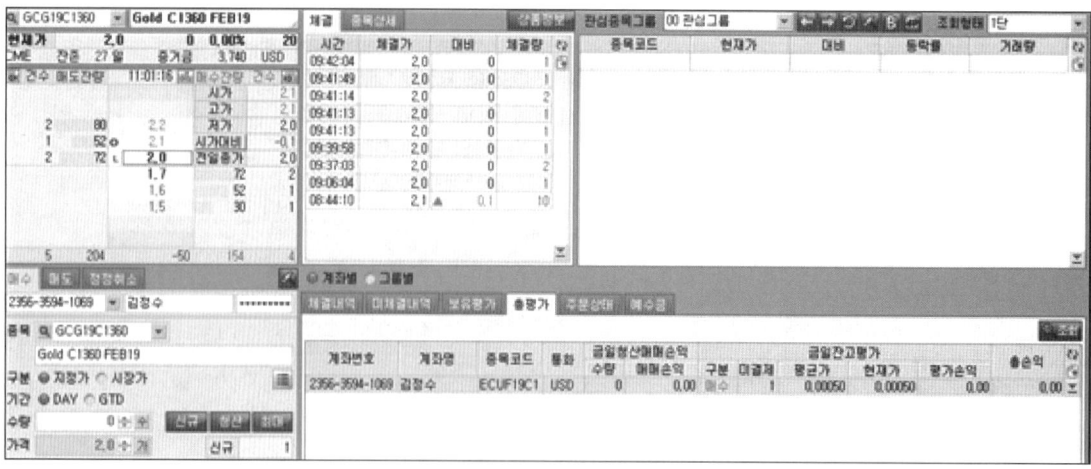

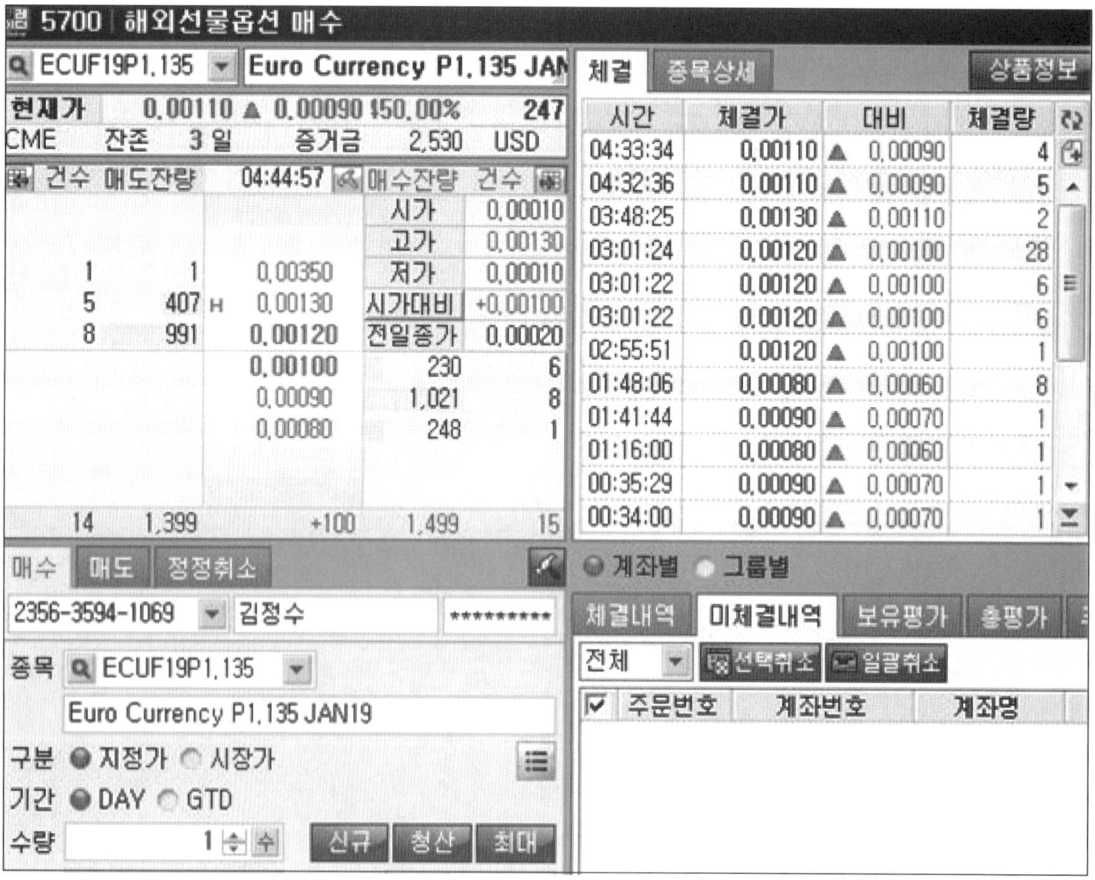

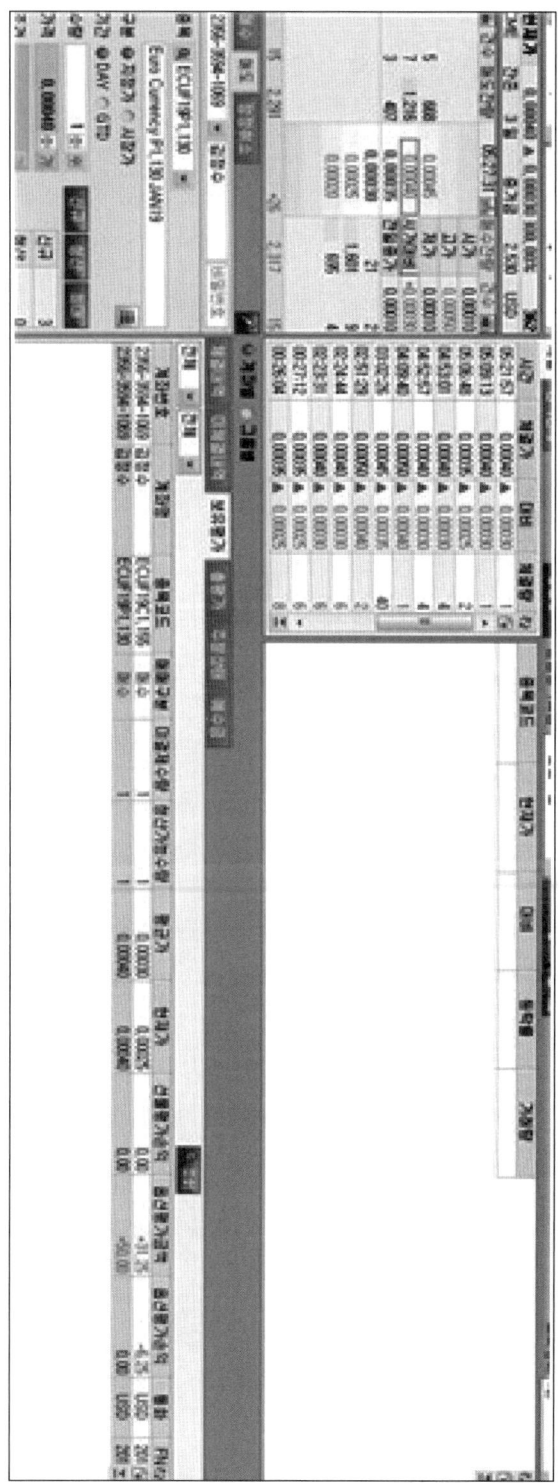

변동성이 크면서 행사가 간격이 적은 것
골드 유로달러 파운드

3) jp엔/달러

12,500,000 엔
일천이백오십만엔   1억2천5백   12만5천달러
0.5   6.25달러
9273.5
12만 5천 달러의 90% 가 9273 1당12.5달러
일본 분석 상방이면 종가 무렵에 올리는 경향
미국금리 인상 달러 강세 통화선물 강세 주가 약세 골드 강세
골드   1286   0.1   10달러
에너지   48.21   0.01   10달러

4) 유로엔달러해선실습

① 미니나스닥

② 양스탑

순손익	평가손익	평가담보금	담보금	로스컷
-5,785	45,955	99,079,734	99,033,779	250,000

| 매도가능수량 | 18 | 매수가능수량 | 17 | 매도보유수량 | | 매수보유수량 | 1 |

스탑 ☑ 이익 10 ☑ 손실 10 주문수량 1 | 1 | 2 | 3 | 4 | 5 | 10 | 20 | 50

시장가매도 | 현종목청산 | ☑ 호가고정 | 전종목청산 | 시장가매수

예약	매도	건수	잔량	01:45:56	잔량	건수	매수	예약
				263.75				
				263.70				
				263.65				
				263.60				
				263.55				
				263.50				
		14	27	263.45				
		20	38	263.40				
		13	36	263.35				
		21	31	263.30				
		17	19	263.25 고				
				263.20	35	5		
				263.15	69	30		
				263.10	43	14		
				263.05	22	15		
				263.00	20	9		
				262.95				
				262.90				
				262.85				
				262.80 시				
				262.75				
0	0	85	151	38	189	73	0	0
취소	취소	현종목취소		호가정렬	전종목취소		취소	취소

주문신청	종가	만기	오버	야간
				◎

호가창 크기 | 크게 | 보통 | 작게

시	262.80	대비	▲ 0.40
고	263.25	%	0.15%
저	262.00	틱(USD)	
현	263.20	USD	1,117.60

유로 03월	2019.03.18
호주달러 03월	2019.03.18
엔 03월	2019.03.18
파운드 03월	2019.03.18
미니S&P 03월	2019.03.15
미니나스닥 03월	2019.03.15
항생 01월	2019.01.30
크루드유 02월	2019.01.22
금 02월	2019.02.26

콜	행사가	풋
◎	265.00	◎
◎	262.50	◎
◎	260.00	◎
◎	257.50	◎
◎	255.00	◎
◎	252.50	◎
◎	250.00	◎
◎	247.50	◎

시간	체결가	체결
01:45:55	263.20	3
01:45:33	263.20	1
01:45:19	263.20	6

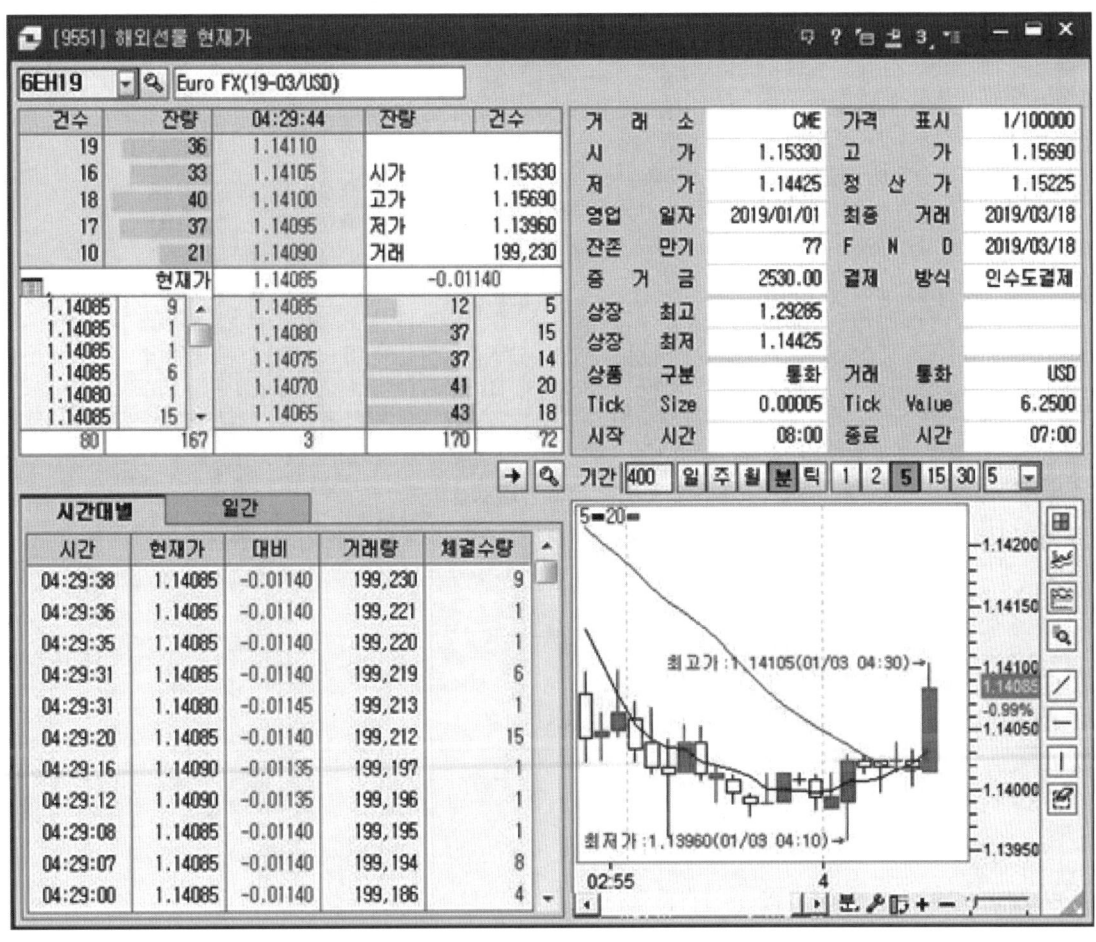

③ 잔존일

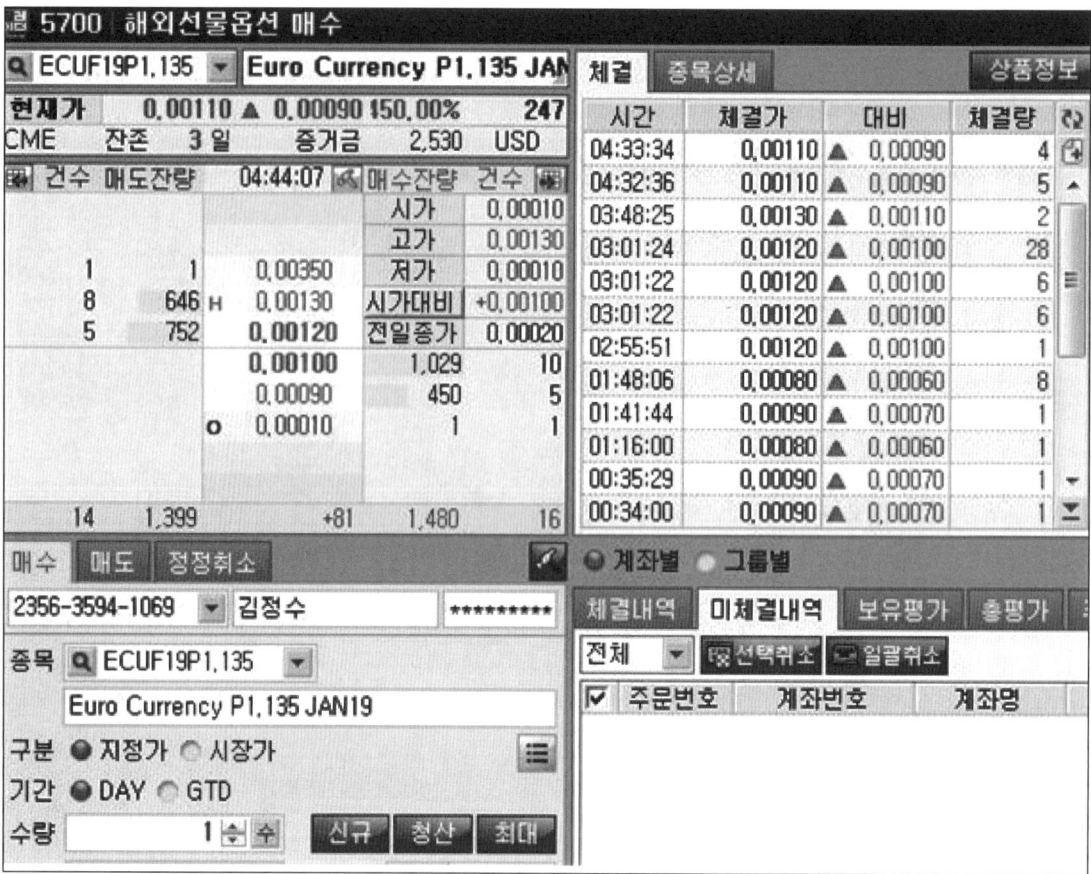

5) 해외선물매매 유의사항

① 스탑을 걸어라
② 증거금을 충분히
③ 비추세 구간과 비추세 시간을 파악하다
④ 사전 뉴스를 보자
⑤ 로직은 변한다 과거의 방법은 로직이 아니다
⑥ 한번 손실 한번 이익 하면 그만한다
⑦ 공인인증은 1대 컴퓨터에서 운영되고 나머지는 열람

종목검색

해외선물 | **해외옵션**

[지수] [통화] [금리] [에너지] [금속] >

미니 S&P500 옵션 ES_O CME ▼

콜옵션		행사가	풋옵션	
19년 09월	19년 06월		19년 06월	19년 09월
O	O	2845	O	O
O	O	2840	O	O
O	O	2835	O	O
O	O	2830	O	O
O	O	**2825**	O	O
O	O	2820	O	O
O	O	2815	O	O
O	O	2810	O	O

종목검색					✕

해외선물	해외옵션

[지수] [통화] [금리] [에너지] [금속] ❯

▼ 영국파운드 옵션 BPU_O CME

콜옵션		행사가	풋옵션	
19년 05월	19년 04월		19년 04월	19년 05월
O	O	1.345	O	O
O	O	1.340	O	O
O	O	1.335	O	O
O	O	1.330	O	O
O	O	**1.325**	O	O
O	O	1.320	O	O
O	O	1.315	O	O
O	O	1.310	O	O

콜옵션		행사가	풋옵션	
19년 06월	19년 05월		19년 05월	19년 06월
○	○	1340	○	○
○	○	1335	○	○
○	○	1330	○	○
○	○	1325	○	○
○	○	**1320**	○	○
○	○	1315	○	○
○	○	1310	○	○
○	○	1305	○	○
○	○	1300	○	○

종목검색 — 해외선물 / 해외옵션

지수 / 통화 / 금리 / 에너지 / 금속

금 옵션 GC_O CME

종목검색						✕

해외선물	해외옵션

[지수] [통화] [**금리**] [에너지] [금속] >

거래소	코드	상품명	거래월물		
CME	10B	T-노트 10년물	M19	U19	Z19
CME	2B	T-노트 2년물	H19	M19	U19
CME	5B	T-노트 5년물	H19	M19	U19
CME	30B	T-본드 30년물	M19	U19	Z19
CME	UXY	Ultra T-Note 10년물	M19	U19	Z19
CME	ED	유로달러	M19	U19	Z19
EUREX	FEU3	유라이보 3개월물	J19	K19	M19
EUREX	FGBX	유로30년 국채	M19	U19	Z19
EUREX	FGBS	유로단기국채	M19	U19	Z19

월	1	2	3	4	5	6	7	8	9	10	11	12
기호	F	G	H	J	K	M	N	Q	U	V	X	Z

최다거래 월물   거래불가 상품

건수	매도잔량	11:59:27		매수잔량	건수
				전일 0'16.5	
				시가 0'16.0	
				고가 0'16.0	
				저가 0'16.0	
1	1	0'24.5	+48.48		
2	434	0'17.5	+6.06		
6	1,971	0'17.0	+3.03		
체결가 0'16.0	체결량 100	O 0'16.0	−3.03	5,293	7
		0'15.5	−6.06	155	1
		0'08.0	−51.52	50	1
9	2,406	+3,092		5,498	9

| 〈 | 현재가 | | | ⋮ | ↻ |

| 🔍 10BK19P124.50 [H] | 10Yr U.SNote P124.50 MAY19 | 📄 |

0'19.5   0   0.00%   0

| 호가 | 체결 | 차트 | 일별 | 정보 |

건수	매도잔량	12:00:03	매수잔량	건수
			전일	0'19.5
			시가	
			고가	
			저가	
1	50	1'01.5 +71.79		
1	68	0'21.0 +7.69		
4	2,525	0'20.5 +5.13		
체결가	체결량	0'19.5 0.00	1,674	4
		0'19.0 −2.56	113	1
		0'16.0 −17.95	1	1
6	2,643	−855	1,788	6

제6장 해외선물 차익거래

미니나스닥

최소변동호가 0.25

1계약당 최소가격변동폭 $5(=0.25*$20)

위탁증거금 $24,420 유지증거금 $22,200

       3418800원   31080000원

    1$ 1400원기준

2024년11월15일 현재가$ 21358.50

        원화환산 29,901,900

상기는미니나스닥이고 미니마이크로는 10분의 1이므로 증거금에부담느끼면 미니마이크로로 거래할수있다

1계약당 29,901,900 이고 증거금이 31,080,000이다.

1당 $20달러 100 차이면 $2000 50차이면 $1000달러이다

하루최고 최저점이 200차이 $4000불차이 원화로 2800만원차이가 난다.

진입시점을 잘못잡으면 증거금이 날라감을 알 수 있다. 그래서 손절은 필수이다.

올해 6월 7월 증권사간 50에서 100 차이가 났다.

항상종가는똑같다.

1 20041 과 1999 차이42차이 $8401176000원

1. 20041과1999 차이42차이 $840 1176000원

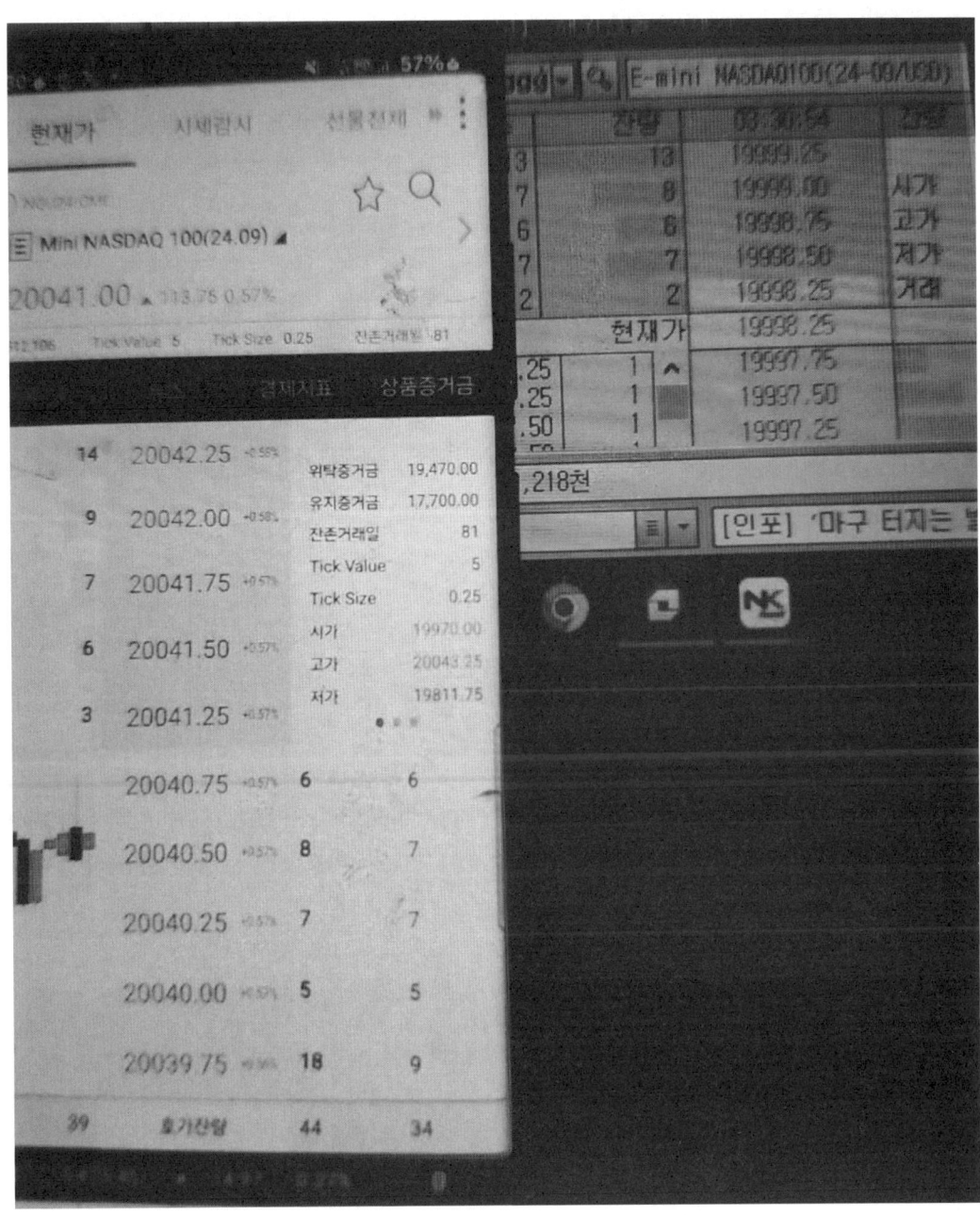

2. 20041과 19993 48차이 $1달러당   1344000원

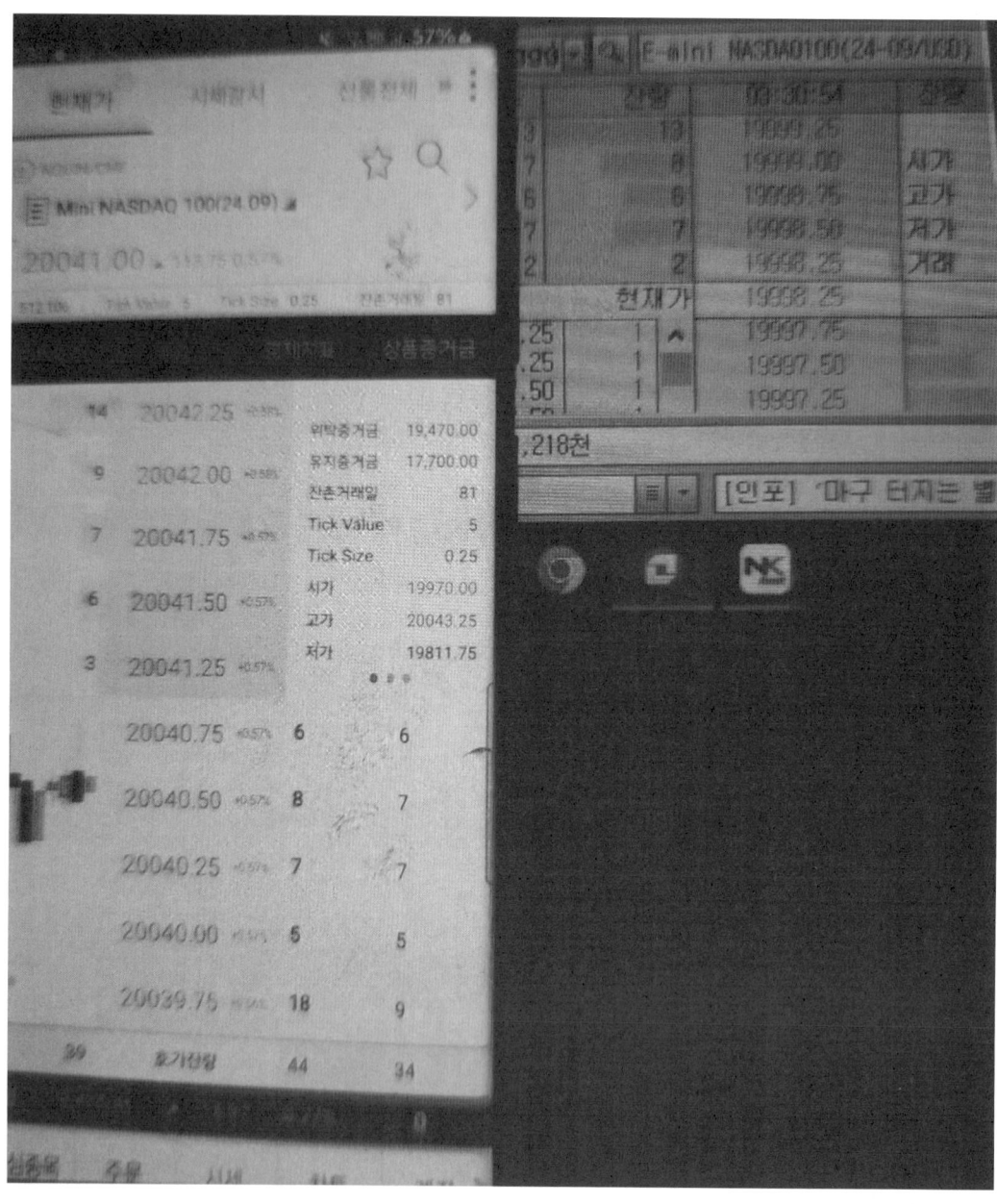

3. 20024와 20065 43차이 $1당 20달러 860달러 1204000원

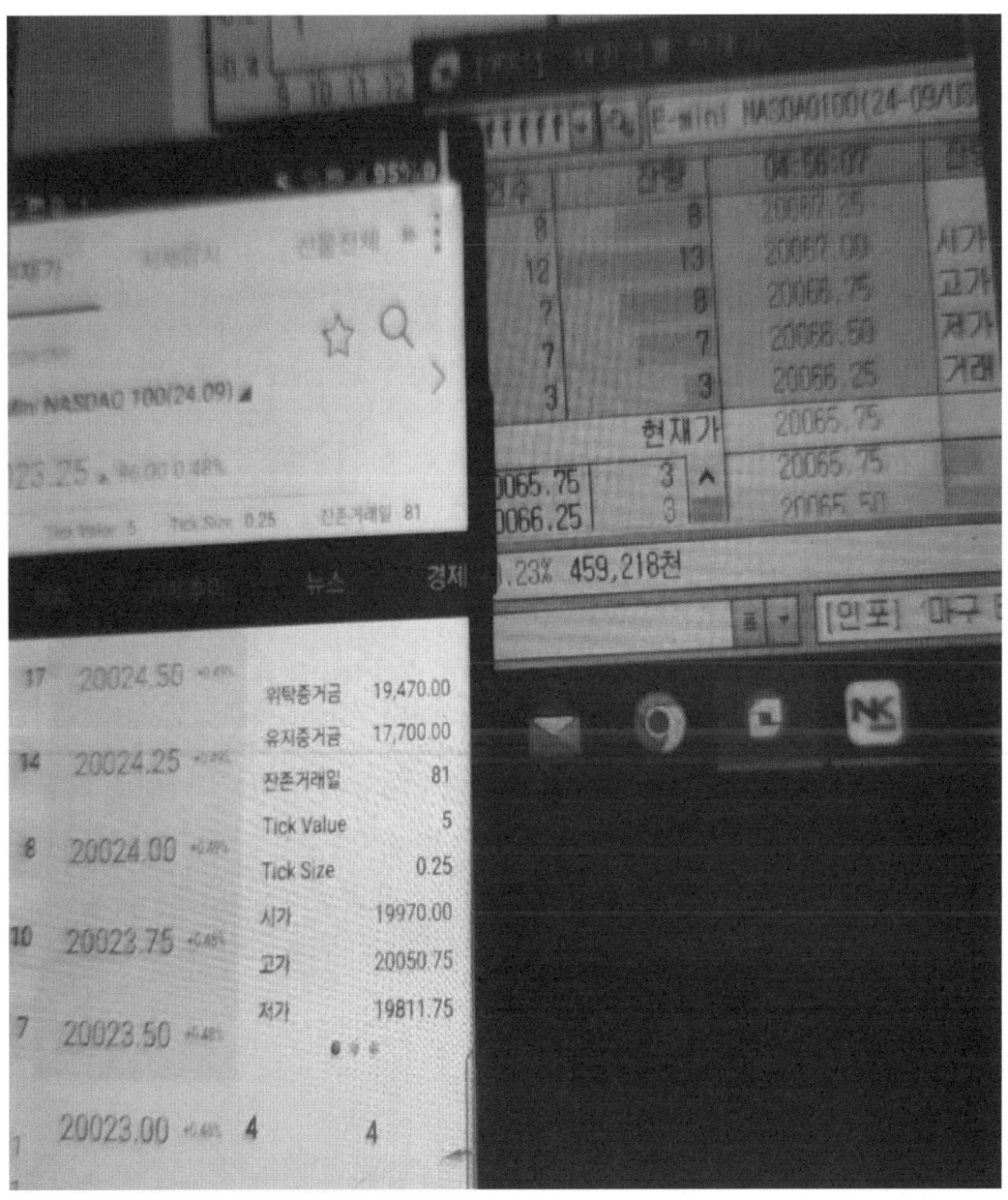

4. 20105 20080 25차이 $50   70만원

도서구매자는 무료강좌 offline 100석 예약
접수처 : gpnet@naver.com

특강 예약석 (100석)

①	②	③	④	⑤	⑥	⑦	⑧	⑨	⑩
1-1	2-1	3-1	4-1	5-1	6-1	7-1	8-1	9-1	10-1
1-2	2-2	3-2	4-2	5-2	6-2	7-2	8-2	9-2	10-2
1-3	2-3	3-3	4-3	5-3	6-3	7-3	8-3	9-3	10-3
1-4	2-4	3-4	4-4	5-4	6-4	7-4	8-4	9-4	10-4
1-5	2-5	3-5	4-5	5-5	6-5	7-5	8-5	9-5	10-5
1-6	2-6	3-6	4-6	5-6	6-6	7-6	8-6	9-6	10-6
1-7	2-7	3-7	4-7	5-7	6-7	7-7	8-7	9-7	10-7
1-8	2-8	3-8	4-8	5-8	6-8	7-8	8-8	9-8	10-8
1-9	2-9	3-9	4-9	5-9	6-9	7-9	8-9	9-9	10-9
1-10	2-10	3-10	4-10	5-10	6-10	7-10	5-10	9-10	10-10

예약			예약석			폰넘버			
	이름								

※ 도서구매 영수증 gpnet@naver.com으로 보내면 6개월간
무위험합성설계서와 설명서 보내드림 (6개월무료컨설팅비포함)

iP리스크주식선물옵션 해외선물

초판 1쇄 인쇄 2024년 11월 20일
재판 4쇄 발행 2024년 11월 20일
저   자 : OX 경제연구소
펴낸곳 : 글로벌
발행인 : 김 정 수
편   집 : 아이스쿨
주   소 : 서울시 강남구 테헤란로 82길 15
          982호(대치동)
전화 : 010-8961-2867   팩스 : 0504-017-2867

ISBN 979-11-93186-35-0
정가 23,000원